道破K线天机

K线操练大全 ②

关键K线操练

铁手◎著

名家真经　源自私募操盘手讲义教程内容

畅销经典　新股民看盘技能训练优秀教材

实战为王　海量实图与案例培养出众盘感

SPM
南方出版传媒
广东人民出版社
·广州·

图书在版编目（CIP）数据

K 线操练大全 2——关键 K 线操练/铁手著. —广州：广东人民出版社，2016.1（2018.6 重印）
ISBN 978 -7 -218 -10246 -7

Ⅰ. ①K… Ⅱ. ①铁… Ⅲ. ①股票交易—基本知识 Ⅳ. ①F830.91

中国版本图书馆 CIP 数据核字（2015）第 166095 号

K Xian Caolian Daquan 2——Guanjian K Xian Caolian
K 线操练大全 2——关键 K 线操练
铁手 著

出 版 人：曾 莹

责任编辑：肖风华 温玲玲
封面设计：张建民
责任技编：周 杰 黎碧霞

出版发行：广东人民出版社
地 址：广州市大沙头四马路 10 号（邮政编码：510102）
电 话：（020）83798714（总编室）
传 真：（020）83780199
网 址：http：//www. gdpph. com
印 刷：广州市怡升印刷有限公司
开 本：787mm×1092mm 1/16
印 张：16 字 数：270 千
版 次：2016 年 1 月第 1 版 2018 年 6 月第 10 次印刷
定 价：39.80 元

如发现印装质量问题，影响阅读，请与出版社（020 -83795749）联系调换。
售书热线：（020）83795240

阅读指引

本书源自于笔者培训课上所使用的教案。由于培训中除了基本的文字资料之外，还有大量的辅助工具（如视频、PPT 等）以及众多的互动环节（如提问、小组讨论等），因此可以使培训者得到全方位的训练。然而，将培训中的精华提炼成文字汇成一套书，属于单向的交流，无法及时探讨学习中的疑问，可能会降低学习效果。因此，特编写阅读指引，希望能帮助读者更好地利用本书。

在阅读本套丛书的过程中，有以下几个方面希望读者重视。

1. 强化 K 线模拟训练

本套丛书均采用实战案例解析的方式展开，并采用滚动的角度看待每一种组合或形态的后续变化。但真正掌握 K 线技术，并在实战中灵活运用，读者还需要做大量的 K 线模拟训练。强化 K 线模拟训练，根本目的是培养对某一种或几种 K 线形态的快速反应能力，并最终形成自己的机械交易系统。

另外，对于某些案例，有些读者恰巧也在那个时间段关注过。那么，您可以将自己当时的判断和本书的观点进行碰撞，激荡出更加符合个性的看盘技术。

特别提醒：①在熟悉某种组合或者形态之后，要随机选择多只股票进行模拟操练，让其真正为己所用。②本书所选取的 K 线走势图，均经过复权处理。因此，如果读者发现书中 K 线图与自己软件显示不同，请先对股票进行复权处理。如果复权后仍然发现有些差异，应该是使用的行情软件所致，这些差异不影响看盘效果，可以忽略不计。

2. 注意 K 线信号的成功概率

世界上没有百分之百有效的交易信号，而且，不同的交易信号有不同的成功概率。因此，为了更好地指导实战交易，必须寻找成功率高的交易信号。本书中所选取的 K 线信号，均经过海量的数据统计，证实其具有较高的成功率。

对于无法回避的信号失效现象，最有效的防范措施就是设置止损。一旦发现预期的结果没有出现，就应该迅速离场，以避免不确定性带来更大的损失。

特别提醒：①交易必须要有纪律，并且要在实战中严格遵守纪律，这样才能最大限度地利用成功信号，回避失效信号。②信号的成功概率会因人、因时、因势而发生变化，读者需要在实战中不断总结，优胜劣汰，始终运用成功率最高的信号指导交易。

3. 寻找适合自己的交易信号（交易参数）

面对众多的K线交易信号，读者可能会有这样的疑问：实战中，利用哪种信号交易最有效呢？简单地说，适合你的就是最有效的。实践证明，成功的证券投资者，都是反复运用一组或几组交易信号，拥有自己的“独门暗器”。通过大量的K线模拟训练和实战交易，你最终会获得自己的“独门暗器”。

特别提醒：股市不是比拼谁掌握的交易信号多，而是比拼谁掌握的交易信号高效、准确。

4. 重视时空背景

脱离时空背景，技术分析就成了无本之木。本套丛书所介绍的所有组合、形态，都有严格的背景要求；如果时空背景发生改变，其含义也会发生改变。因此，在实战中，不能拘泥于书中所言，要懂得变通，避免刻舟求剑。

举个例子，大阳线为典型的看涨信号。但是，如果这根大阳线出现在下跌初期，其含义就不是看涨，而是作为反弹处理，多为趁机清仓的好时机；如果在整理行情中出现大阳线，如箱体整理中，那也不是看涨信号，除非具备突破性质。

特别提醒：在分析K线含义时，必须充分考虑时空背景，在此基础之上的判断才会保证信号的准确性。

5. 配合成交量

K线反映股价的波动，成交量反映资金的起伏，两者搭配，才能真正把握股票的脉动。当然，这两者的配合也不能独立于时空背景。

继续以大阳线为例，如果在一波明显上涨后出现大阳线，而且当日伴随巨量，短线见顶的可能性很高；如果经过长时间、大幅度的下跌后出现大阳线，而且大阳线出现前后时段伴随成交量持续而明显放大，很可能见底。

特别提醒：本丛书并没有过多提及成交量，并不表示不重视，而是因为量价分析属于另一个理论体系，毕竟本丛书容量有限，留待以后，再与投资者做量价与K线的综合探讨。

道破 K 线玄机（代序）

炒股的人总想找到一门独家武器，手起刀落，于千军万马中取上将首级如探囊取物。于是市场上四处盛传各种独门绝招、私家秘籍，甚至还有各种股市羊皮卷，说是有几千年历史。犹如秘鲁发现的史前文明的火箭发射台，玄之又玄。因为有各色绝招，所以成就了今天的战国乱象，门派林立，流派泛滥。有舶来的艾略特、江恩、黄金分割理论等，数不胜数；也有本土原创的八卦炒股、阴阳炒股、易学炒股、老子炒股理论等，老祖宗的东西在今天得以这样发扬光大，这些几千年前的大师该能含笑九泉了。当然更多的是一些名家结合国内外理论研制的独门武器，比如改换一下平均线参数就可以成为一把小李飞刀，成功预测到哪一年大顶，也有人研究出所谓几线合一吃遍股市。但不管如何玄妙，大概都可以归于技术派和基本面派。

市场上技术派更吃香，特别是在中国，因为大多数散户都急功近利。基本面研究即使有效，但也坐不住冷板凳。而那些宣称能立竿见影的技术分析招数正好迎合了散户投资者的饥渴心态，今天我们看到的各种门派的大师、股神布道，各种泄露绝招利器的秘籍铺陈书店，也就见惯不怪了。但是喧嚣之后呢，我不知道还有哪位大师没倒下？还有哪种绝招在横扫股市？我没见过听过，也许是我孤陋寡闻。我听说过的是又有位民间股神被请进了公安局，也听说了最近又有股民状告某大师误导其巨亏。也许你说至少还有巴菲特，他老人家的投资神话可是货真价实的，这当然不可否认。但我不知道市场上哪本秘籍是他老人家亲自写的，更不知道哪种绝招是他老人家独创的。如果说有，那也是他对证券投资理解的片言只语，而到今天已然成了比领袖语录更权威的话语，亿万投资者顶礼膜拜，俨然有教宗的风采。只是我不知道中国有哪位投资家学到了巴老的精髓，并以此在证券市场呼风唤雨，也许又是我孤陋寡闻。

如此说来，好像笔者成了虚无主义者。那倒不是，我只是不太愿意相信股市有什么绝招秘籍。证券投资是门扎实的学问，不是一天两天就可以学会，三年五年也许都摸不到门。道听途说来一两种所谓绝招就轻易开户上战场，那无异于自杀。当然这也有点夸张，小小玩一下，感受一下股市的氛围也是必要的，因为那地方需要的是实战经验，即使是模拟炒股也不能体会其奥秘。

初入股市的人首先要面对什么呢？就是买卖股票。你为什么买这只股票，为什么要这个时候买？同样，你为什么要这时候卖这只股票？你能给自己一个理由吗？因为职业的关系，我经常面对很多散户朋友，也曾经问他们这个问题，但他们的回答多让我惊讶。大多数人是听说就买了，或者说是感觉，感觉要涨了就买。只有很少的投资者有自己的交易系统，即等到某种交易信号出现就买进或者卖出，出入都有纪律。那么这种交易系统是怎么建立的呢？各个投资者都有自己的习惯。我想撇开基本面分析外，无非是根据盘面的信息。不过盘面信息过于繁杂，很多投资者未必有这耐心观察。

每天打开行情软件，映入眼帘的最醒目的莫过于K线图，它在界面上占据的空间最大，最为醒目。从实践经验来说，K线图也是最为重要的分析依据。其他如平均线、各种指标，也可以说来源于K线。从这个角度来说，K线分析称得上是股票技术分析之母。如果你只知道K线代表开盘价、收盘价、最高价、最低价，那你算得上不是股盲。如果你知道大阳线代表多头强势，后市可能继续上涨，那说明你已经稍微了解K线了。如果你能细查这根K线的来龙去脉，它是怎么形成的，那说明你已经入门了。当然，要深入掌握并不简单，任何的K线在不同的位置体现不同的含义。

市场上讲K线的书籍铺天盖地，也有不少很有价值，但总觉得意犹未尽，没有讲深讲透，直到看到我的同行好友铁手这套《K线操练大全》的书稿，至少是我看到的最好的K线书。这套书的最大特点是深入剖析了K线的内在机理，条分缕析，讲解深刻，对读者深入理解K线无疑有莫大的帮助；同时，本书引用了大量的实例，极具实战指导意义。因此，相信本书能在市场上获得广大投资者的喜爱。

老　郭

2015年11月于广州白云山

前 言

K线起源于十八世纪的日本，流传至今已有200多年。创立者本间宗久凭借K线分析技术横扫当时的日本稻米交易市场，富可敌国。记载K线分析技术的《本间宗久翁秘录》（又称《三猿金泉录》），就是我们如今看到的技术分析经典著作《酒田战法》的前身。后来，K线流传到西方，并深刻影响了西方交易市场的技术分析理论。投资者如今常用的MACD、RSI、均线等多种指标，发明者都是西方人，但实际上这些指标使用的参数基本上都离不开K线中的开、高、低、收四个价位，从本质上来说，它们其实都源于东方的K线。

K线分为阳线和阴线，其实正是东方哲学的一种体现——“一阴一阳谓之道”（《易经》语）。阳与阴，隐含着强与弱的判断、进与退的智慧。只有参透阴阳的玄机，才能“上不失天时，下不失地利，中得人和”，进而成为卓越的交易者。换言之，K线是股票市场运行的外在表现，要想掌握股市运行的内在规律，就必须研究K线。

市面上有不少关于K线的书，其中不乏经典之作。但遗憾的是，这些书多数或没有结合实战案例，或对K线的解读不够详细，不够深入，难以帮助投资者系统地研究K线。为此，我特地编写了这套“K线操练大全”丛书，把自身多年的研究心得写出来，为对K线分析技术感兴趣的广大投资者抛砖引玉，希望有更多的投资者去关注K线这一技术分析之源，找到这项交易方法中最关键的地方，共同将K线研究进行到底！

这套丛书基本囊括了K线技术分析中最有价值的知识和实战技法，从单根K线到组合K线，再到众多K线组合构成的形态，都有详细介绍，并用众多实战案例清晰、明了地解释相关的研判方法、买卖点和采取交易策略时的关注重点。相信通过对本套丛书的学习，投资者将对K线分析技术有一个全面而深刻的了解，明白各种K线、组合、形态背后隐藏的交易信息，透过变幻无常的盘面看出主力的真实意图，找到准确的进场、离场点位，再进一步，还能测量买卖信号出现之后，价格可能达到的涨跌幅度。

“宝剑锋从磨砺出。”学习技术分析是一段艰难的历程，入门容易，进阶难。要想领悟技术分析的真谛，在交易市场上长久获利，成为交易的赢家，还需要读者付出更多的努力和汗水，多点阅读，勤加练习，并勇于实践。本套丛书旨在向投资者传授经过市场验证、切实可行的股市技术分析方法，希望能帮助投资者摆脱盲目交易、一无所获甚至亏损连连的困境，如能为读者接受并喜欢，笔者将深感欣慰！

祝投资者们好运！

铁　手

2015年11月于广州静心斋

目 录

Contents

第 1 章 大阳线操练

第2章 大阴线操练

第3章 小阳线与小阴线操练

第 4 章 其他 K 线操练

第1章

大阳线操练

第一节　认识大阳线

1. 光头大阳线

↗ 形态识别

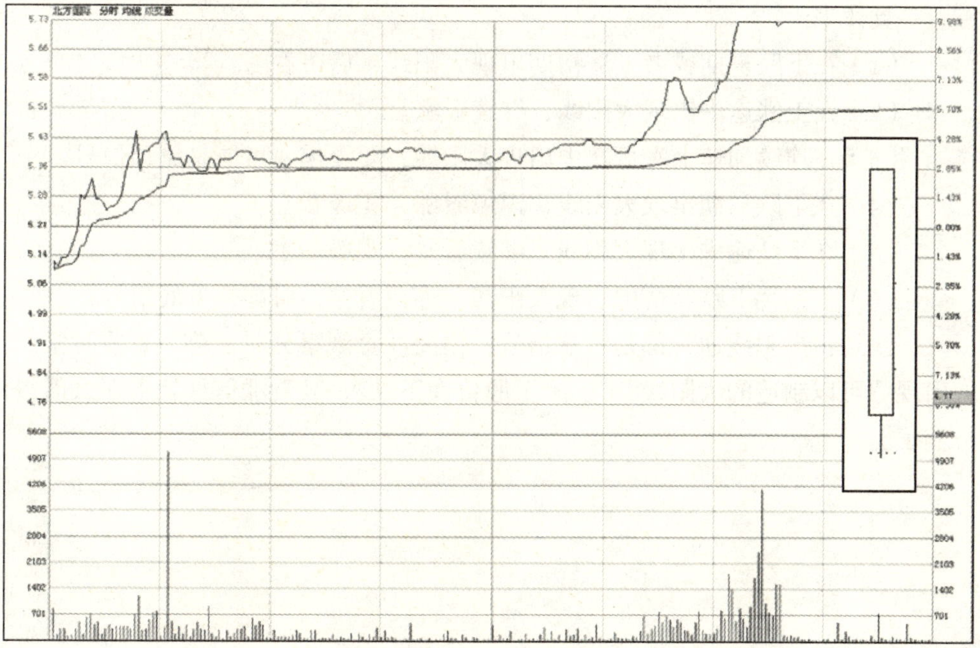

图 1-1　北方国际　000065

（1）光头大阳线以最高价收盘，其收盘价高于开盘价，二者之间的长方柱用红色或空心绘出，下影线的最低点为最低价。对于日线图而言，大阳线实体部分代表的价格波动一般在 5%以上。

（2）图 1-1 是北方国际 2005 年 11 月 14 日的分时走势图。当日，该股开盘价为 5.15 元，收盘价为 5.73 元，最高价为 5.73 元，最低价为 5.05 元，当日振幅达到了 13.05%，实体部分代表的价格波动为 11.3%，属于典型的光头大阳线。

↗ 应对策略

光头大阳线及以下提到的光脚大阳线、穿头破脚大阳线和光头光脚大阳线，它们的实战操作策略基本相似。

（1）在一个下降趋势中，如果出现了一根大阳线，那么就可以考虑关注，并寻找适当的时机介入。

（2）在一个上升趋势中，如果出现了一根大阳线。那么，说明上升趋势在加速发展，应该继续持有多头仓位。

（3）阳线实体越长，信号越可靠。

具体来讲：

（1）在下跌末期或者上涨初期出现大阳线，后市看涨。

（2）在上涨途中出现大阳线，继续看涨。

（3）在连续加速上涨行情中出现大阳线，要警惕，可能是见顶信号。

（4）在下跌初期出现大阳线，谨慎看涨，积极看空。

（5）在下跌途中出现大阳线，继续看空，观望为主。

（6）在连续下跌行情中出现大阳线，谨慎看空，可能是见底信号。

注意：大阳线通常都是看涨信号，但要注意观察分时走势。有些时候，会出现“可以制造的大阳线”（实际上股价在下跌），其看涨信号就不那么值得信赖了。

【K 线实战图谱】

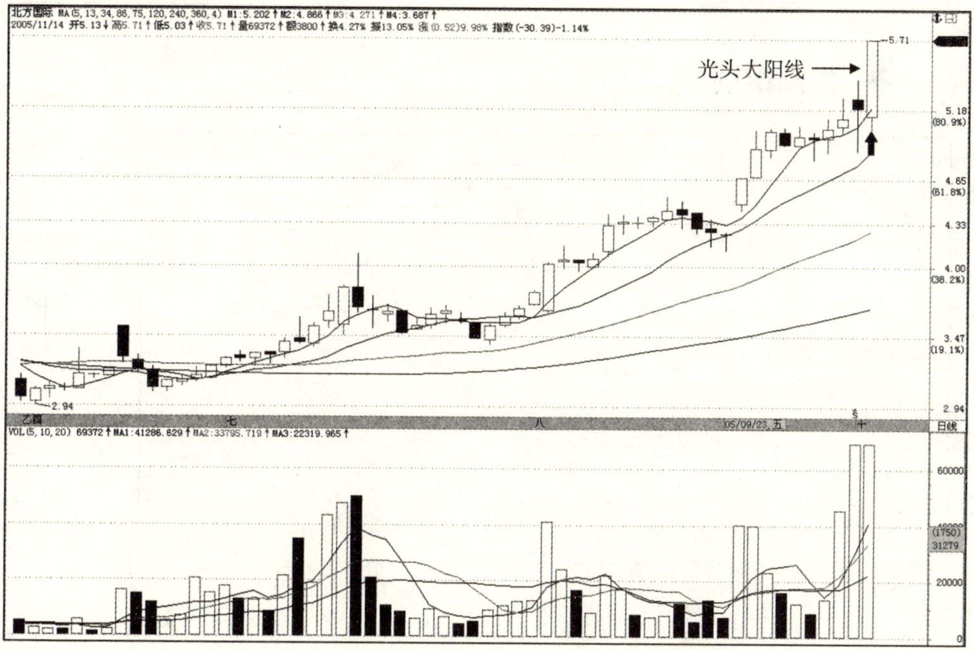

图 1–2　北方国际　000065

看盘精要

大阳线出现时的 K 线走势分析：

（1）图 1–2 是北方国际从 2005 年 7 月 18 日至 2005 年 11 月 14 日的日线图（除了特别说明外，本书截取的图表均经过复权处理）。

（2）从图中可以看出，在此时间段内，该股一直处于上涨趋势中，涨幅达到 90%以上。

（3）2005 年 11 月 14 日，出现一根光头大阳线（其分时走势见图 1–1），后市应该看涨。

（4）但是，最近连续三天放量（后两个交易日即使剔除除权因素，成交量也很高），涨幅却仅为 14%，明显上涨无力。另外，前期涨幅很大，却没有明显的调整期。

（5）看涨意见不统一，不宜追涨，静待下一个交易日再行判断。

2. 光脚大阳线

形态识别

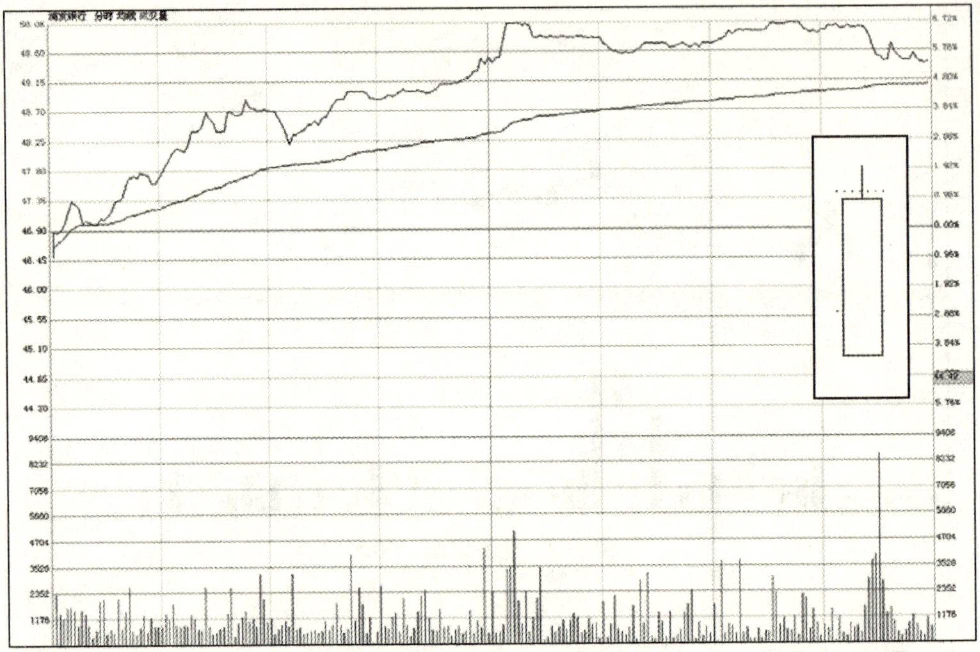

图 1–3 浦发银行 600000

（1）光脚大阳线以最低价开盘，其收盘价高于开盘价，二者之间的长方柱用红色或空心绘出，其上影线的最高点为最高价。对于日线图而言，大阳线实体部分代表的价格波动一般在 4%以上。

（2）图 1–3 是浦发银行 2007 年 8 月 22 日的分时走势图。当日，该股开盘价为 46.01 元，收盘价为 49.39 元，最高价为 50.09 元，最低价为 46.01 元，当日振幅达到了 8.73%，实体部分代表的价格波动为 7.37%，属于典型的光脚大阳线。

【K 线实战图谱】

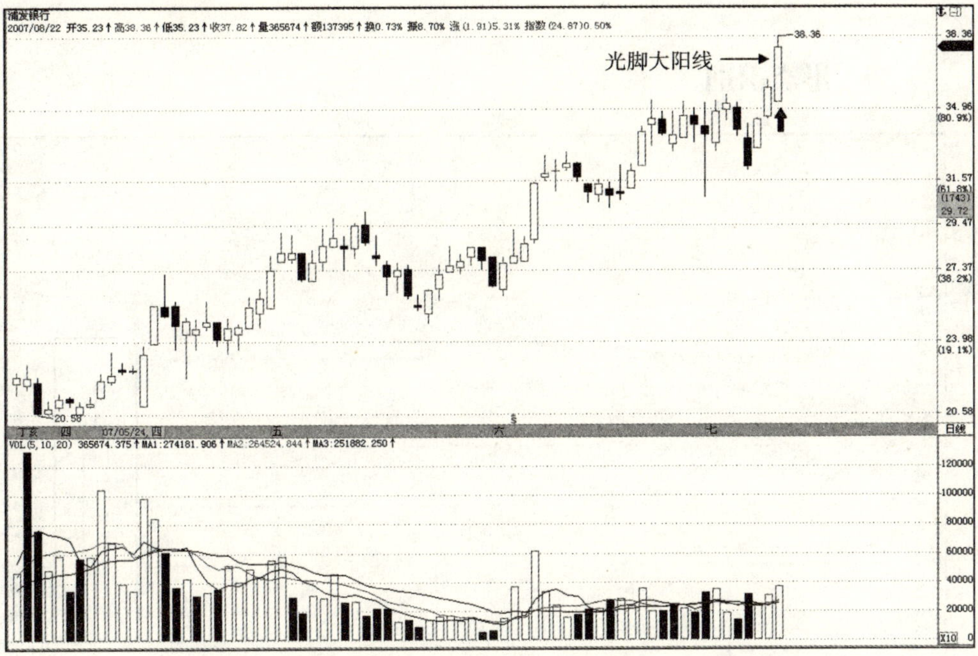

图 1-4　浦发银行　600000

看盘精要

大阳线出现时的 K 线走势分析：

（1）图 1-4 是浦发银行从 2007 年 5 月 11 日至 2007 年 8 月 22 日的日线图。

（2）从图中可以看出，在此时间段内，该股一直处于上涨趋势中，涨幅达到 85%以上。

（3）2007 年 8 月 22 日，出现一根光脚大阳线（其分时走势见图 1-3），突破前期的小平台，后市看涨。

（4）股价连续三天上扬，成交量温和放大，后市看涨。

（5）后市一致看涨。

3. 穿头破脚大阳线

↗ 形态识别

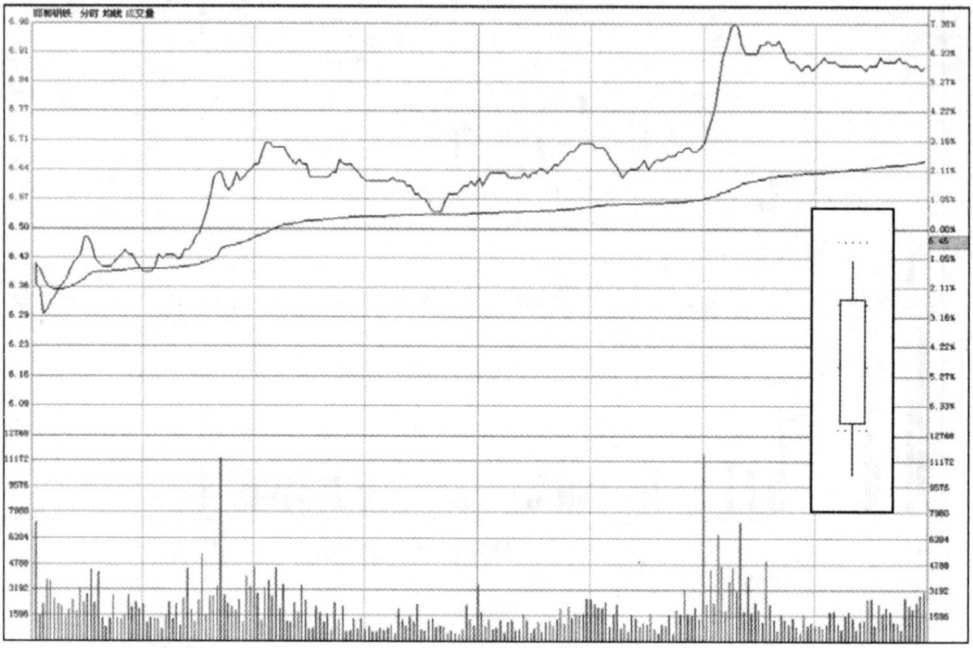

图 1–5 邯郸钢铁 600001

（1）穿头破脚大阳线的收盘价高于开盘价，二者之间的长方柱用红色或空心绘出，其上影线的最高点为最高价，下影线的最低点为最低价。对于日线图而言，大阳线实体部分代表的价格波动一般在 4%以上。

（2）图 1–5 是邯郸钢铁 2007 年 2 月 26 日的分时走势图。当日，该股开盘价为 6.47 元，收盘价为 6.87 元，最高价为 6.99 元，最低价为 6.30 元，当日振幅达到了 11.04%，实体部分代表的价格波动为 6.4%，属于典型的穿头破脚大阳线。

【K 线实战图谱】

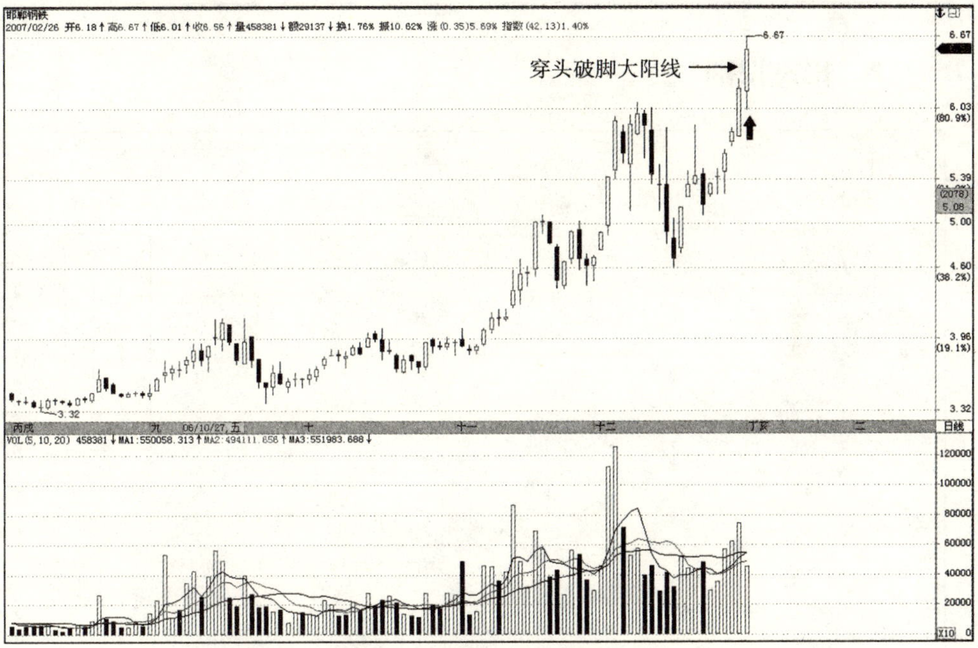

图 1-6　邯郸钢铁　600001

看盘精要

大阳线出现时的 K 线走势分析：

（1）图 1-6 是邯郸钢铁从 2006 年 9 月 19 日至 2007 年 2 月 26 日的日线图。

（2）从图中可以看出，在此时间段内，该股一直处于上涨趋势中，涨幅达到 100%以上。

（3）2007 年 2 月 26 日，出现一根穿头破脚大阳线（其分时走势见图 1-5），进一步远离前期高点形成的压力位，后市看涨。

（4）股价六连阳，上涨加速中，短期顶部随时可能到来；2 月 26 日成交量明显萎缩，上涨动力不足。

（5）无法形成统一看涨的观点，小心假突破。

4. 光头光脚大阳线

↗ 形态识别

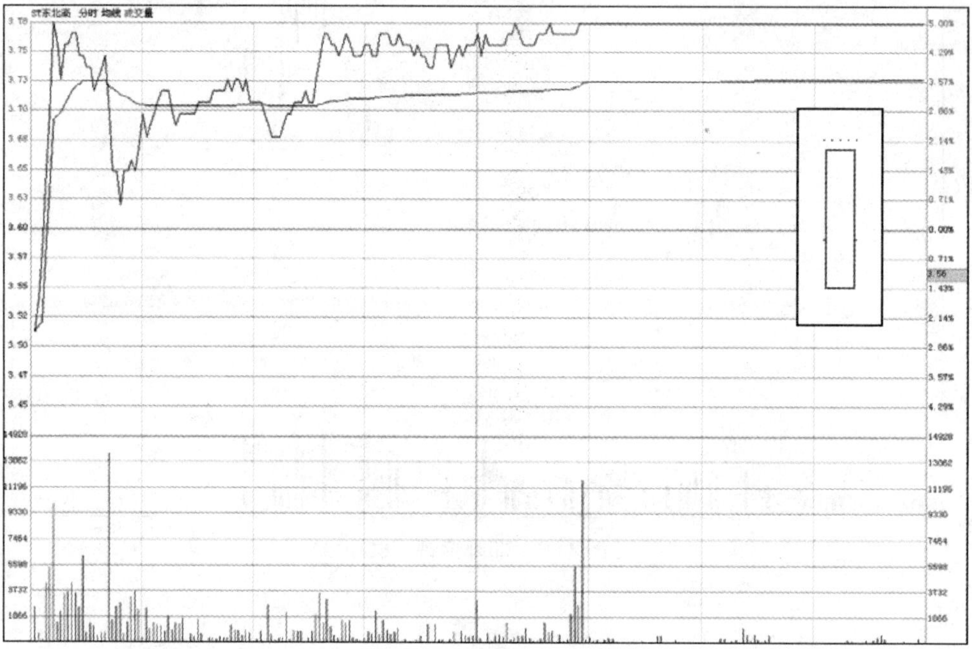

图 1-7 ST 东北高 600003

（1）光头光脚大阳线以最低价开盘，以最高价收盘，二者之间的长方柱用红色或空心绘出。对于日线图而言，大阳线实体部分代表的价格波动一般在 4% 以上。

（2）图 1-7 是 ST 东北高 2009 年 3 月 6 日的分时走势图。当日，该股开盘价为 3.50 元，收盘价为 3.78 元，最高价为 3.78 元，最低价为 3.50 元，当日振幅达到了 7.78%，实体部分代表的价格波动为 7.78%，属于典型的光头光脚大阳线。

【K 线实战图谱】

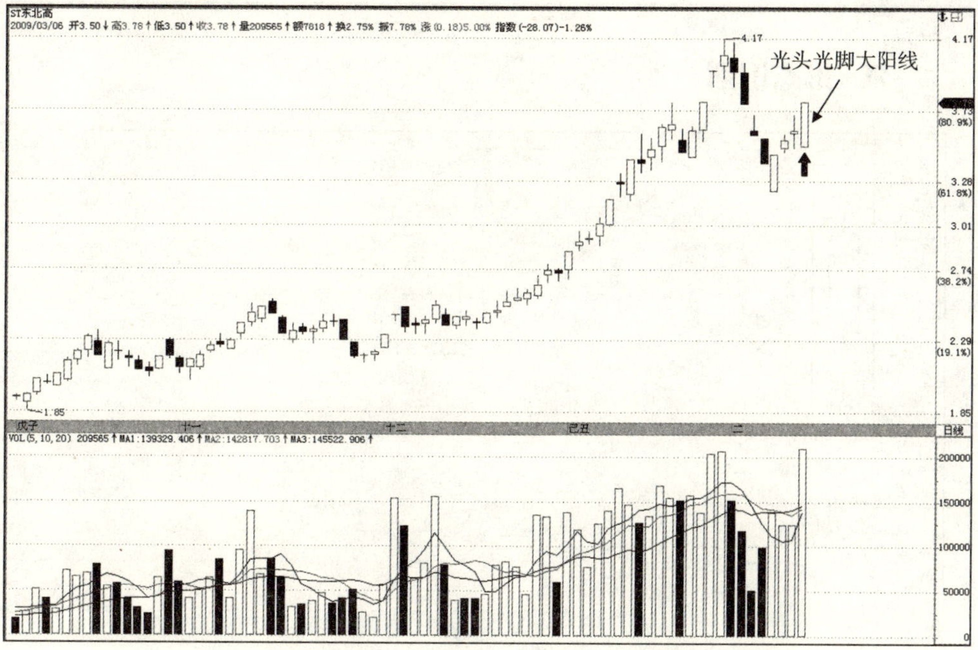

图 1–8　ST 东北高　600003

看盘精要

大阳线出现时的 K 线走势分析：

（1）图 1–8 是 ST 东北高从 2008 年 11 月 6 日至 2009 年 3 月 6 日的日线图。

（2）从图中可以看出，在此时间段内，该股一直处于上涨趋势中，涨幅达到 125%以上。

（3）2009 年 3 月 6 日，出现一根光头光脚大阳线（其分时走势见图 1–7），回到前期压力位处，后市看涨。

（4）但是，当时股价距前期高点 4.17 元的压力仅有一步之遥，参与价值有限；股价四连阳，成交量不规则变化，观望为好。

（5）无法形成统一看涨的观点。

5. 假大阳线

➚ 形态识别

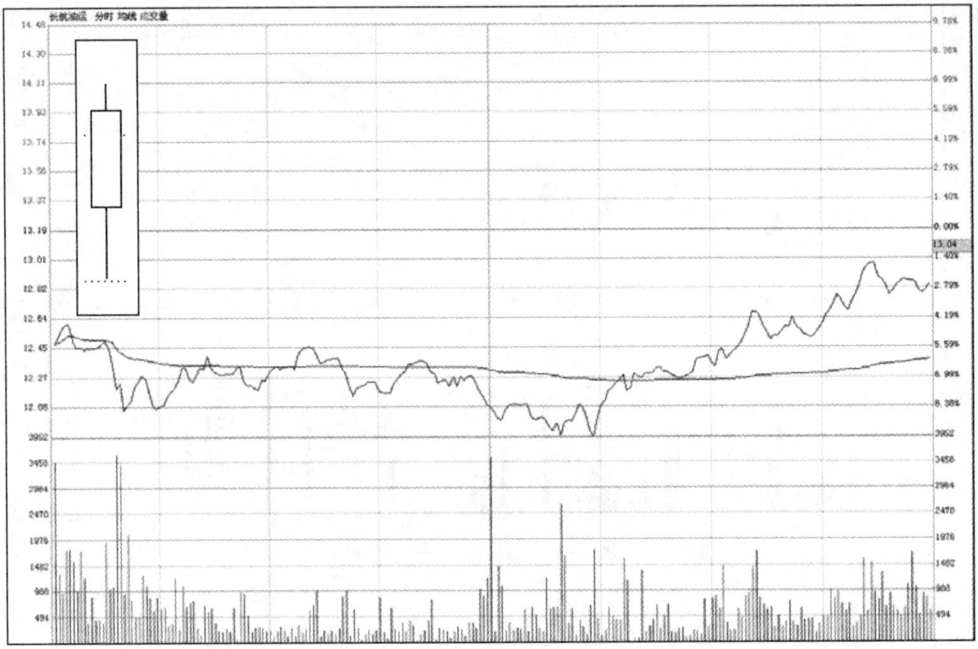

图 1-9 长航油运 600087

（1）从外形上看，假大阳线和大阳线完全没有差别，其长方柱均用红色或空心绘出，而且其日线的实体部分代表的价格波动一般在 4%以上。但是，与前一交易日相比，大阳线的收盘价高于前一交易日的收盘价，代表上涨；而假大阳线的收盘价低于前一交易日的收盘价，代表下跌。两者有本质的区别。

（2）图 1-9 是长航油运 2008 年 5 月 21 日的分时走势图。当日，该股开盘价为 12.18 元，收盘价为 12.83 元，最高价为 12.88 元，最低价为 11.78 元，在 K 线图上呈现为一根大阳线，但实际跌幅为 2.73%（前一日收盘价为 13.19 元），属于典型的假大阳线。

【K 线实战图谱】

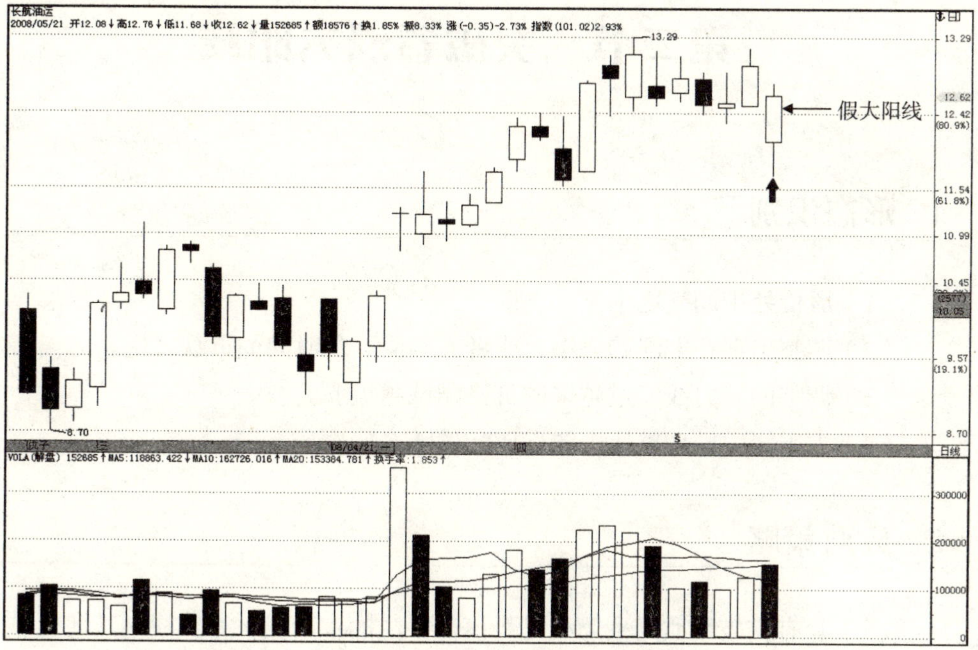

图 1–10 长航油运 600087

看盘精要

假大阳线出现时的 K 线走势分析：

（1）图 1–10 是长航油运从 2008 年 4 月 1 日至 2008 年 5 月 21 日的日线图。

（2）从图中可以看出，在此时间段内，该股一直处于上涨趋势中，最大涨幅达到 52%以上。

（3）2008 年 5 月 21 日，该股跳空开盘，最终以一根假大阳线（其分时走势见图 1–9）报收，勉强回到支撑线附近。虽然其披着大阳线的外衣，但其本质为下跌。假大阳线出现在这个位置，后市看跌。

第二节 突破看涨大阳线

1. 形态识别

（1）股价处于调整之中。

（2）调整出现在上涨趋势中，或者大幅度、长时间的下跌之后。

（3）调整的压力线经过越多的价格测试越重要。

（4）大阳线突破调整压力线，成交量随之放大。

2. 应对策略

（1）具有突破性质的大阳线是最值得关注的大阳线，在实战中其地位非常重要。一般来说，大阳线突破意味着趋势的开始。

（2）每日收盘后研读涨幅榜排行前列的股票非常有价值，有利于把握股票的异动。

（3）可以选择大阳线突破当日建仓，以大阳线实体的 1/2 处为止损。

（4）可以选择关键大阳线的跟踪日建仓，根据跟踪日走势设定止损。如果跟踪日没有跌破大阳线实体 1/2 之处则建仓；如果跟踪日继续快速上涨，根据分时走势分批建仓。

（5）所谓跟踪日，是指交易信号发出之后的第一个交易日（如果不是以日为时间周期，就选择关键 K 线后的第一根 K 线）。通过观察跟踪日的走势，可以帮助投资者确认其判断的正确性。

（6）可以等待第一次突破后的回调建仓。理论上来讲，这是最好的建仓位。

3. 上涨趋势初期的突破看涨大阳线

【K 线实战图谱】

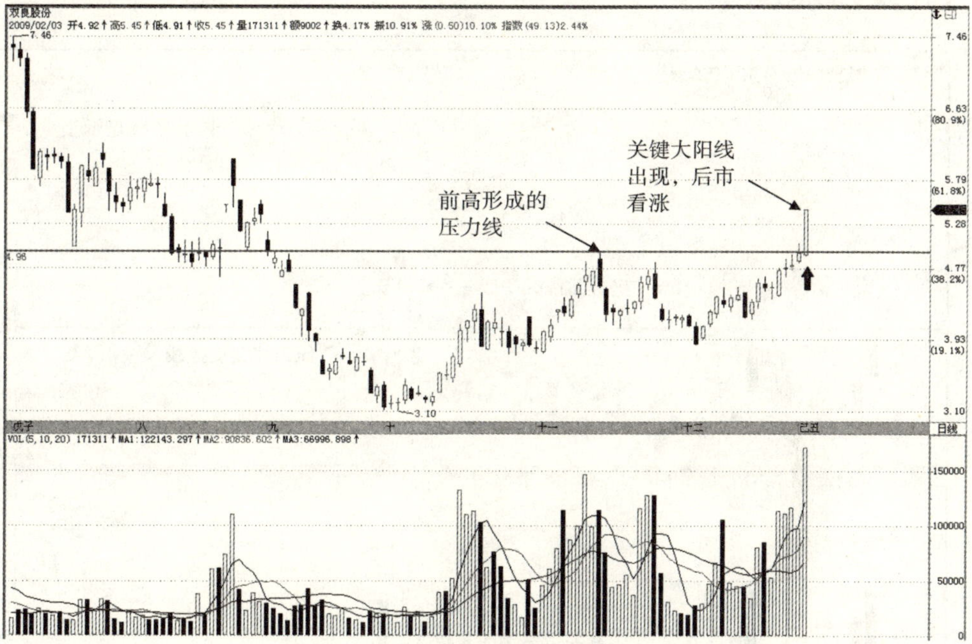

图 1-11　双良股份（双良节能）　600481

看盘精要

大阳线出现时的 K 线走势分析：

（1）图 1-11 是双良股份（现名“双良节能”）从 2008 年 8 月 6 日至 2009 年 2 月 3 日的日线图。

（2）该股在 3.10 元触底反弹后，一直受到压力线的压制（见图中的横线，该横线之前为支撑线，经过多次价格测试，非常有价值），股价处于盘整行情中。

（3）2009 年 2 月 3 日，关键 K 线出现。该股以光头大阳线（开盘价为 4.92 元，收盘价为 5.45 元，最高价为 5.45 元，最低价为 4.91 元）冲破前期高点 4.95 元并站稳，显示了上涨的决心，后市看涨。

（4）突然放大的成交量，是由于释放了大量的套牢盘所致，不必担忧。当然，巨量可能会伴随回调洗盘。

（5）后市看涨信号出现，择机入场。

【K线实战图谱】

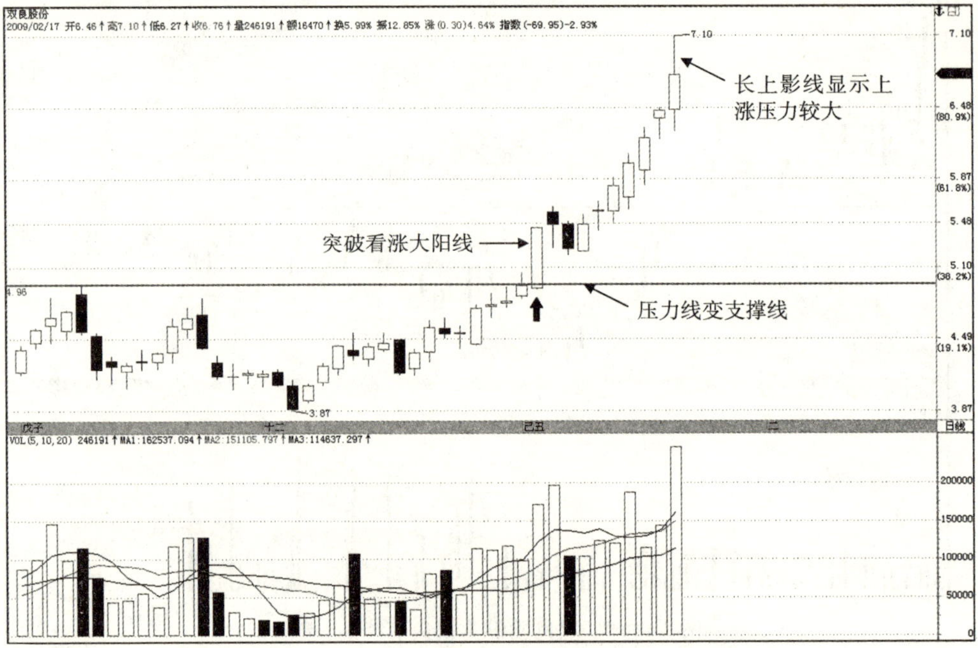

图 1-12　双良股份（双良节能）　600481

看盘精要

大阳线出现后的 K 线走势解读：

（1）突破大阳线出现之后，仅经历了两日小幅度震仓。回调幅度小，常常意味着加速上涨开始。

（2）之前的压力线转化为支撑线。

（3）在 10 个交易日内，股价快速上扬，获利最高时达到 30%。期间没有明显洗盘迹象。

（4）2009 年 2 月 19 日，双良股份（现名“双良节能”）创新高 7.10 元后回落，出现带长上影线的穿头破脚中阳线。又一根关键 K 线出现。

（5）出现长上影线，伴随明显放量，上涨受阻。

【K 线实战图谱】

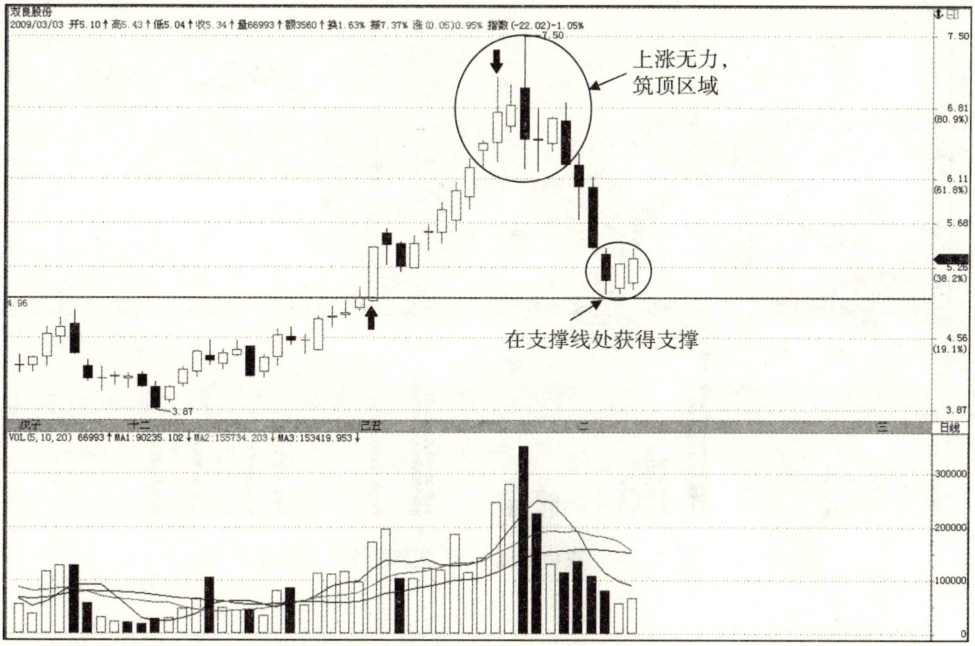

图 1–13　双良股份（双良节能）　600481

看盘精要

大阳线出现后的 K 线走势解读：

（1）图 1–13 显示了双良股份（现名“双良节能”）突破压力线后的洗盘过程。

（2）2009 年 2 月 19 日的长上影线阳线（见图 1–13 中的向下箭头）出现之后，股价仍然上冲了一段。在创出 7.50 元新高的当日，出现了巨量长上影线的穿头破脚大阴线，全部清仓。

（3）随后股价发生快速回调，成交量也迅速萎缩。

（4）股价在下跌到支撑线处得到有力的支撑。

（5）3 月 3 日，双良股份收出一根穿头破脚中阳线，相比前一交易日，成交量略微放大，杀跌接近尾声。

【K线实战图谱】

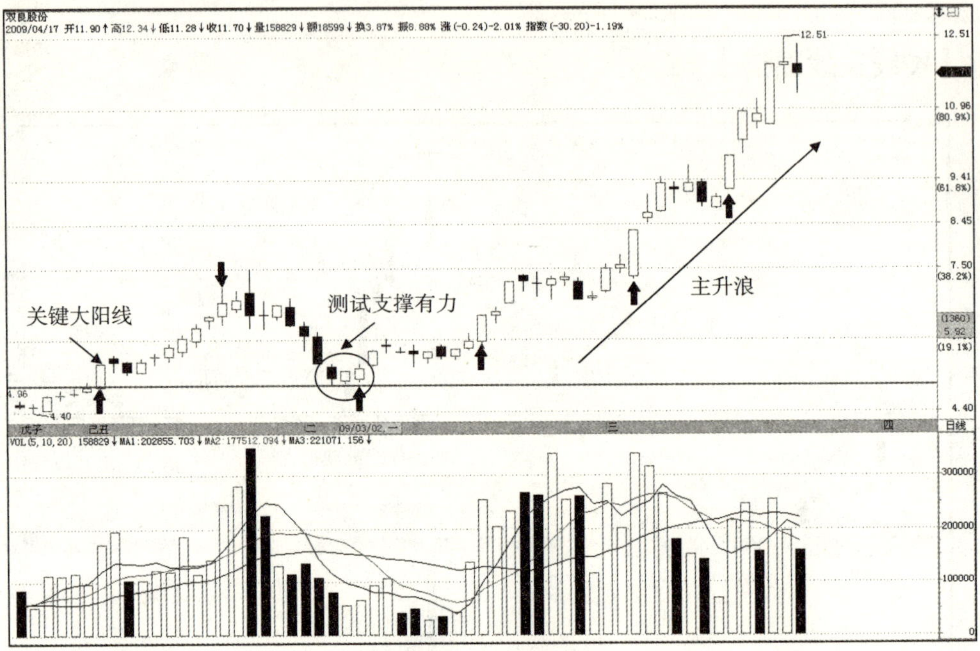

图 1–14 双良股份（双良节能） 600481

看盘精要

大阳线出现后的 K 线走势解读：

（1）图 1–14 显示了双良股份（现名“双良节能”）突破重要压力线后的真正拉升过程。

（2）2009 年 3 月 3 日，该股连续测试支撑线有效（见图中自左而右第二个向上箭头）。随后，该股正式走入主升浪，期间经历了 3 次小平台调整，股价上涨超过 130%。

（3）在“突破压力线—打压洗盘—主升浪上涨”的过程中，出现了多根大阳线。其中 3 根大阳线都是突破盘整看涨大阳线（见图 1–14 右侧 3 个向上的箭头所指大阳线），均为建仓机会。

（4）第一根突破盘整大阳线最为关键。只要抓住那根关键大阳线，就可以在 2 个月的时间内，盈利超过 150%。

4. 下跌趋势中的假突破看涨大阳线

【K 线实战图谱】

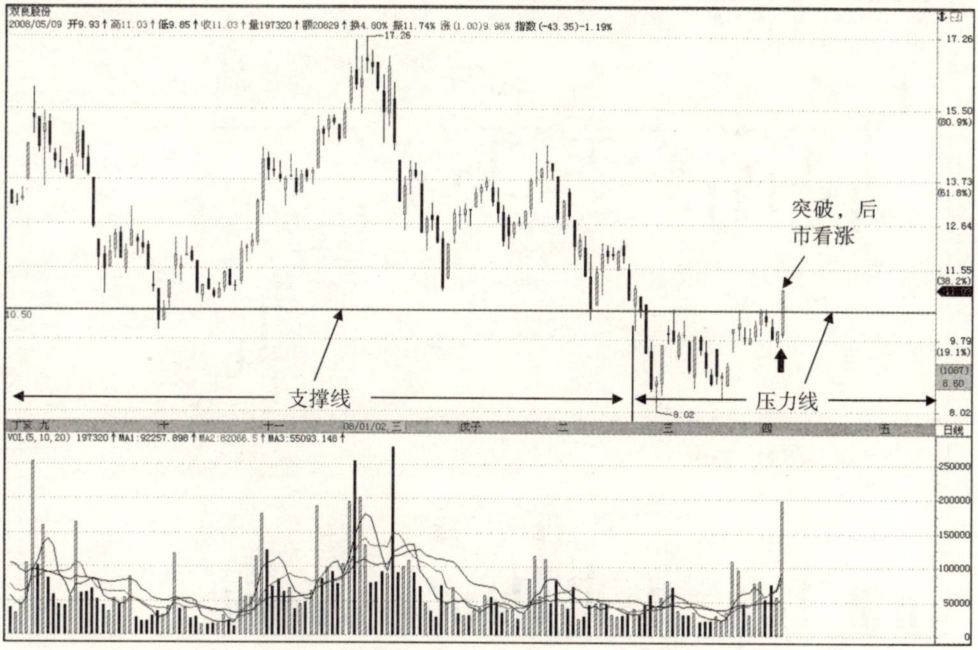

图 1–15　双良股份（双良节能）　600481

看盘精要

大阳线出现时的 K 线走势分析：

（1）图 1–15 是双良股份（现名“双良节能”）从 2007 年 9 月 26 日至 2008 年 5 月 9 日的日线图。

（2）2008 年 4 月 1 日，该股正式跌破 10.50 元的支撑线。随后，股价处于盘整行情中。

（3）5 月 9 日，该股以光头大阳线（开盘价为 9.94 元，收盘价为 11.05 元，最高价为 11.05 元，最低价为 9.86 元）冲破前期高点 10.50 元并站稳，同样伴随过度放大的成交量，后市看涨。

（4）和图 1–11 相比，两者仿佛完全相同，后市走势是否也会相同呢？

【K 线实战图谱】

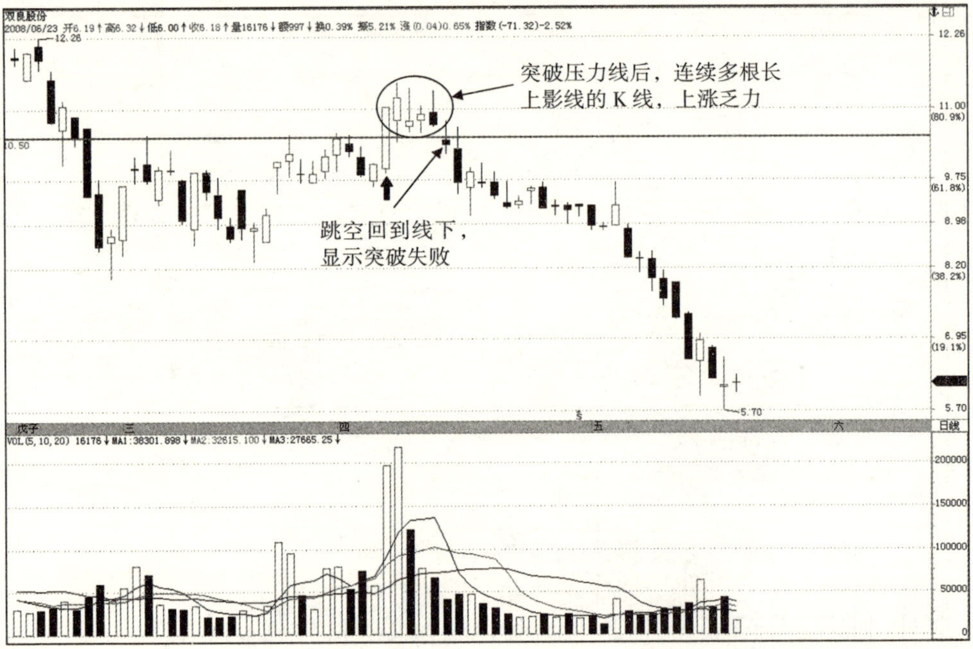

图 1–16　双良股份（双良节能）　600481

看盘精要

大阳线出现后的 K 线走势解读：

（1）图 1–16 显示了那根大阳线（见图中箭头所指）出现之后的走势，股价迅速腰斩。

（2）当然，如果根据那根大阳线建仓，必然会被止损出局。由此可见，止损是多么的重要。若想等反弹，只会越等越失望。

（3）为什么差不多的图形，走势却截然相反呢？

【K 线实战图谱】

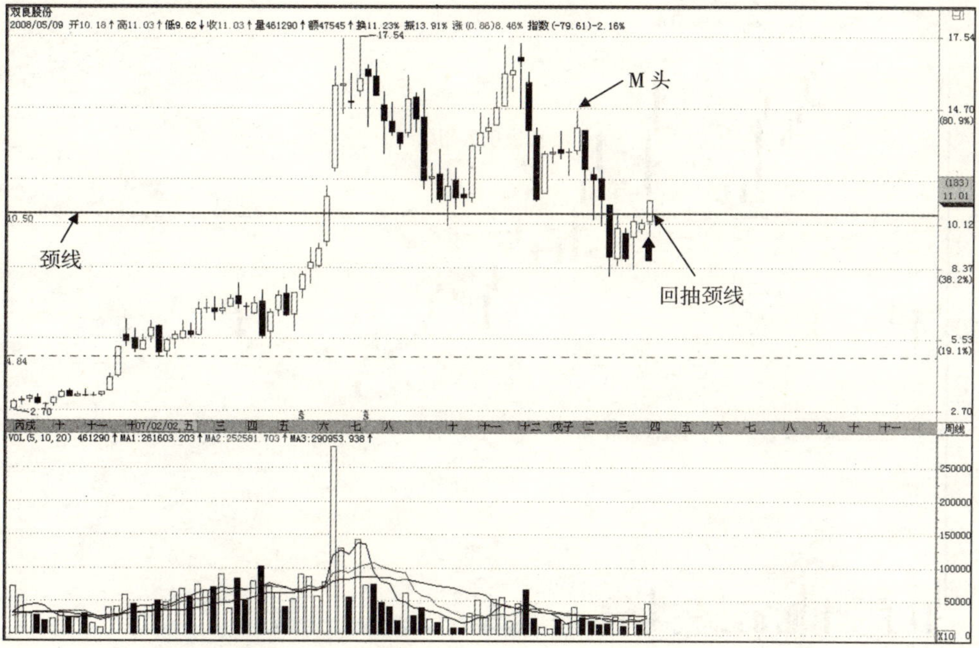

图 1–17　双良股份（双良节能）　600481

看盘精要

大阳线出现后的 K 线走势解读：

（1）图 1–17 是双良股份（现名“双良节能”）的周线图，箭头所标记的就是图 1–15 大阳线突破的那个星期。

（2）周线呈现 M 头走势（关于 M 头等形态的具体内容，请参见《K 线操练大全 1——K 线形态操练》一书），见顶信号。

（3）2008 年 5 月 9 日，大长阳突破颈线（图中实线），只是对颈线进行回抽，属于卖出信号。

【K线实战图谱】

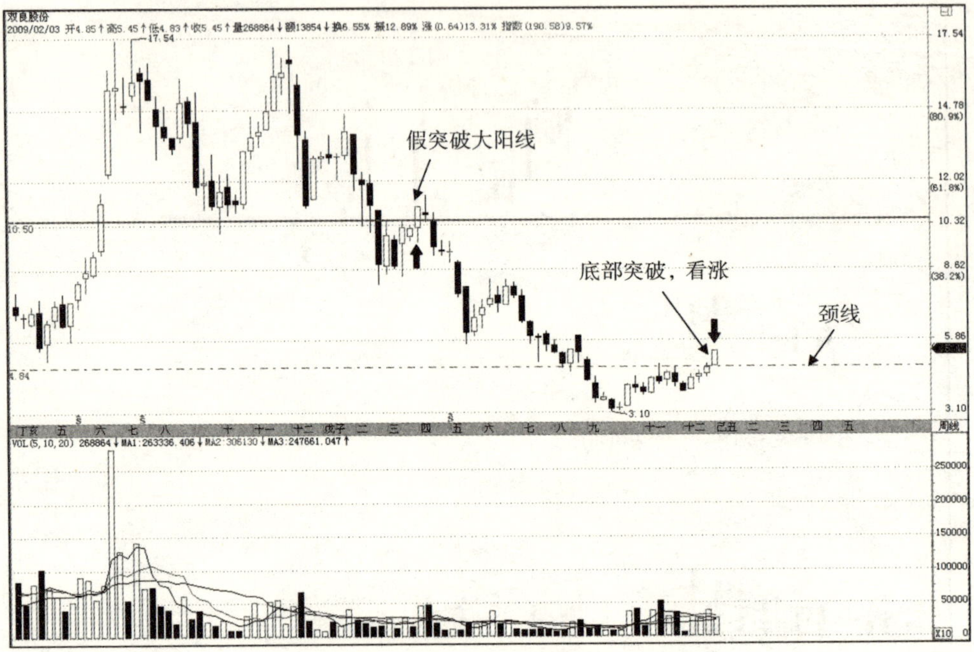

图 1–18 双良股份（双良节能） 600481

看盘精要

大阳线出现后的K线走势解读：

（1）图 1–18 同样是周线图，向下箭头所标记的就是图 1–11 大阳线突破的那个星期。

（2）周线呈现 W 底走势，见底信号。

（3）2008 年 2 月 3 日，大长阳突破颈线（图中虚线），见底回升，看涨信号。

（4）图 1–11 和图 1–15，虽然走势有些类似，但因其所处的位置不同，其走势有天壤之别。

（5）同样一根大阳线，所处背景不同，代表的含义可能会截然相反，投资者一定要谨慎判断。

5. 下跌趋势中的突破看涨大阳线

【K 线实战图谱】

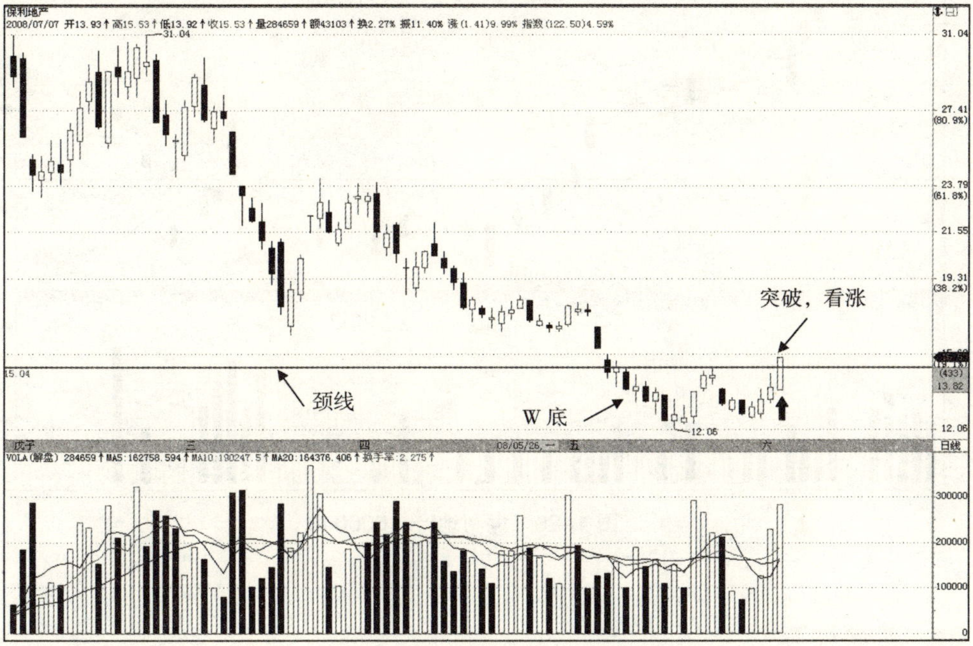

图 1-19　保利地产　600048

看盘精要

大阳线出现时的 K 线走势分析：

（1）是否下跌趋势中的突破大阳线都不值得信任呢？

（2）图 1-19 是保利地产从 2008 年 3 月 11 日至 2008 年 7 月 7 日的日线图。

（3）从图中可以看出，此段时间该股处于下降趋势中。

（4）2008 年 7 月 7 日，该股以大阳线（开盘价为 13.93 元，收盘价为 15.53 元，最高价为 15.53 元，最低价为 13.92 元）突破 W 底的颈线，看涨信号。

（5）注意，下跌趋势中做多，风险相当高。

【K线实战图谱】

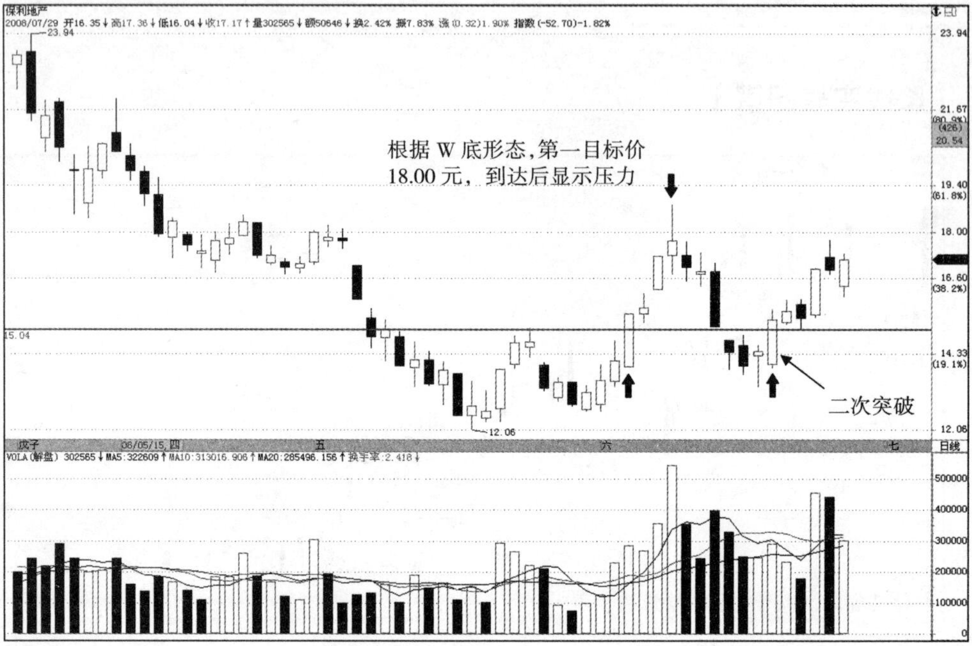

图 1-20 保利地产 600048

看盘精要

大阳线出现后的 K 线走势解读：

（1）突破大阳线出现之后，股价迅速拉高。

（2）7 月 10 日，股价触及 W 底的第一目标价 18.00 元（见图 1-20 向下箭头），可考虑清仓。

（3）随后，股价又迅速跌破 W 底颈线的支撑，后市看跌。

（4）然而，股价随后就再次冲破颈线（见图 1-20 右侧向上箭头），又提供了超短线交易机会。

（5）此处支撑比较有力，可以认为此处为底部区域。关键参考点：前低 12.6 元。

【K 线实战图谱】

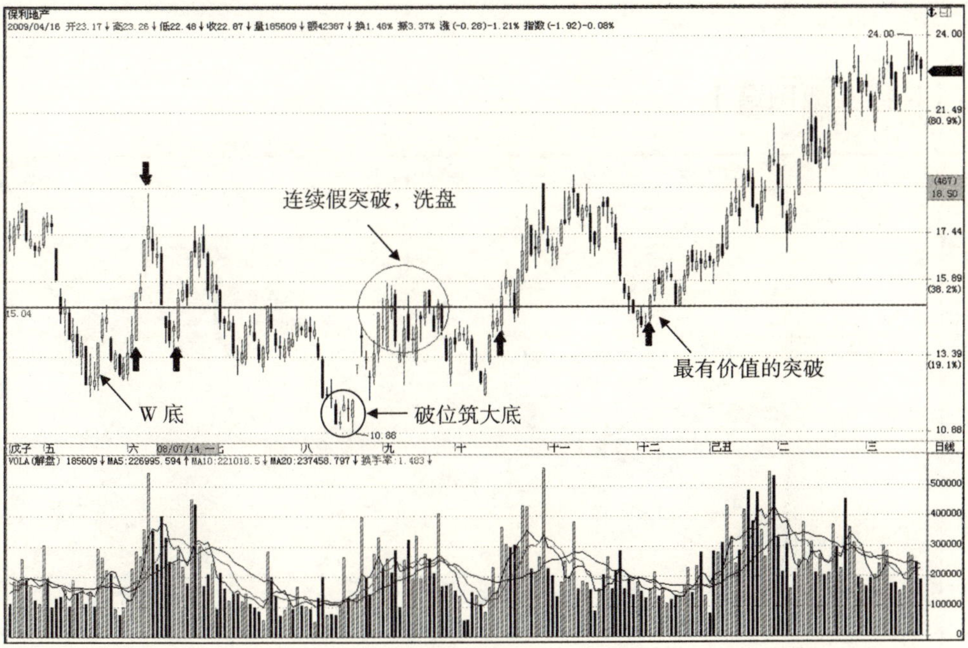

图 1–21　保利地产　600048

看盘精要

大阳线出现后的 K 线走势解读：

（1）后市走势显示（见图 1–21），筑底行动确实是从那个不起眼的 W 底开始的。

（2）在筑底过程中，股价多次假突破颈线（见上图的圆圈部分）。

（3）真正突破颈线的交易机会有四次，参见图中箭头所指。

6. 上涨趋势中的假突破看涨大阳线

【K线实战图谱】

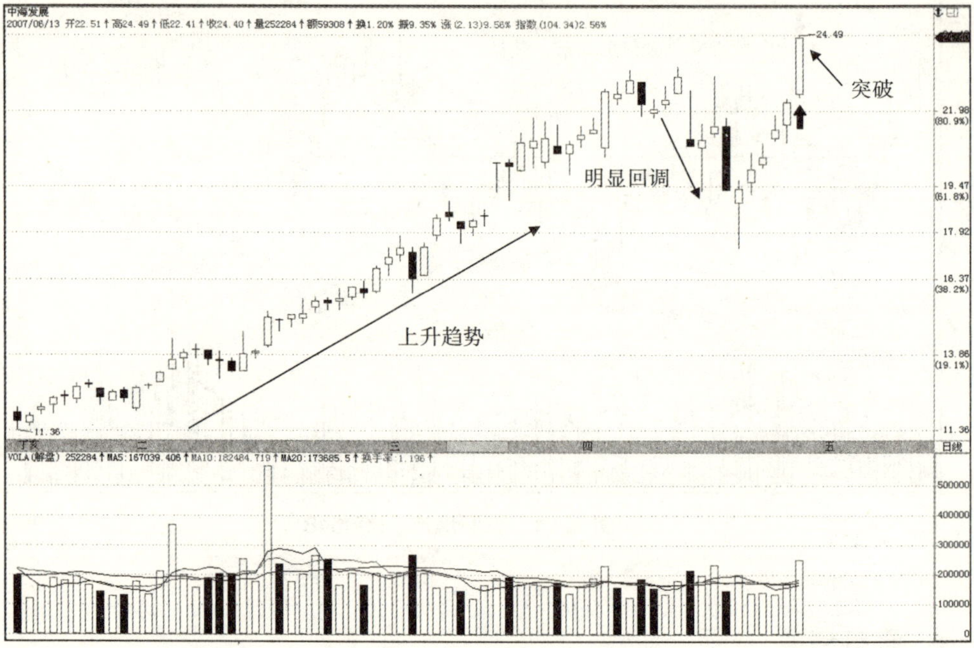

图 1–22　中海发展　600026

看盘精要

大阳线出现时的 K 线走势分析：

（1）那么，是否上涨趋势中的突破大阳线都值得信任呢？

（2）图 1–22 是中海发展从 2007 年 3 月 5 日至 2007 年 6 月 13 日的日线图。

（3）从图中可以看出，此段时间该股处于上升趋势中。

（4）2007 年 6 月 13 日，该股以大阳线（开盘价为 22.51 元，收盘价为 24.40 元，最高价为 24.49 元，最低价为 22.41 元）突破前期高点形成的压力位，看涨信号。

【K 线实战图谱】

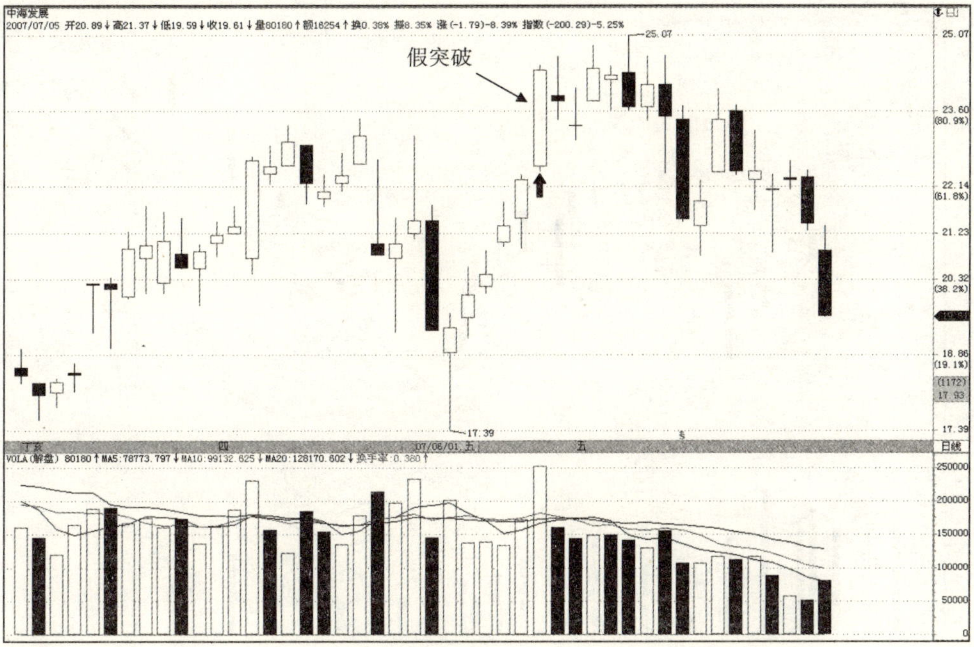

图 1-23　中海发展　600026

看盘精要

大阳线出现后的 K 线走势解读：

（1）这次碰到了假突破，股价在 25.00 元附近徘徊了多个交易日后发生回落，跌幅达到 20%。

（2）假突破可以高位派发筹码，而且会挫伤投资者利用突破建仓的信心，可谓一箭双雕。

（3）其实，这根大阳线有短期见顶信号，具体参见下文大阳线见顶的相关内容。

（4）股市里充满了博弈。突破前高压力是很多投资者关注的形态，越受关注，假象也就可能越多。

【K线实战图谱】

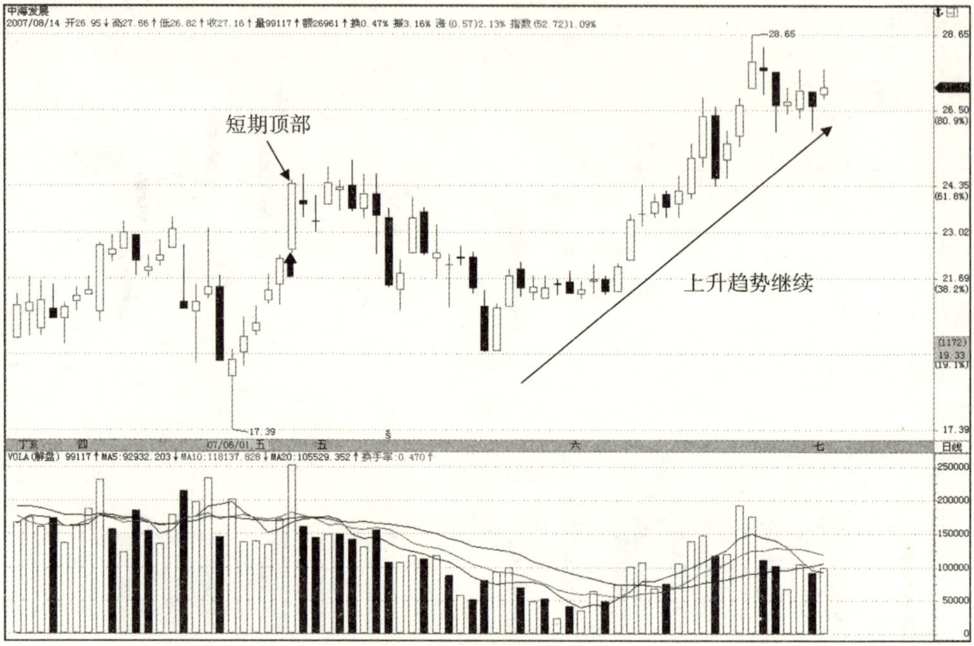

图 1–24 中海发展 600026

看盘精要

大阳线出现后的K线走势解读：

（1）上升趋势只要还在继续，真正的突破就必然要发生。如图 1–24 所示，股价还是突破压力线，继续向上攀升。

（2）假突破是股票投资所必须要面对的问题，不要因为害怕一次假突破而失去了真突破的机会。因此，第一次假突破后不要把该股扔到垃圾桶，还是要密切关注，以等待第二次突破。

（3）即使第一次假突破被止损出来，只要时机把握得当，该股的真突破还是能带来不错的收益。

7. 整理行情中的突破看涨大阳线

【K 线实战图谱】

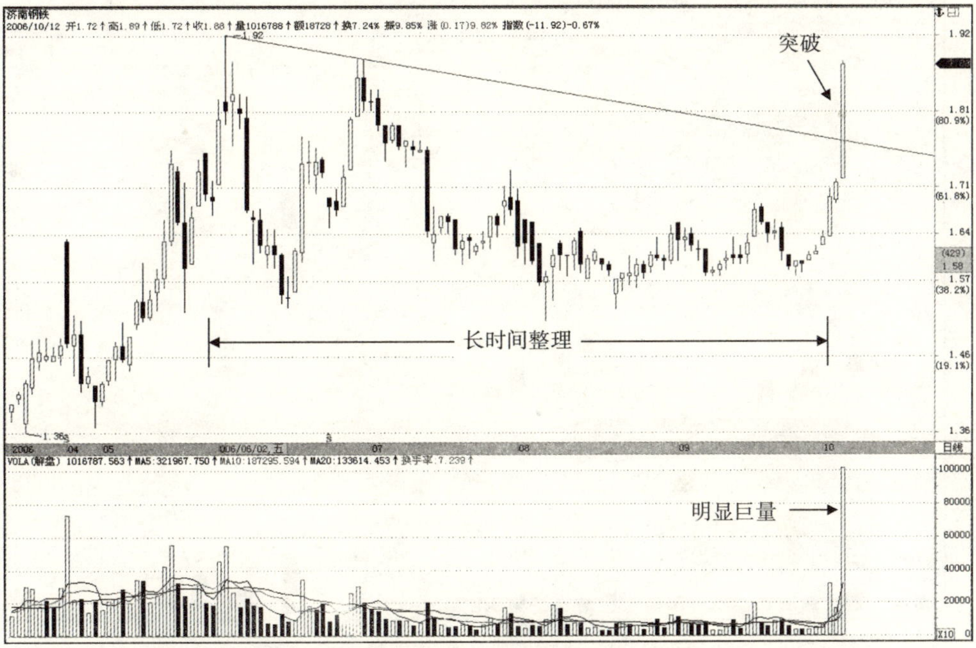

图 1–25　济南钢铁（山东钢铁）　600022

看盘精要

大阳线出现时的 K 线走势分析：

（1）图 1–25 是济南钢铁（现名“山东钢铁”）从 2006 年 2 月 23 日至 2006 年 10 月 12 日的日线图。

（2）从 2006 年 6 月 2 日创出 1.92 元的新高开始，该股陷入了长达 4 个月的整理行情中。

（3）2006 年 10 月 12 日，关键 K 线出现，该股以光脚大阳线（开盘价为 1.72 元，收盘价为 1.88 元，最高价为 1.89 元，最低价为 1.72 元）冲破前期两个高点形成的压力线，显示了上涨的决心，后市看涨。

（4）对于释放的巨量，不需要担忧。隔了4个月的时间，突然释放前期的套牢盘，如果后市不是强烈看涨，谁会那么好心来买套？

【K线实战图谱】

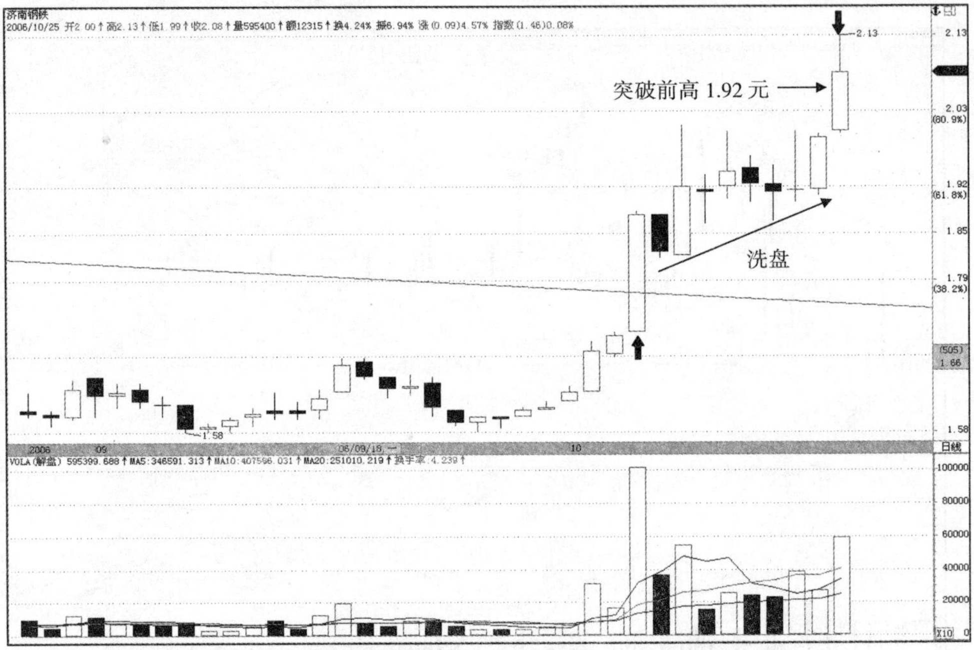

图1-26　济南钢铁（山东钢铁）　600022

看盘精要

大阳线出现后的K线走势解读：

（1）巨量之后，通常不会伴随连续快速上涨，洗盘是最常见的走势。

（2）关键大阳线（见图中箭头所指）出现之后，该股如期进行洗盘：利用长长的上影线宣布上涨压力很大，从而希望赶走短线客，清理获利盘，并进一步清洗套牢盘。

（3）2006年10月25日，该股利用中阳线跳出洗盘区，洗盘行动基本结束。

（4）由于股票很多，个人投资者精力、时间又有限，可能盘中无法抓住走出关键K线的股票。但是，只要每日盘后关注涨幅榜，关键大阳线就无法逃出你的手掌。

【K 线实战图谱】

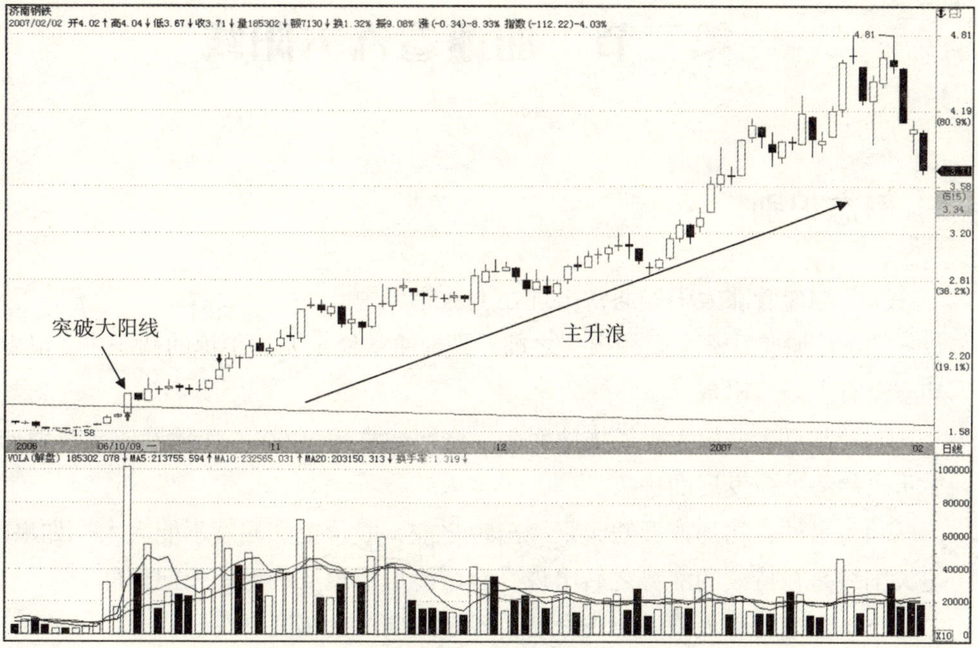

图 1–27　济南钢铁（山东钢铁）　600022

看盘精要

大阳线出现后的 K 线走势解读：

（1）图 1–27 是济南钢铁（现名“山东钢铁”）2006 年 9 月 20 日至 2007 年 2 月 2 日的日线图。

（2）如果从关键 K 线（见图中向上箭头所指）开始计算，3 个月的时间内股价上涨了 155%。

（3）如果从跳出洗盘区的 K 线（见图中向下箭头所指）开始计算，3 个月的时间内股价上涨了 130%。

（4）俗话说：“打蛇打七寸”。看盘，一定要能从凌乱的 K 线之中寻找出最关键的 K 线。这是看盘的基本功！只要找出关键 K 线，主升浪就不会从手边溜走。

第三节 加速看涨大阳线

1. 形态识别

（1）加速看涨大阳线通常出现在上涨趋势中。

（2）在加速看涨大阳线出现之前，股价通常处于波澜不惊的状态中，很少，甚至没有大阳线出现。

（3）某日，一根大阳线拔地而起，涨幅通常超过 6%，伴随着成交量增加，显示出趋势加速发展的迹象。

（4）另外，在加速看涨大阳线出现之前，股价上涨幅度不能太大。如果加速大阳线是在持续的涨势之后出现，有可能形成短期甚至中长期顶部。

（5）加速看涨大阳线出现之后，股价短期内大幅度升高。

2. 应对策略

（1）具有加速性质的大阳线也是值得关注的大阳线。一般来说，加速大阳线打开了价格上升的空间，意味着上涨可能进入主升浪。

（2）主升浪是投资者尤其要掌握的阶段。机会把握得好，建仓后股价迅速远离成本价，耐心持仓，获利丰厚。如果机会把握不好，高买低卖，可能会两面亏损。

（3）理论上来讲，应该选择大阳线加速的第一个交易日，根据分时图走势建仓。同样，以大阳线实体的 1/2 处为止损。

（4）大阳线加速需要后市行情走势的配合才能确认，因此，也可以选择加速大阳线的跟踪日建仓，根据跟踪日走势设定止损。如果跟踪日没能继续创新高，持币继续观望；否则，根据分时走势建仓。

（5）通常，面对加速看涨大阳线，如果要等待回调再建仓，将错过波澜壮阔的主升浪行情。

（6）如果加速看涨大阳线出现在下跌趋势中，应密切关注，准备迎接底部的到来。

（7）如果加速大阳线出现在长时间、大幅度的上涨趋势中，应该保持警惕，小心顶部的到来。

3. 上涨初期的加速看涨大阳线

【K 线实战图谱】

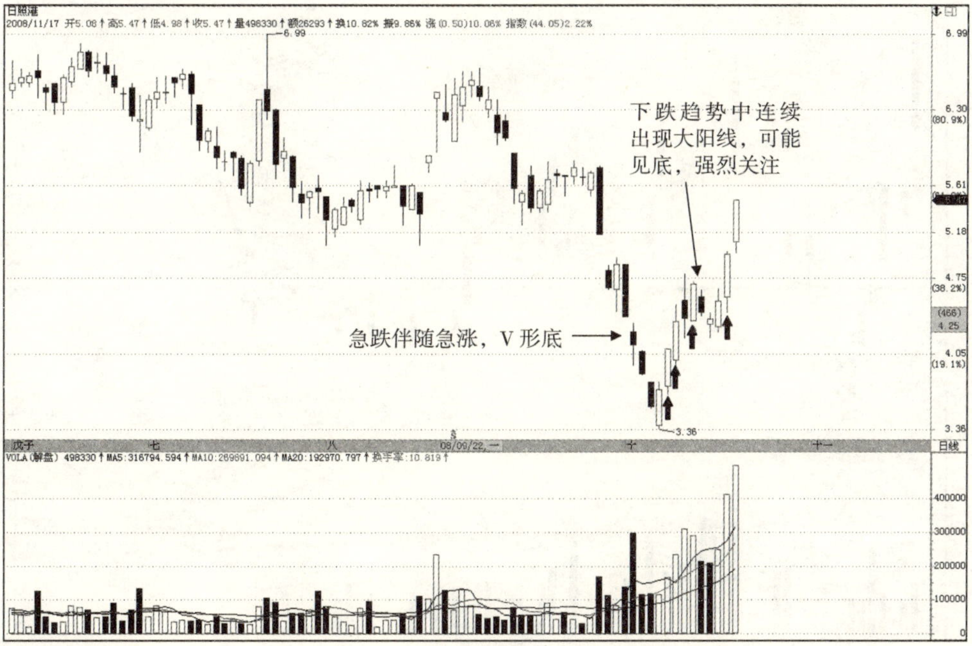

图 1–28　日照港　600017

看盘精要

大阳线出现时的 K 线走势分析：

（1）图 1–28 是日照港 2008 年 7 月 10 日至 2008 年 11 月 17 日的日线图。

（2）在这段行情之前，该股处于下跌趋势之中。

（3）2008 年 11 月 4 日，该股走出一根中阳线。11 月 5 日，又走出一根大阳线。随后一个交易日，股价继续加速上扬，确认 11 月 5 日的大阳线为加速看涨大阳线。

（4）继续观察走势，发现该股自 11 月 5 日至 11 月 17 日，仅 8 个交易日，股价就上涨了 30%多。其中，出现了 4 根加速上涨大阳线（见图中向上箭头所指）。

（5）在下跌趋势中出现连续的加速上涨大阳线，底部可能就在眼前。

【K 线实战图谱】

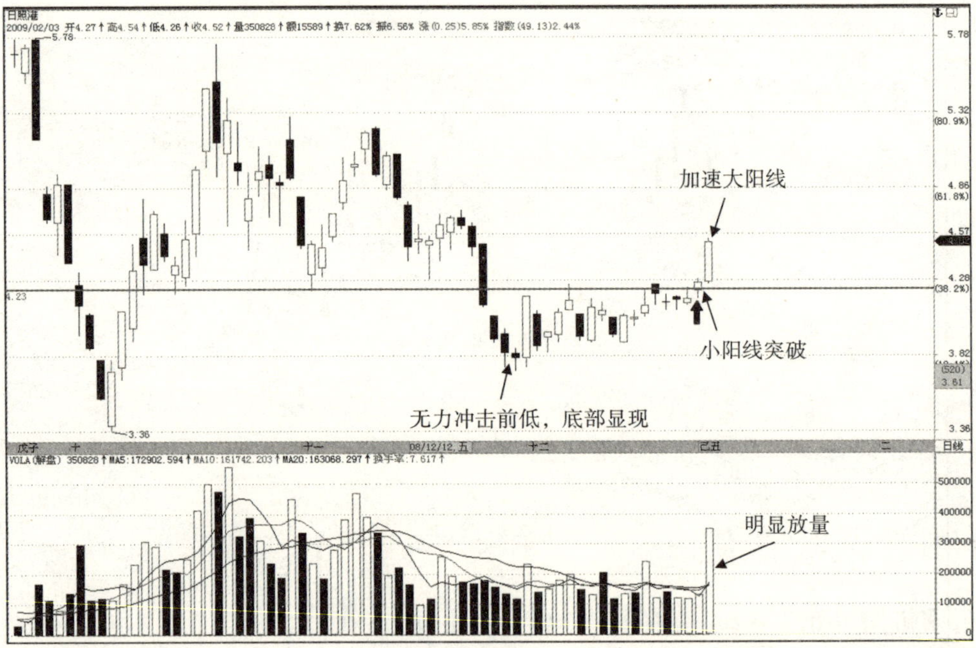

图 1–29 日照港 600017

看盘精要

大阳线出现后的 K 线走势解读：

（1）在加速拉升股价之后，下跌果真就此止住，接下来的行情可以算作上涨初期行情。

（2）2009 年 2 月 2 日，该股以小阳线突破 4.20 元的压力线。该压力线经过多个价格测试，非常值得关注。

（3）压力线之下的 19 个交易日，低点逐次抬高，波动幅度在 15%之内，属于波澜不惊状态。

（4）2 月 3 日，关键 K 线出现，该股以大阳线（开盘价为 4.27 元，收盘价为 4.52 元，最高价为 5.54 元，最低价为 5.26 元）报收，同时成交量明显放大（当日成交量是前一交易日的 2.7 倍），显示加速迹象。

【K 线实战图谱】

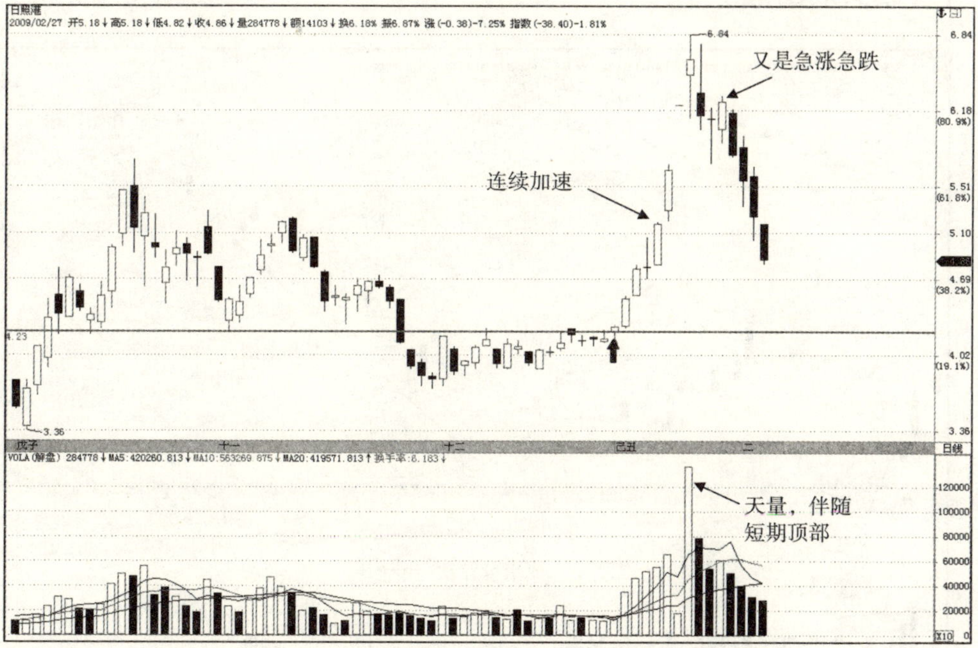

图 1–30　日照港　600017

看盘精要

大阳线出现后的 K 线走势解读：

（1）建仓之后，股价快速上扬，仅 6 个交易日的时间，涨幅就达到了 50%。

（2）在这波上涨过程中，一共出现了 4 根加速看涨大阳线，每根大阳线都提供了建仓的机会。当然，股价快速上涨所积聚的下跌风险也随之增加。

（3）上涨过程中，成交量温和放大，涨势健康，应耐心持股。

（4）2月18日，成交量突然急速放大，最终收出穿头破脚小阳线，显示了风险。

（5）从2月19日开始，股价快速下跌，仅7个交易日，跌幅就达到了30%。买入时机很重要，卖出时机同样很重要。

4. 上涨趋势中的加速看涨大阳线

【K线实战图谱】

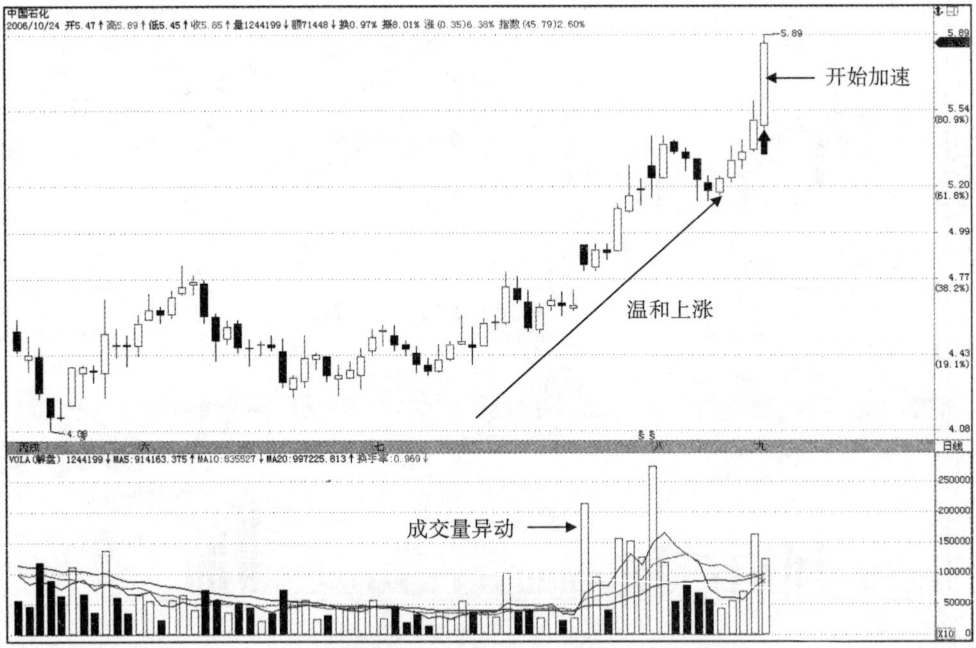

图1-31 中国石化 600028

看盘精要

大阳线出现时的K线走势分析：

（1）图1-31是中国石化2006年6月9日至2006年10月24日的日线图。

（2）从上图可以看出，该股处于明显的上涨趋势之中。从 6 月 14 日的最低点 4.08 元算起，至 10 月 23 日，涨幅达到 25%。股价温和上涨，同样属于波澜不惊状态。

（3）10 月 24 日，关键 K 线出现，该股以大阳线（开盘价为 5.47 元，收盘价为 5.85 元，最高价为 5.89 元，最低价为 5.45 元）报收，显示加速迹象。

（4）低买高卖，是一种策略。高买，更高卖，同样是一种策略。

【K 线实战图谱】

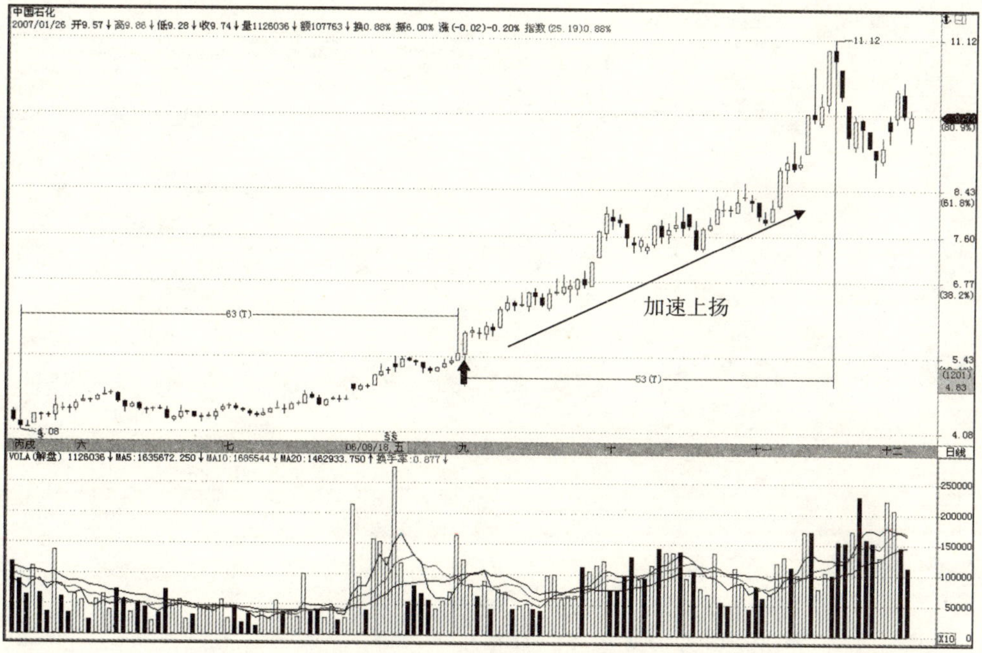

图 1-32　中国石化　600028

看盘精要

大阳线出现后的 K 线走势解读：

（1）加速大阳线出现之后，股价没有像上文日照港一样展开快速拉升。

（2）从 2006 年 6 月 14 日至 2006 年 10 月 23 日，共计 63 个交易日，涨幅为 25%。

（3）从 2006 年 10 月 24 日至 2007 年 1 月 10 日，共计 53 个交易日，涨幅为 100%。

（4）通过对比可知，在关键 K 线（见图 1–32 的箭头所指）出现之后，股价进入了加速上涨的趋势之中。

第四节　触底看涨大阳线

1. 形态识别

（1）股价出现加速下跌。

（2）大阳线止跌反弹，成交量随之放大。

（3）如果出现在大幅度、长时间的下跌过程中，急速下跌初期成交量往往变化不大，急速下跌末期则伴随成交量放大，大阳线止跌后成交量则明显放大。

（4）如果出现在上涨趋势中，急速下跌初期往往伴随着成交量快速萎缩，止跌回升成交量则明显回升。

2. 应对策略

（1）一根大阳线未必能够改变整个下跌趋势，但是通常造成下跌趋势的停顿；如果连续地出现大阳线，那么这个下跌趋势就可能被改变。

（2）激进的投资者，大阳线突破当日可以建仓，但要设置好止损。

（3）一般来说，在关键大阳线的跟踪日建仓比较合适，根据跟踪日走势设定止损。如果跟踪日没有跌破大阳线实体 1/2 处，建仓；如果跟踪日继续快速上涨，根据分时走势建仓。

（4）在上涨趋势中，尤其是上涨初期，急速回调后的大阳线值得信赖，可以采用固守大阳线和分批建仓的策略。所谓固守大阳线策略，是指在出现大阳线当日建仓后，以大阳线的低点为止损，耐心持股待涨。

（5）在下跌过程中，底部区域的构建往往比较复杂，耗时也较长。因此，应采用分批建仓的策略，不建议采用固守大阳线的策略，以防止新低出现后止损出场，却发现倒在黎明前。

3. 下跌趋势中的触底看涨大阳线

【K 线实战图谱】

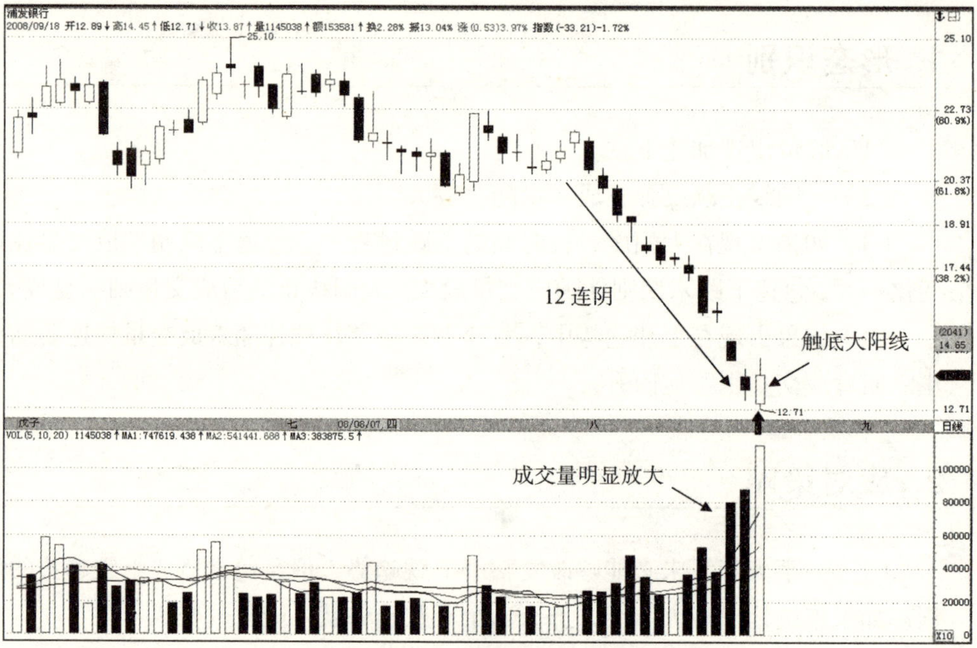

图 1–33　浦发银行　600000

看盘精要

大阳线出现时的 K 线走势分析：

（1）图 1–33 是浦发银行从 2008 年 7 月 7 日至 2008 年 9 月 18 日的日线图。

（2）该股在跌破前期盘整的支撑线后，展开了 12 连阴的下跌，股价从 21.80 元跌至 13.00 元，跌幅达到 40%。

（3）9 月 16 日，以跌停价收盘；9 月 17 日，再次大跌 7%。这两个交易日，成交量明显放大。

（4）9 月 18 日，关键 K 线出现，该股以光脚大阳线（开盘价为 12.89 元，收盘价为 13.87 元，最高价为 14.45 元，最低价为 12.71 元）一举扭转 12 连阴的颓势，并伴随巨量，显示了上涨的决心，后市看涨。

【K 线实战图谱】

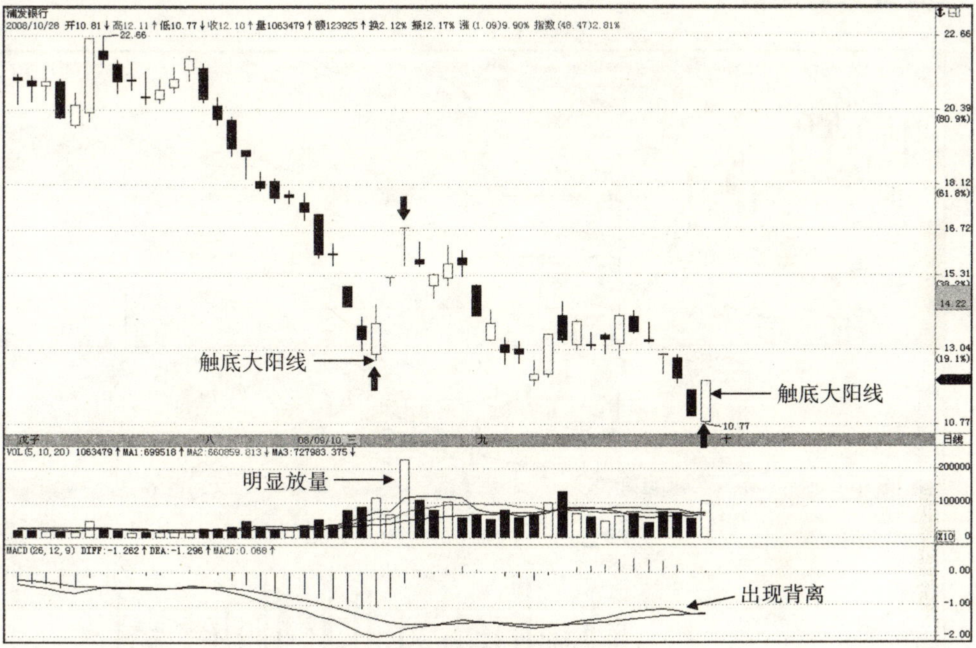

图 1-34　浦发银行　600000

看盘精要

大阳线出现后的 K 线走势解读：

（1）关键 K 线出现后，该股连续两天涨停。其中，9 月 22 日突然放巨量（见图 1-34 中向下箭头所指），令人感觉到一丝危险，可以适当减仓。次日，股价跳空低开，此处不宜久留。

（2）随后，股价恢复下跌趋势，并且很快跌破关键大阳线的最低点。不过，此段时间的成交量显示出其股性渐趋于活跃。

（3）10 月 28 日，又一根关键 K 线出现，该股以大阳线（开盘价为 10.81 元，收盘价为 12.10 元，最高价为 12.11 元，最低价为 10.77 元）结束了这一轮快速下跌，成交量明显放大，后市看涨。

（4）结合 MACD（平滑异同移动平均线），会发现明显的背离现象。

（5）真正的底部也许已经来到了。

【K 线实战图谱】

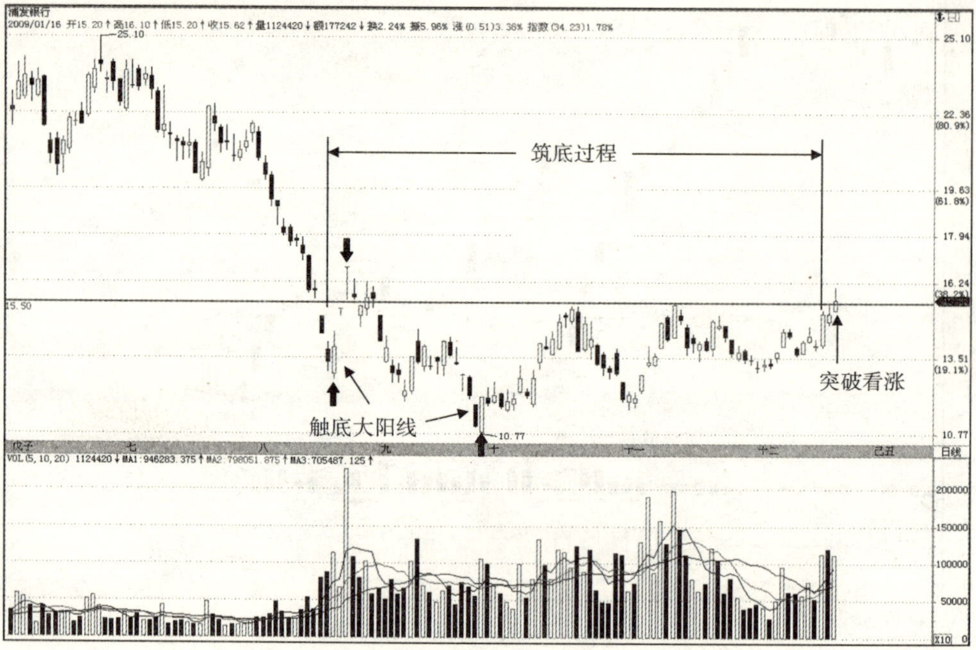

图 1–35　浦发银行　600000

看盘精要

大阳线出现后的 K 线走势解读：

（1）随着时间的推移，证明第二次对底部的判断成立。

（2）2009 年 1 月 16 日，该股利用小阳线突破压力线，后市继续看涨。

（3）短线操盘能力强的投资者，可以波段操作；短线操盘能力弱的投资者，不妨持股待涨，注意分批建仓。

【K 线实战图谱】

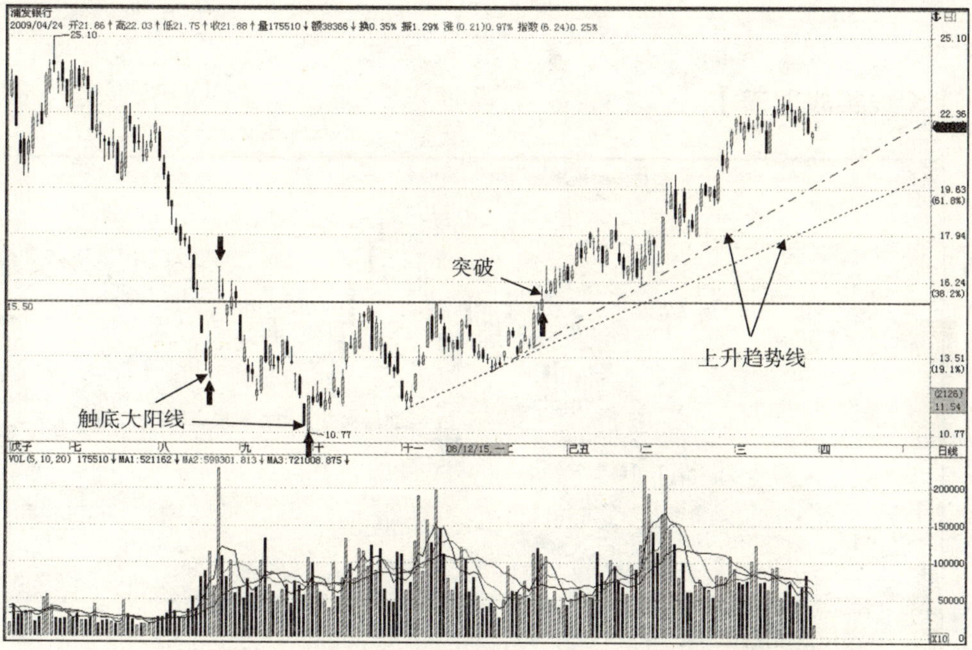

图 1-36　浦发银行　600000

看盘精要

大阳线出现后的 K 线走势解读：

（1）突破压力线后，该股正式进入上升趋势，涨幅达到 50%，时间为 3 个月。

（2）利用重要的低点，画出上升趋势线（见图 1-36 中两条虚线），耐心持股，收益应该能够令人满意。

（3）要密切关注量价的变化，观察重要高低点的位置，并配合移动平均线，适当进行波段交易，可以扩大收益。

4. 上涨趋势中的触底看涨大阳线

【K线实战图谱】

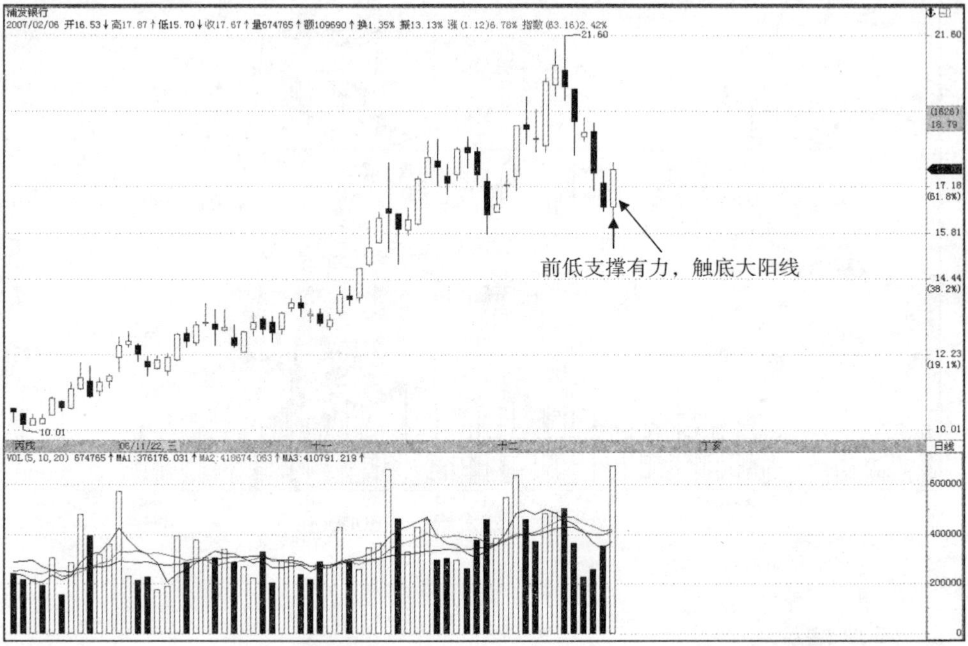

图 1–37 浦发银行 600000

看盘精要

大阳线出现时的K线走势分析：

（1）图1–37是浦发银行2006年11月1日至2007年2月6日的日线图。

（2）从2006年8月2日低点6.56元算起，这波上涨的最大涨幅已达到230%。

（3）2007年1月30日，创出新高21.60元。随后展开快速下跌，仅仅5个交易日，跌幅达到25%以上。

（4）刚开始下跌的三天，成交量明显萎缩；最后两天，成交量又逐步放大。

（5）2007年2月6日，关键K线出现，该股以带长下影线的大阳线（开盘价为 16.53 元，收盘价为 17.67 元，最高价为 17.87 元，最低价为 15.70 元）结束这一轮快速下跌，成交量明显放大，后市看涨。

【K 线实战图谱】

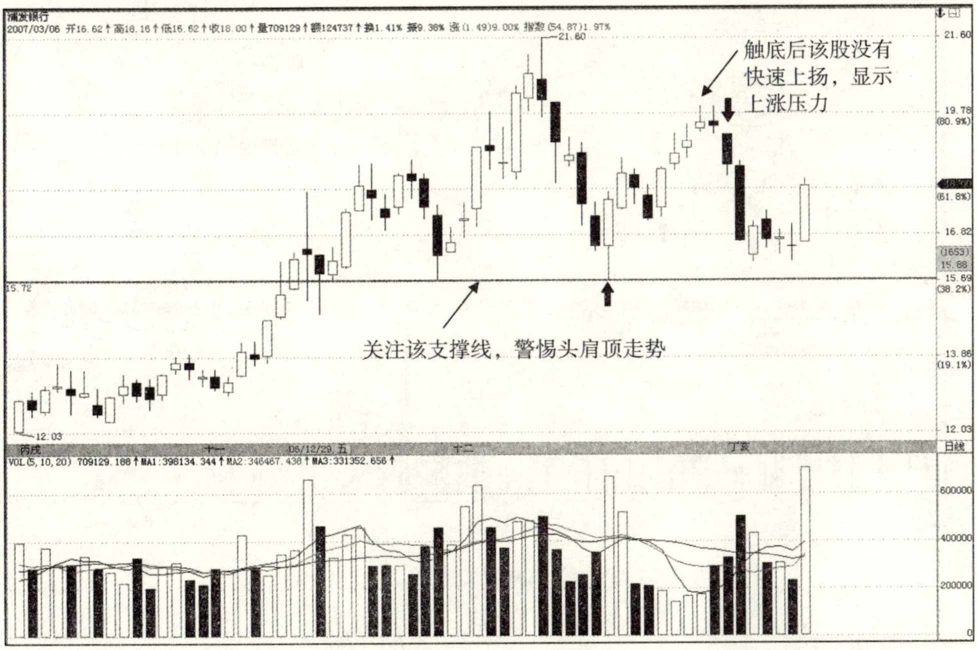
触底后该股没有快速上扬，显示上涨压力
关注该支撑线，警惕头肩顶走势

图 1–38　浦发银行　600000

看盘精要

大阳线出现后的 K 线走势解读：

（1）关键 K 线出现之后，该股如期上涨，浮动盈利超过 13%。

（2）2 月 26 日，中阴线跳空杀跌，成交量放大，危险信号。

（3）股价跌回到关键大阳线的下影线范围。由于 K 线走出类似头肩顶形态，密切关注 15.70 元的颈线。一旦跌破，后市看跌。

（4）3 月 6 日，又一根大阳线喷薄而出，伴随明显放量，警惕的事情并没有发生，后市继续看涨。

【K 线实战图谱】

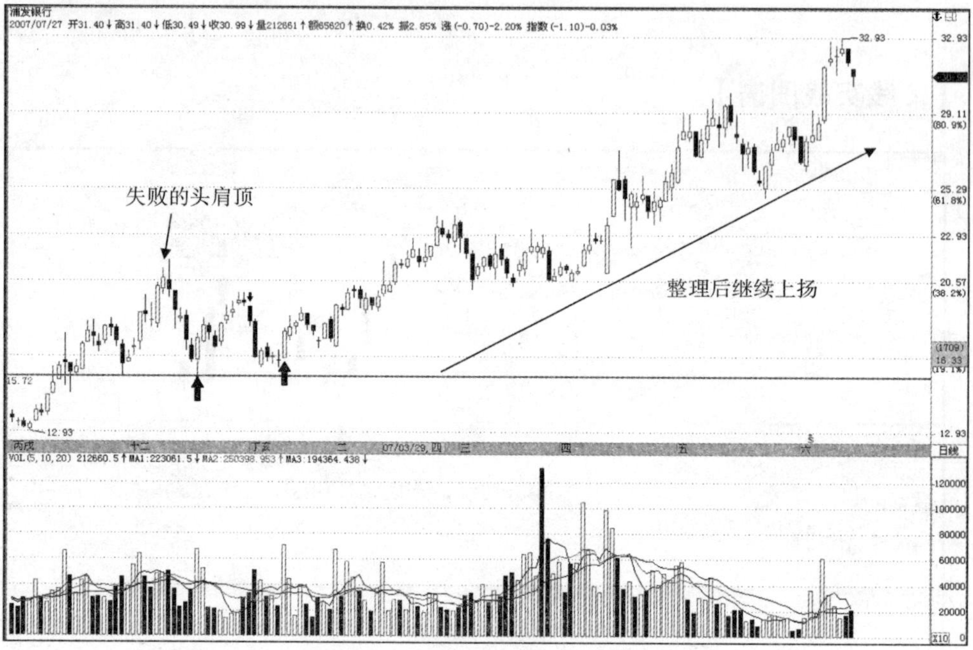

图 1-39 浦发银行 600000

看盘精要

大阳线出现后的 K 线走势解读：

（1）浦发银行在走出疑似头肩顶形态后，并没有跌破颈线，上涨将继续（见图 1-39）。

（2）在参与该股之前，它已经上涨超过 200%。涨了那么多，后市还能涨多少呢?从上图已经看出 100%的涨幅，后面还有 100%。这就是疯狂的 2007 年！

（3）何时见顶？这是每个人都期盼解决的问题。遗憾的是，只有市场知道答案，它还不告诉你。因此，按照交易计划行事，不要陷入猜头猜底的游戏中。

5. 上涨趋势中的假触底看涨大阳线

【K 线实战图谱】

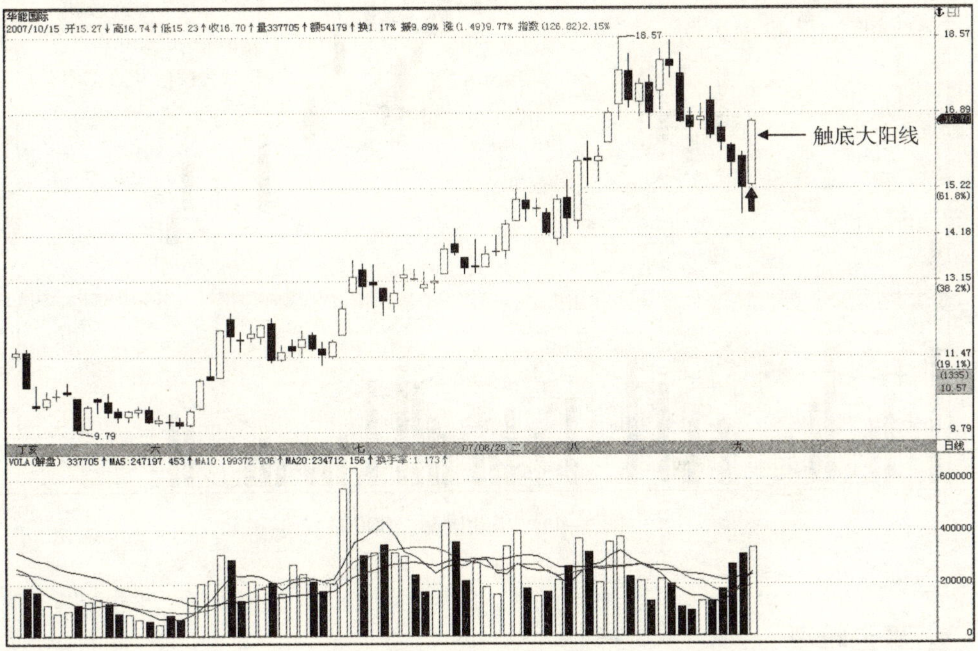

图 1-40 华能国际 600011

看盘精要

大阳线出现时的 K 线走势分析：

（1）图 1-40 是华能国际 2007 年 6 月 27 日至 2007 年 10 月 15 日的日线图。

（2）从图中可以看出，该股处于上升趋势中。

（3）2007 年 10 月 15 日，经过一段连续的下跌之后，走出了一根触底看涨大阳线（开盘价为 15.27 元，收盘价为 16.70 元，最高价为 16.74 元，最低价为 15.23 元）。

（4）不过，其成交量有些令人担心。价跌量涨，显示出某些异常迹象，不妨多等一天。

【K线实战图谱】

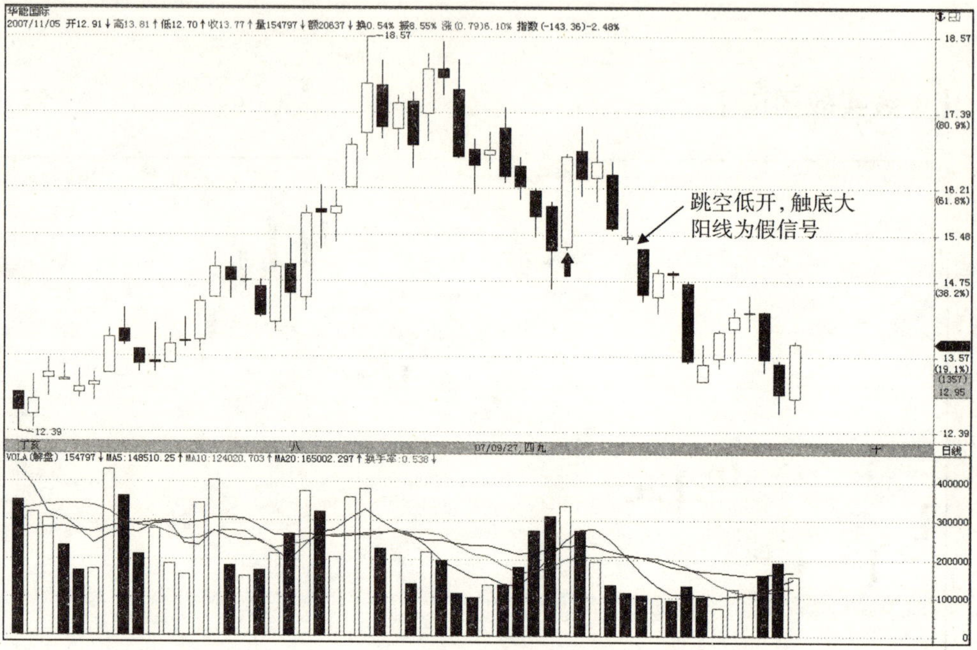

图 1-41 华能国际 600011

看盘精要

大阳线出现后的 K 线走势解读：

（1）触底看涨大阳线出现后的第五个交易日，跳空低开低走的中阴线跌破大阳线最低点，宣布了这根大阳线完全是个假象，目的就是拉高出货。

（2）2007 年 11 月 15 日（见图中右侧箭头所指），与上一根假触底看涨大阳线相比，股价又低了不少，此时出现的大阳线是否值得追捧呢？

（3）抢反弹是件极其危险的事情，没有足够的把握，还是旁观为好。

（4）后市的行情走势，请参见图 1-42，第二个向上箭头所指 K 线即为 2007 年 11 月 15 日的大阳线。

6. 下跌趋势中的假触底看涨大阳线

【K 线实战图谱】

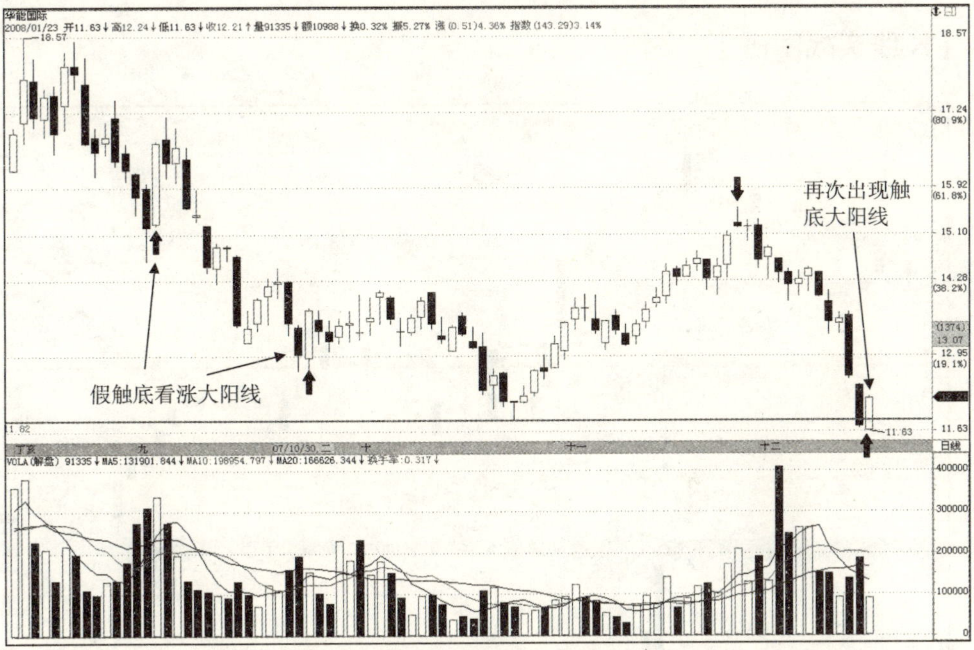

图 1-42　华能国际　600011

看盘精要

大阳线出现后的 K 线走势解读：

（1）继续以华能国际为例，图 1-42 是其 2007 年 9 月 17 日至 2008 年 1 月 23 日的日线图。

（2）从图中可以看出，该股处于下跌趋势中。

（3）2008 年 1 月 4 日，该股在反弹到 15.55 元（见图 1-42 向下箭头所指）后开始又一轮下跌。仅仅 12 个交易日，股价下跌了 25%，最后两个交易日还有加速下跌的迹象。

（4）2008 年 1 月 23 日，在前期低点的位置，走出一根大阳线（开盘价为

11.63 元，收盘价为 12.21 元，最高价为 12.24 元，最低价为 11.63 元），呈现触底看涨大阳线形态。

（5）唯一不足的是，成交量产生了明显的萎缩。此时，应该关注为主，如果入场应该轻仓参与。

【K 线实战图谱】

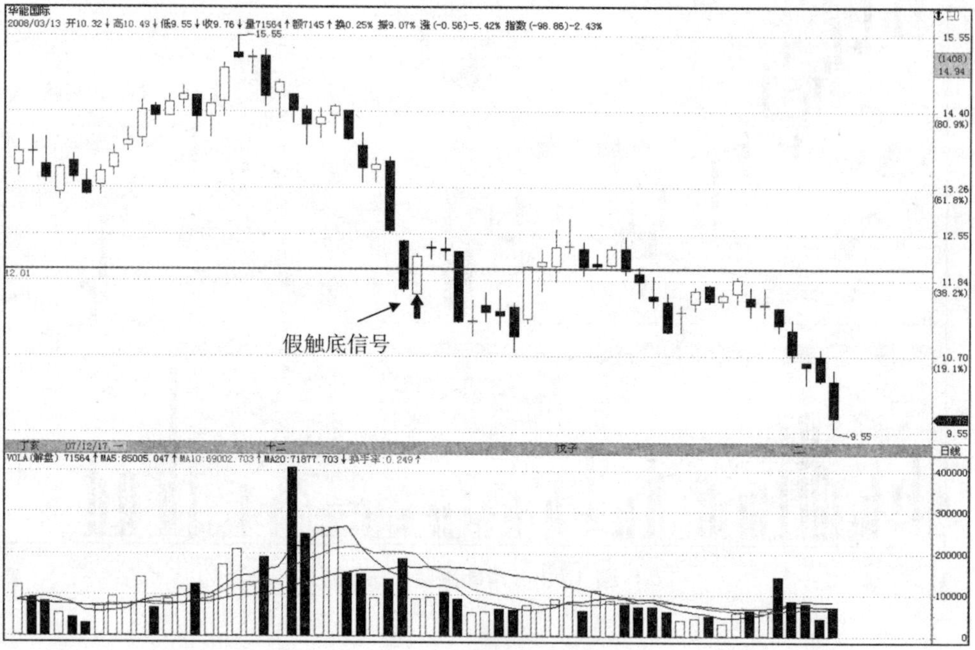

图 1-43　华能国际　600011

看盘精要

大阳线出现后的 K 线走势解读：

（1）1 月 23 日的重点关注大阳线，并没有如期变成关键 K 线。

（2）如果此处轻仓参与，将以止损出局告终。

（3）这根大阳线所处的价格区域确实存在一定的支撑，股价在此形成下跌中继平台。

（4）下跌过程中抢反弹，风险相对比较高。

第五节　见顶大阳线

1. 形态识别

（1）见顶大阳线出现在上涨趋势中。

（2）在见顶大阳线出现之前，股价处于加速上涨行情中。如果没有明显加速上涨趋势，那么见顶大阳线之前的那波上涨，其涨幅通常已经很大或者持续时间已经很长。

（3）见顶大阳线需要跟踪日的确认。如果跟踪日继续快速上涨，这根大阳线就是加速看涨大阳线；否则，将其断定为见顶大阳线。

（4）如果一根大阳线的振幅特别巨大（通常振幅超过 10%），其成为见顶大阳线的可能性很高。

2. 应对策略

（1）上述突破看涨大阳线、加速看涨大阳线、触底看涨大阳线均为看涨信号。其实，大阳线也会发出看跌信号，只是与大阴线相比其信号要弱许多。

（2）持股过程中，一般不要选择大阳线进行清仓。如果发现异常，第一选择是减仓；如果异常得到确认，才可以进行清仓。

（3）见顶大阳线需要跟踪日确认，因此，卖出的时机通常是根据跟踪日的分时走势进行确定。

（4）对于宽幅振荡的大阳线，逢高可以进行减仓甚至清仓。宽幅振荡，表示股票走势不稳定，随时都有可能发生逆转。

3. 普通见顶大阳线

【K线实战图谱】

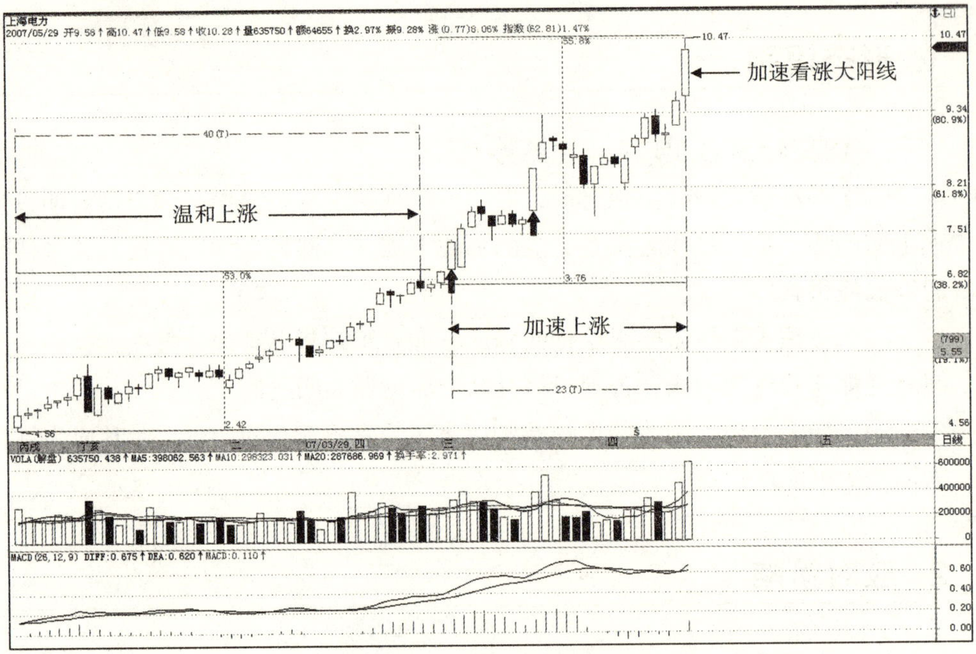

图 1-44 上海电力 600021

看盘精要

大阳线出现后的K线走势解读：

（1）图1-44是上海电力2007年2月9日至2007年5月29日的日线图。

（2）从上图可以看出，该股处于明显的上涨趋势之中。从2月9日的最低点4.56元算起，至4月13日，经历了40个交易日，涨幅达到53%。

（3）4月18日，关键K线出现（见图中第一个箭头所指）。该股以大阳线（开盘价为6.96元，收盘价为7.40元，最高价为7.42元，最低价为6.96元）报收，显示加速迹象。

（4）随后，股价加快了上升速度，从 4 月 18 日至 5 月 29 日，仅 23 个交易日，上涨了 56%。其中，5 月 8 日出现加速看涨大阳线（见图中第二个箭头所指）。

（5）5 月 29 日，又一根大阳线出现，貌似后市涨势仍将加速。然而，连续两日突然放大的成交量，残留的上影线，MACD 显示的背离等迹象值得警惕。

【K 线实战图谱】

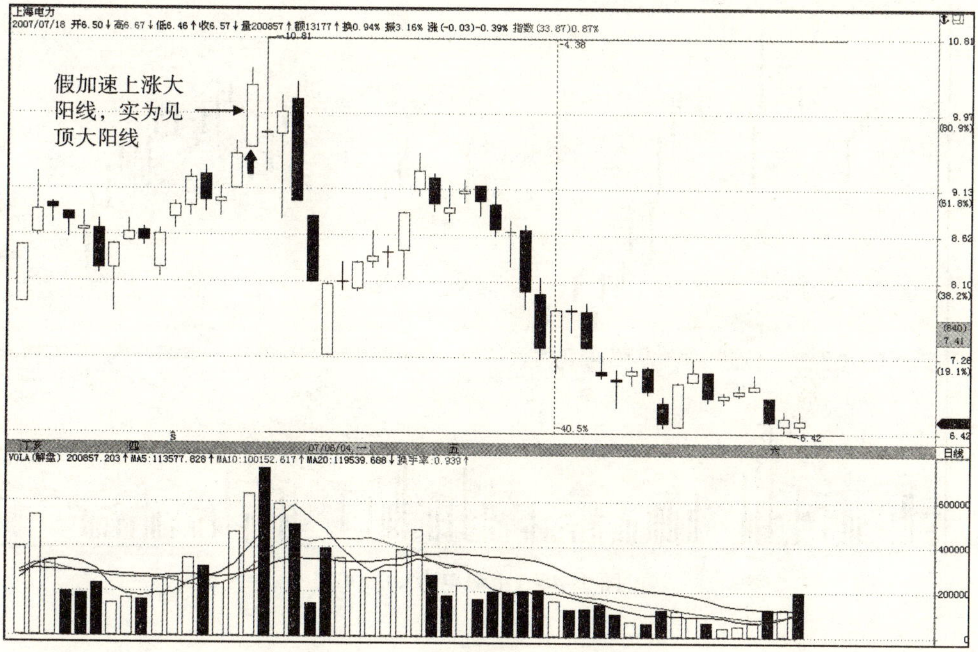

图 1-45　上海电力　600021

看盘精要

大阳线出现后的 K 线走势解读：

（1）在股价加速上扬之后，5 月 29 日的大阳线成了上涨的最后一站。

（2）如果将 5 月 29 日的大阳线当成加速看涨大阳线，从而建仓，止损出局的可能性非常大。

（3）追涨同样是危险的事情。尤其是加速上扬后期的大阳线，很容易一买就被套。加速上扬后期，涨幅已经很大，此时突然爆出大阳线，很有吸引追涨筹码出货的嫌疑。

（4）面对大阳线，有时多等一天才是明智的选择。

【K线实战图谱】

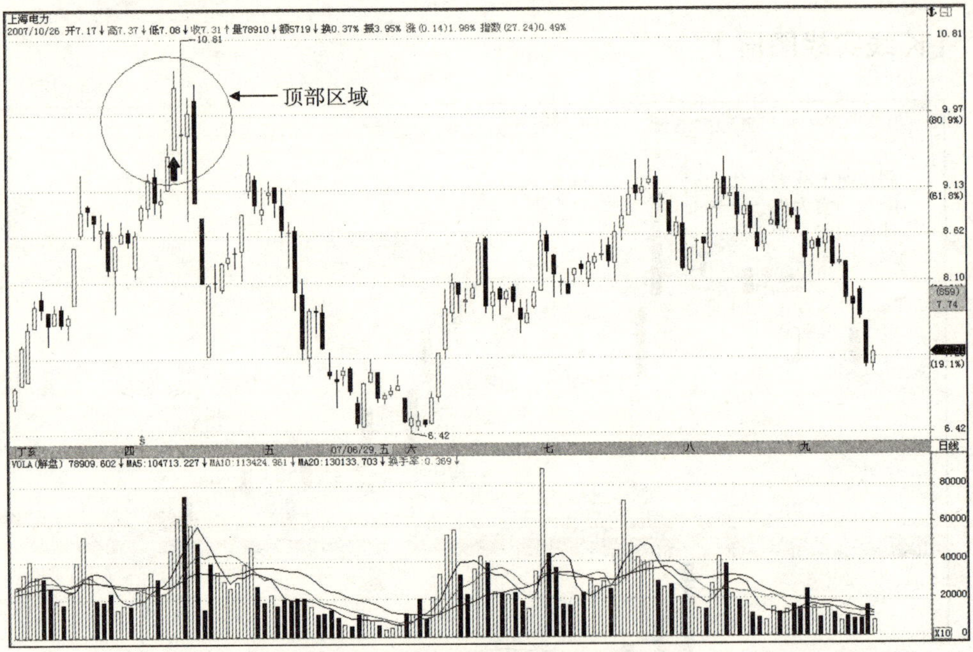

图 1–46　上海电力　600021

看盘精要

大阳线出现后的 K 线走势解读：

（1）上证指数在“5.30 行情”之后，从 3500 点附近再次上扬，直至 2007 年 10 月 16 日见长期顶部。

（2）在这样的背景下，上海电力 5 月 29 日大阳线后的下跌完全可以理解。那么，坚持持股待涨，股价能否突破 5 月 29 日的大阳线呢？

（3）图 1–46 是上海电力 2007 年 4 月 17 日至 2007 年 10 月 26 日的走势图。从中可以看出，5 月 29 日的大阳线就是顶部（见图 1–46 中圆圈部分）。

（4）很多股票，都是以大阳线作为筑顶行动的起始点，从而宣告中期甚至是长期顶部的到来。

4. 巨幅振荡见顶大阳线

【K 线实战图谱】

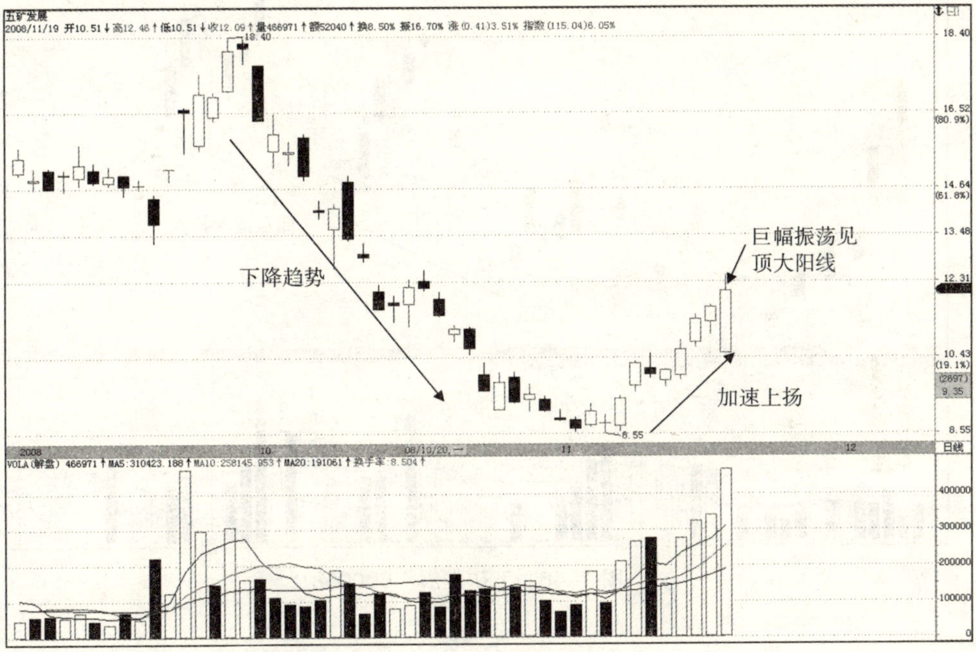

图 1–47　五矿发展　600058

看盘精要

大阳线出现时的 K 线走势分析：

（1）图 1–47 是五矿发展 2008 年 9 月 4 日至 2008 年 11 月 19 日的日线图。

（2）从图中可以看出，该股长期处于下降趋势中，短期则处于加速上涨趋势中。

（3）2008 年 11 月 19 日，出现一根宽幅振荡大阳线（开盘价为 10.51 元，收盘价为 12.09 元，最高价为 12.46 元，最低价为 10.51 元），振幅达到了 16.7%，发出见顶信号。

（4）由于处于长期下降趋势之中，发现短期见顶信号立刻离场，以保护利润。

【K线实战图谱】

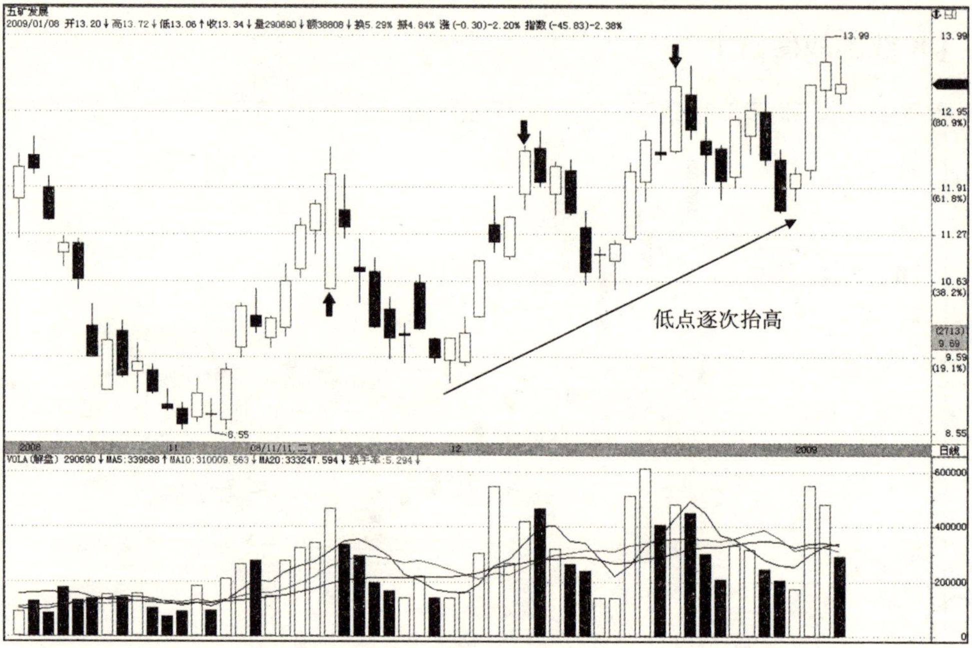

图 1-48　五矿发展　600058

看盘精要

大阳线出现后的K线走势解读：

（1）出现见顶大阳线后，股价果然发生回调，5个交易日内就下跌了20%。

（2）随后，跌势并没有借此延续，反而出现了振荡上涨的行情。

（3）振荡上行的过程中，又出现了两根见顶大阳线（见图1-48中向下箭头所指）。分析这3根见顶大阳线，发现每次回调的幅度都小于前一次，转势迹象。

（4）另外，逐次抬高的低点也显示了转势迹象。

（5）经过漫长下跌之后，底部终于来到。

【K 线实战图谱】

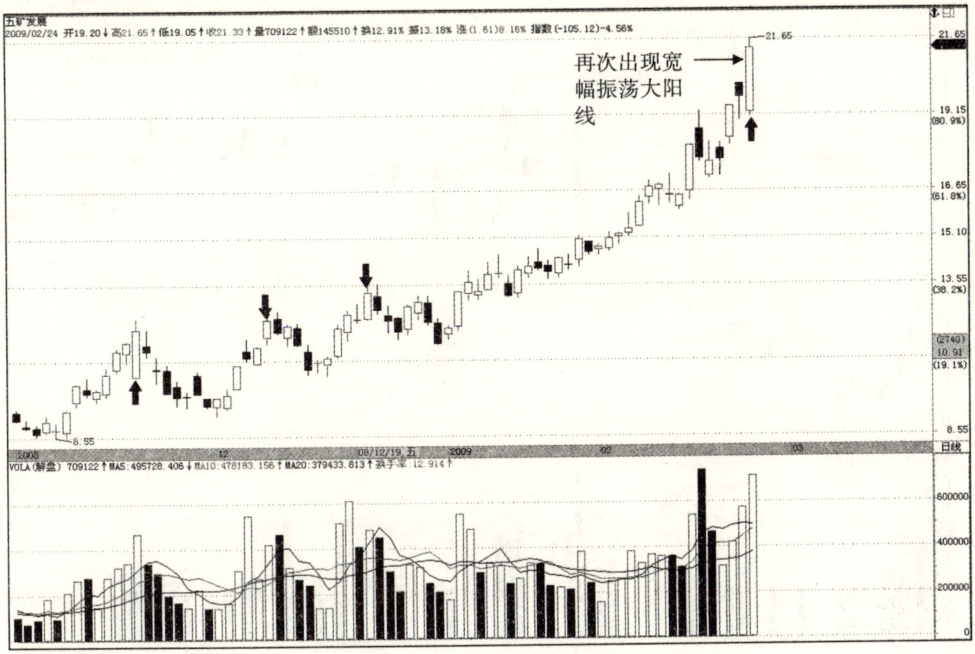

图 1-49　五矿发展　600058

看盘精要

大阳线出现后的 K 线走势解读：

（1）经过 3 次振荡洗盘后，该股终于走出了一波可观的涨势。29 个交易日内，股价上涨了 60%。

（2）2009 年 2 月 24 日，再次出现宽幅振荡大阳线（开盘价为 19.20 元，收盘价为 21.33 元，最高价为 21.65 元，最低价为 19.05 元），振幅达到了 13.18%，发出见顶信号。

（3）同日，上证指数大跌，跌幅达到 4.56%。

（4）个股与大盘逆向而行，通常属于强势股的特征。另外，此时处于上涨趋势之中。因此，选择减仓而非清仓。

【K线实战图谱】

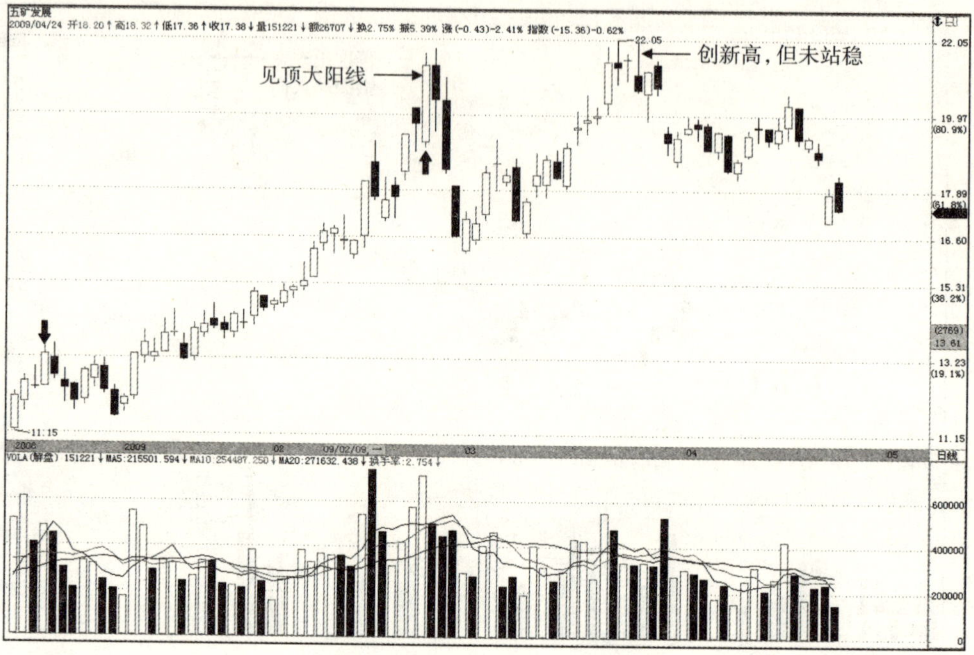

图 1-50 五矿发展 600058

看盘精要

大阳线出现后的K线走势解读：

（1）见顶大阳线（见图中向上箭头所指）之后的交易日（2009 年 2 月 25 日），该股并没能维持强势股的表现：虽创出新高，但最终以宽幅振荡的中阴线报收。

（2）由于该股跟踪日的表现不佳，如有剩余仓位全部清光。

（3）此后，该股虽创出新高，但未能成功站稳。在 2 个多月的时间内，该股始终被那根见顶大阳线所压制。

（4）现在的关注重点就是这根大阳线，看看何时能够真正突破。如果能够突破，后市涨势值得期待。

5. 长上影线伴巨幅振荡见顶大阳线

【K 线实战图谱】

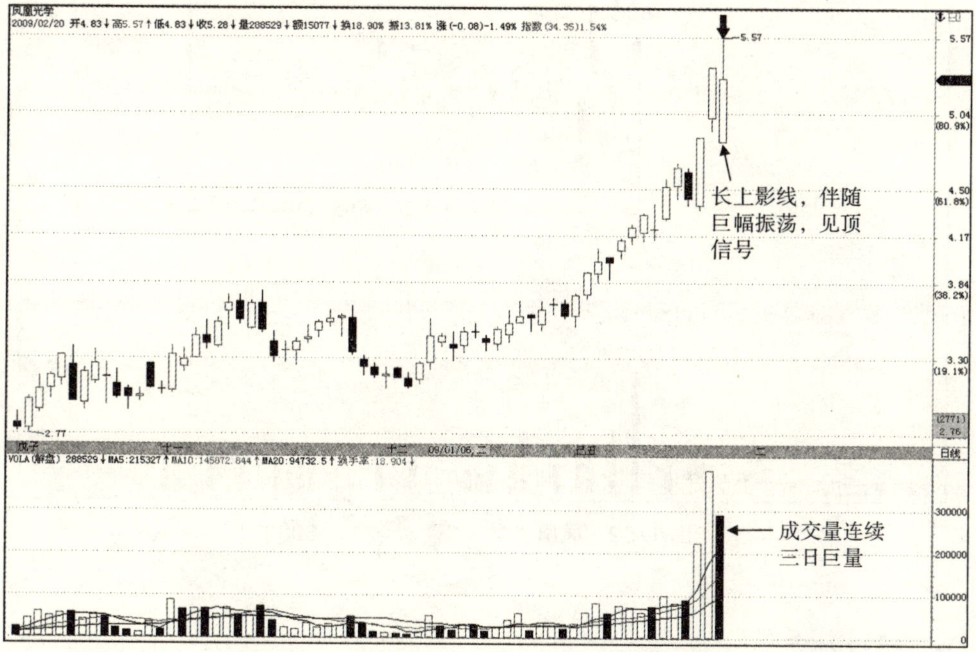

图 1–51　凤凰光学（*ST 光学）　600071

看盘精要

大阳线出现时的 K 线走势分析：

（1）巨幅振荡的大阳线显示见顶迹象。如果巨幅振荡，再配合长上影线，其见顶信号更为强烈。

（2）图 1–51 是凤凰光学（现名“*ST 光学”）2008 年 11 月 11 日至 2009 年 2 月 20 日的日线图。从图中可以看出，该股处于加速上涨趋势中。

（3）2009 年 2 月 20 日，出现一根宽幅振荡大阳线（开盘价为 4.83 元，收盘价为 5.28 元，最高价为 5.57 元，最低价为 4.83 元），振幅达到了 13.81%，并带有长上影线，强烈见顶信号。

【K线实战图谱】

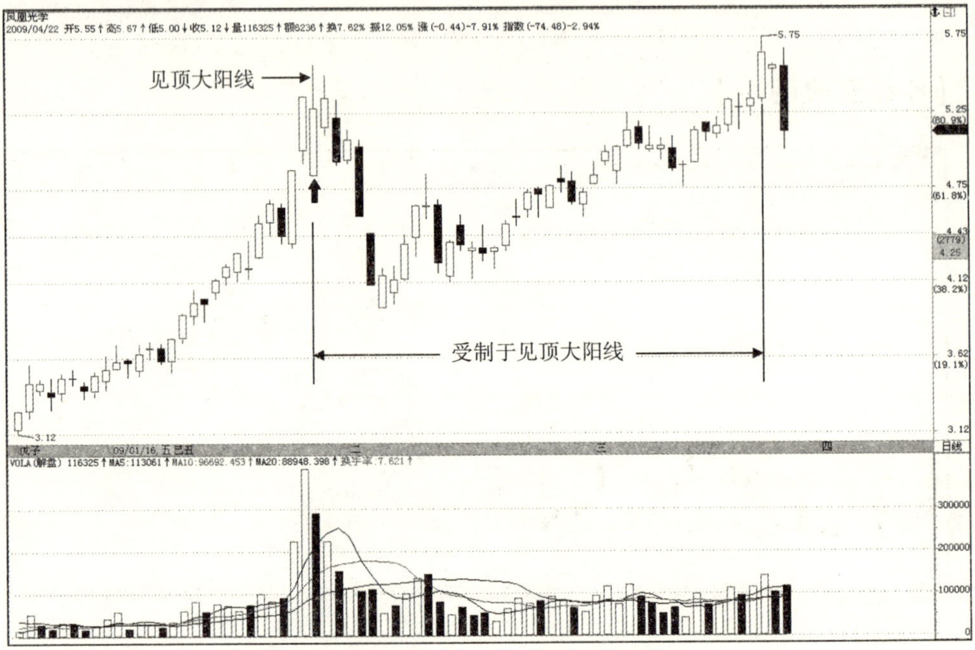

图 1-52 凤凰光学（*ST 光学） 600071

看盘精要

大阳线出现后的K线走势解读：

（1）见顶大阳线（见图 1-52 中向上箭头所指）出现之后，该股如期下跌，6 个交易日内下跌了 25%。

（2）经过这波回调，该股仍然处于上升趋势中。但是，在 2 个月的时间内，该股始终被那根见顶大阳线所压制。

（3）试想一下，2 个月的时间，是空仓在外面等机会好呢，还是全仓在里面经受波动好呢？毫无疑问，前者更为主动。因此，发现明显见顶信号，最好先出场以策安全，待重新上涨时再入场。

第六节　普通大阳线

1. 形态识别

（1）除了上述三类关键大阳线之外的大阳线，均为普通大阳线。

（2）普通大阳线主要出现在盘整走势中。

（3）普通大阳线对应的成交量没有明显规律。

2. 应对策略

（1）在上涨过程中的盘整，出现普通大阳线，往往是清除浮筹，以利于下一步拉升。

（2）在下跌过程中的盘整，出现普通大阳线，往往是吸引抄底筹码。

（3）在头部区域的盘整，出现普通大阳线，往往是派发筹码。

（4）在底部区域的盘整，出现普通大阳线，往往是吸筹。

（5）不论普通大阳线出现在哪种盘整状态中，其参考价值都非常有限，不宜追高建仓。

3. 头部区域的普通大阳线

【K线实战图谱】

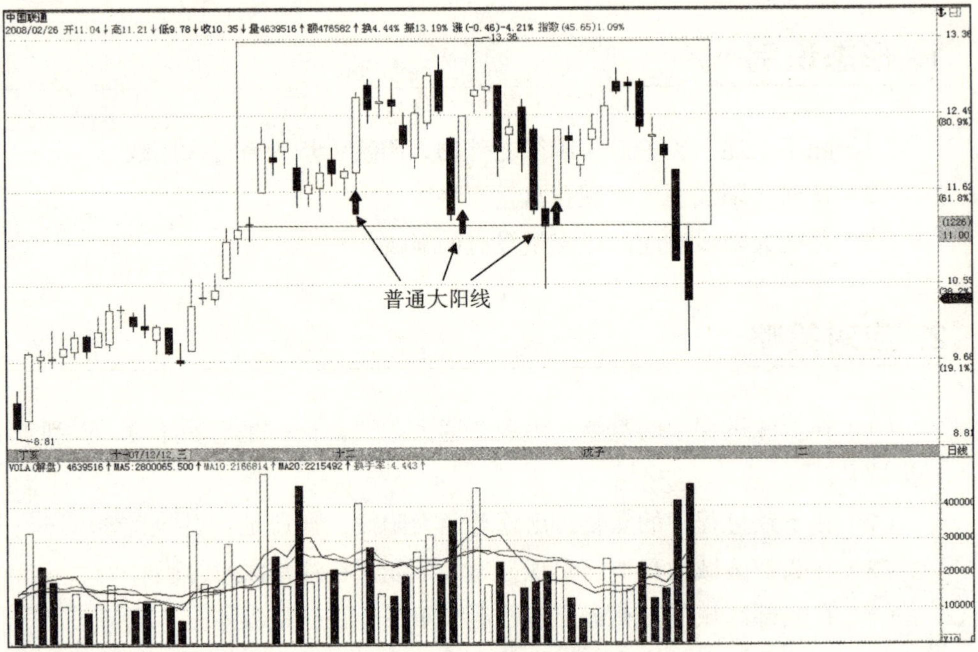

图 1–53　中国联通　600050

看盘精要

大阳线出现时的K线走势分析：

（1）图 1–53 是中国联通 2007 年 11 月 28 日至 2008 年 2 月 26 日的日线图。

（2）图中矩形内的盘整行情，有 3 根明显的大阳线，都属于普通大阳线，没有参与价值。

（3）横盘走势向下突破，后市看空。

（4）由历史行情走势可知，此处是高位筑顶。此时的大阳线是为了吸引追涨盘，从而派发筹码。

4. 底部区域的普通大阳线

【K 线实战图谱】

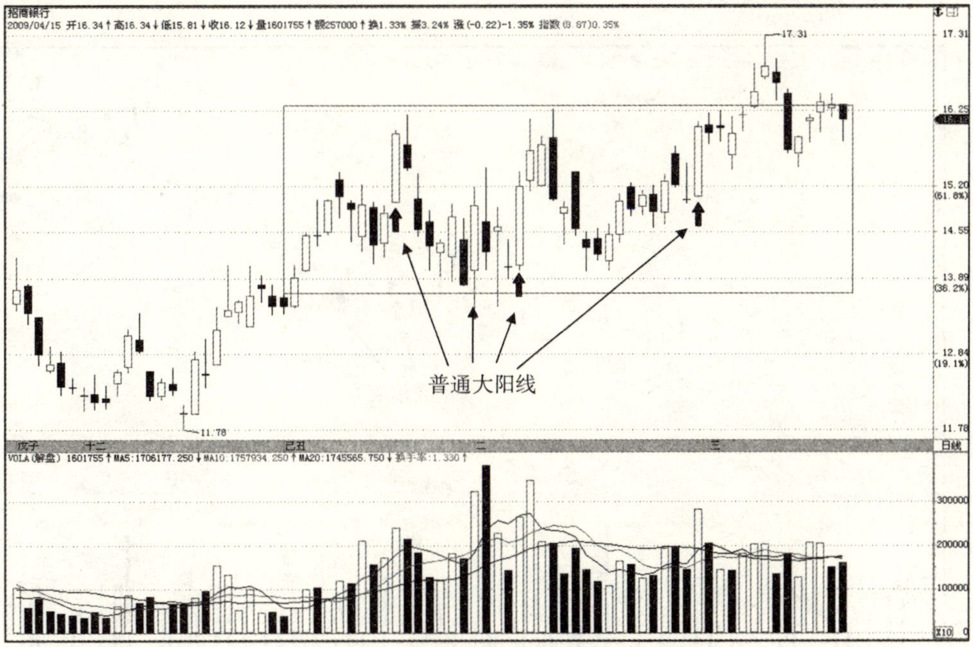

图 1–54　招商银行　600036

看盘精要

大阳线出现时的 K 线走势分析：

（1）图 1–54 是招商银行 2008 年 12 月 19 日至 2009 年 4 月 15 日的日线图。

（2）图中矩形内的盘整行情，有 4 根明显的大阳线，也不值得参与。

（3）由历史行情走势可知，此处属于低位盘整，大阳线波动更多是为了吸筹。

（4）面对这种行情，不要为偶尔的大阳线所动，也不要被频繁的大阴线所吓，耐心等待市场信号。

（5）俗语说：横有多长，竖有多高。因此，盘整行情同样值得关注。当然，要等它突破再参与。

5. 上涨盘整的普通大阳线

【K线实战图谱】

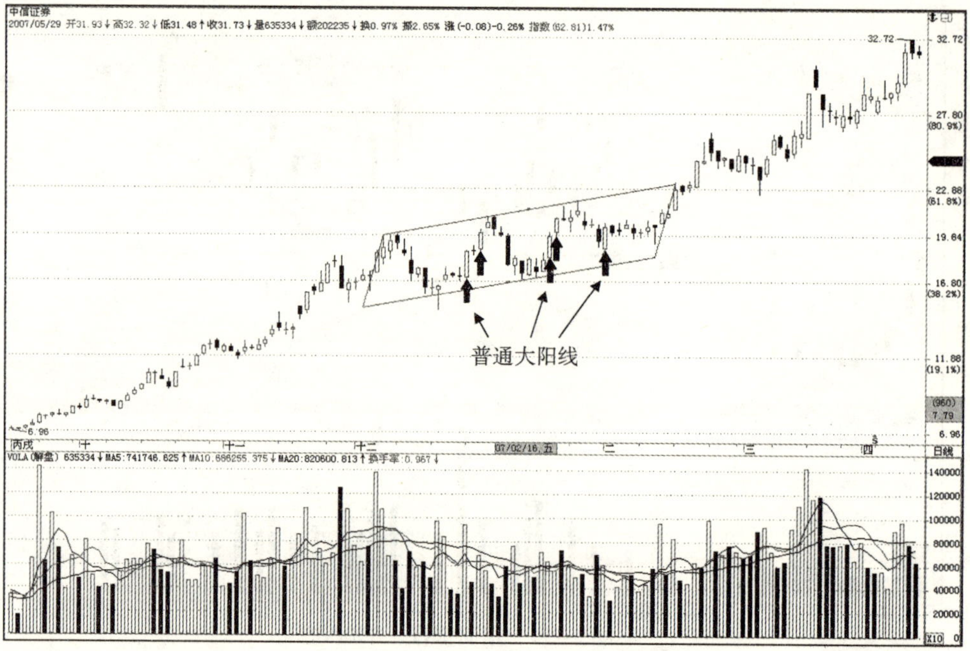

图 1–55　中信证券　600030

看盘精要

大阳线出现时的 K 线走势分析：

（1）图 1–55 是中信证券 2006 年 11 月 7 日至 2007 年 5 月 29 日的日线图。

（2）图中平行四边形内的盘整行情，有 5 根明显的大阳线，均为普通大阳线，没有太多参考价值。

（3）从图中可以看出，此处属于上涨过程中的盘整，大阳线波动更多是为了清洗浮筹，抬高持仓成本，从而有利于后市的拉升。

（4）面对这种行情，如果持仓，忽略期间的波动是个不错的选择；如果打算建仓，利用上升趋势线的支撑进行建仓，要好于追击大阳线建仓。

6. 下跌盘整的普通大阳线

【K 线实战图谱】

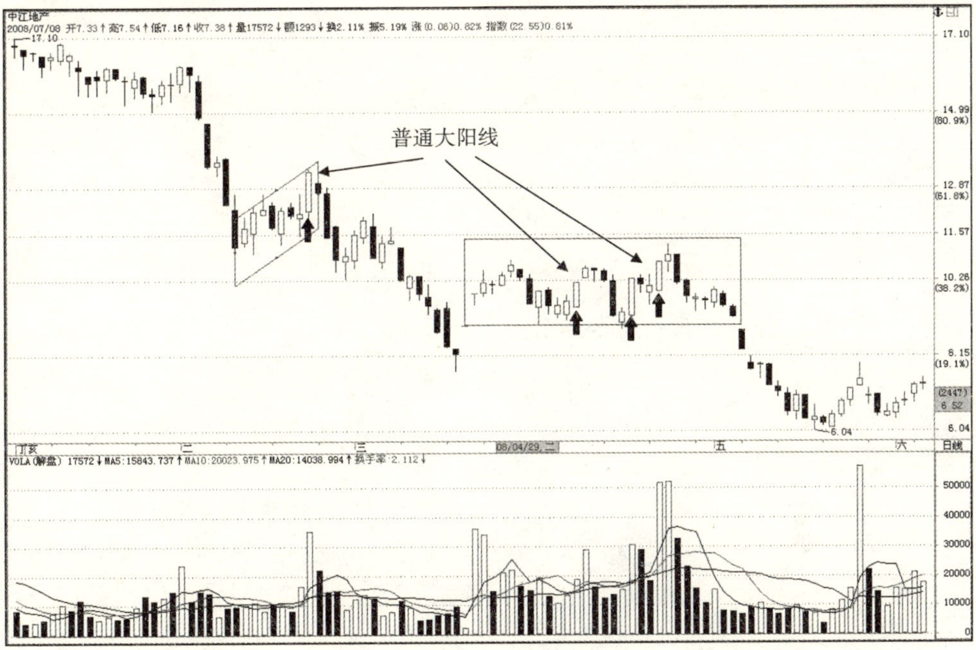

图 1–56　中江地产　600053

看盘精要

大阳线出现时的 K 线走势分析：

（1）图 1–56 是中江地产 2008 年 2 月 5 日至 2008 年 7 月 8 日的日线图。

（2）图中平行四边形内的整理行情，有 1 根明显的大阳线。

（3）图中矩形内的盘整行情，有 3 根明显的大阳线。

（4）从图中可以看出，这两处均属于下跌过程中的盘整，大阳线波动更多是为了吸引人气，从而方便派发筹码。

（5）面对这些普通大阳线，最好的选择就是按兵不动，静观其变。

第2章

大阴线操练

第一节　认识大阴线

1. 光头大阴线

↗ 形态识别

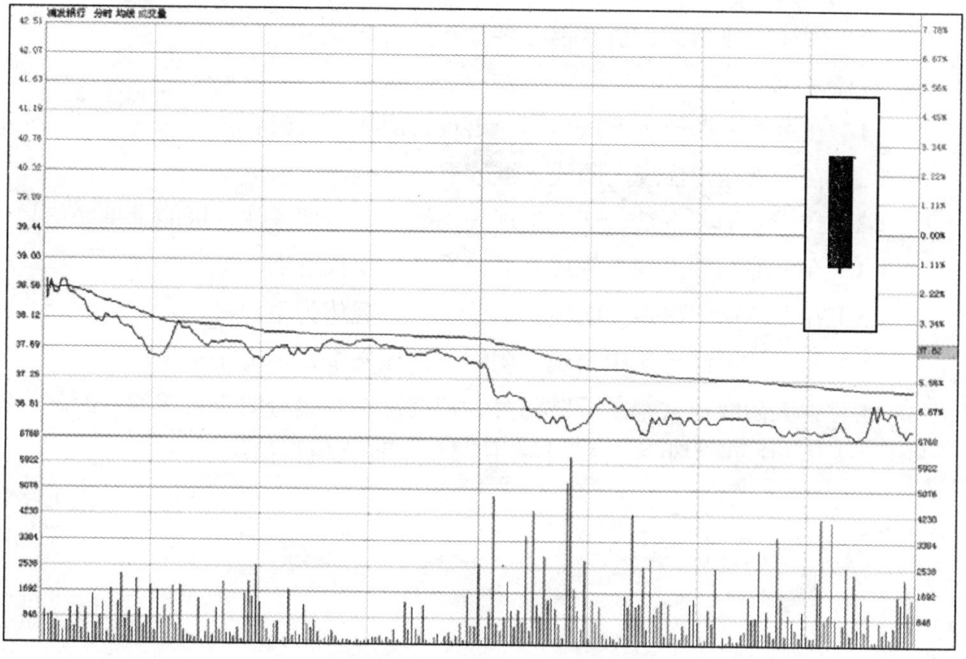

图 2-1　浦发银行　600000

（1）光头大阴线以最高价开盘，其收盘价低于开盘价，二者之间的长方柱用蓝色或黑色绘出，下影线的最低点为最低价。对于日线图而言，大阴线实体部分代表的价格波动一般在 4%以上。

（2）图 2-1 是浦发银行 2008 年 3 月 10 日的分时走势图。当日，该股开盘价为 39.18 元，收盘价为 36.46 元，最高价为 39.18 元，最低价为 36.36 元，当日振幅达到了7.18%，实体部分代表的价格波动为7%，属于典型的光头大阴线。

↗ 应对策略

光头大阴线及下文提到的光脚大阴线、穿头破脚大阴线和光头光脚大阴线，其实战操作策略基本相似。

（1）在一个上升趋势中，如果出现了一根大阴线，应该密切关注，以决定是否进行减仓或者清仓。

（2）在一个下跌趋势中，如果出现了一根大阴线。那么，说明下跌趋势在加速发展，应该继续持币观望。

（3）尽量不要在大阴线出现的当日建仓。

（4）阴线实体越长，信号越可靠。

具体来讲：

（1）在上涨末期或者下跌初期，出现大阴线，后市看跌。

（2）在下跌途中出现大阴线，继续看跌。

（3）在连续加速下跌行情中出现大阴线，要密切关注，可能是见底信号。

（4）在上涨初期出现大阴线，谨慎看跌，积极看涨。

（5）在上涨途中出现大阴线，继续看多，观望为主。

（6）在连续上涨行情中出现大阴线，谨慎看多，可能是见顶信号。

注意：大阴线通常都是看跌信号，但要注意观察分时走势。有些时候，会出现“人为制造的大阴线”，其看跌信号就不那么值得信赖了。

【K 线实战图谱】

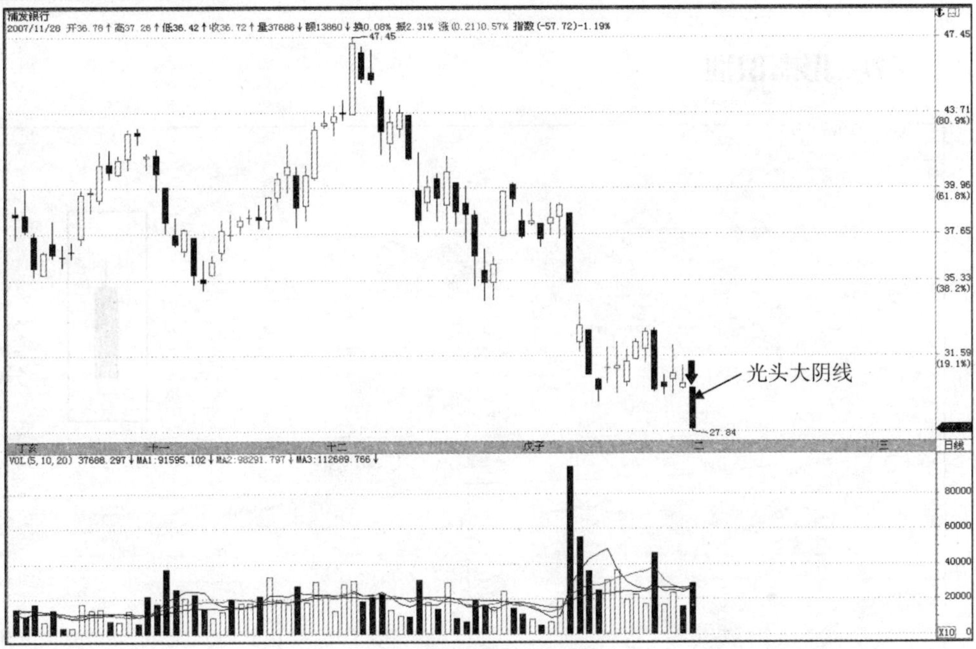

图 2–2　浦发银行　600000

看盘精要

大阴线出现时的 K 线走势分析：

（1）图 2–2 是浦发银行从 2007 年 11 月 20 日至 2008 年 3 月 10 日的日线图。

（2）从图中可以看出，后一段时间内，该股一直处于下跌趋势中，跌幅高达 40%以上。

（3）2008 年 3 月 10 日，出现一根光头大阴线（其分时走势见图 2–1），成交量明显放大。

（4）这根大阴线突破了前期短暂调整的支撑线，下跌很可能再次加速。因此，旁观是最好的选择。

2. 光脚大阴线

↗ 形态识别

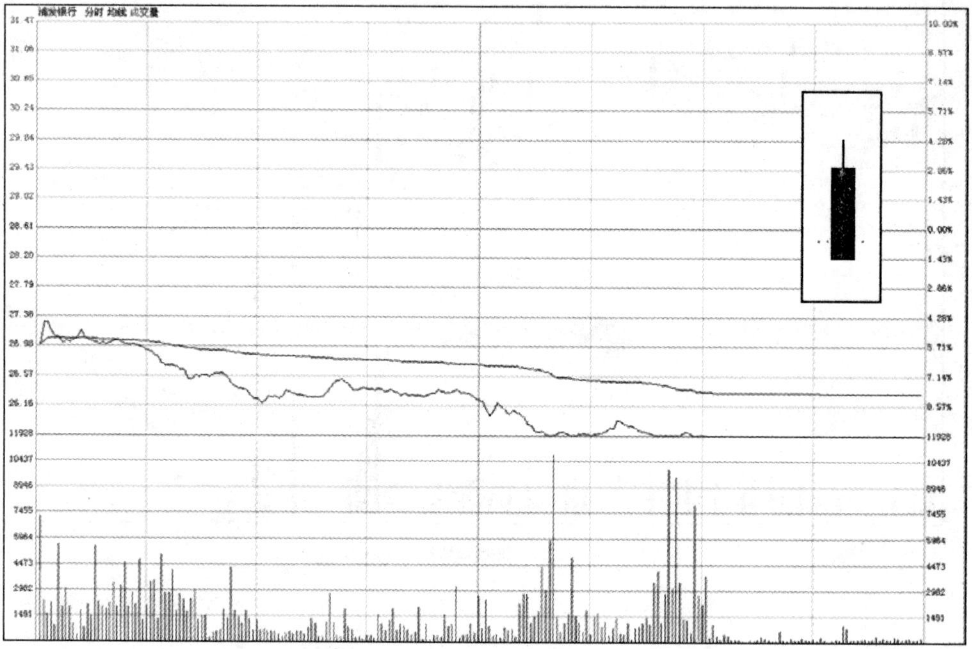

图 2-3 浦发银行 600000

（1）光脚大阴线以最低价收盘，其收盘价低于开盘价，二者之间的长方柱用蓝色或黑色绘出，其上影线的最高点为最高价。对于日线图而言，大阴线实体部分代表的价格波动一般在 4%以上。

（2）图 2-3 是浦发银行 2008 年 6 月 10 日的分时走势图。当日，该股开盘价为 27.00 元，收盘价为 25.75 元，最高价为 27.39 元，最低价为 25.75 元，当日振幅达到了 5.73%，实体部分代表的价格波动为 5%，属于典型的光脚大阴线。

【K 线实战图谱】

图 2–4　浦发银行　600000

看盘精要

大阴线出现时的 K 线走势分析：

（1）图 2–4 是浦发银行从 2008 年 1 月 30 日至 2008 年 6 月 10 日的日线图。

（2）在此时间段内，该股处于震荡整理之中，震荡区间为 22.00~33.00 元。

（3）2008 年 6 月 10 日，出现一根跳空光脚大阴线（见图 2–4 中的箭头，其分时走势见图 2–3），成交量有所放大。

（4）4 月 24 日，股价跳空高开；6 月 10 日，跳空低开。由此形成了孤岛形态（见图 2–4 中的方框）。

（5）孤岛中的 K 线呈现三角形形态，其支撑线被跳空击破。

（6）种种迹象都表明，后市看跌。

3. 穿头破脚大阴线

形态识别

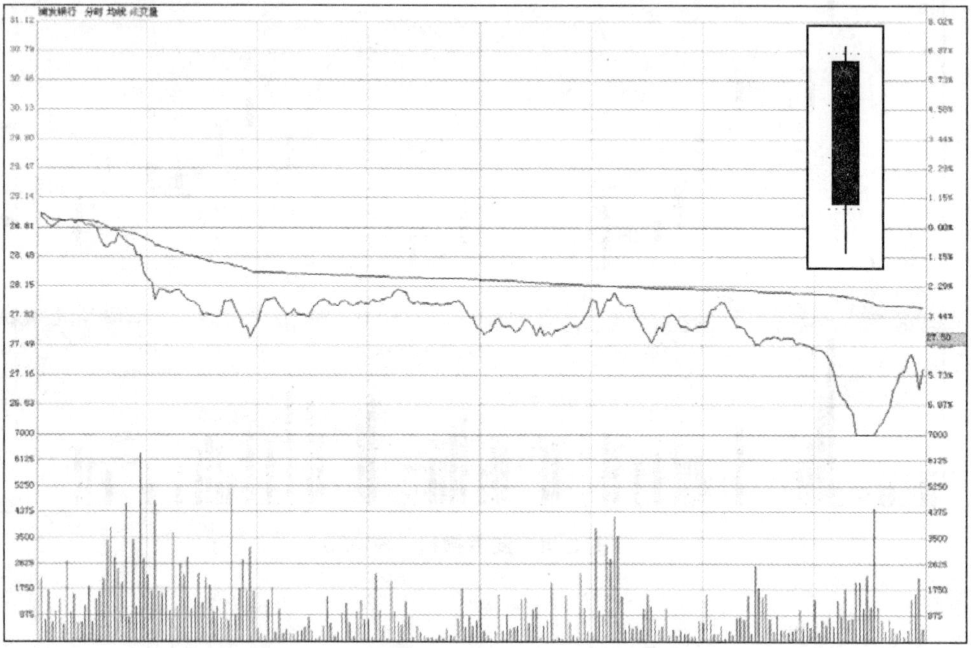

图 2-5 浦发银行 600000

（1）穿头破脚大阴线的收盘价低于开盘价，二者之间的长方柱用蓝色或黑色绘出，其上影线的最高点为最高价，下影线的最低点为最低价。对于日线图而言，大阴线实体部分代表的价格波动一般在 4%以上。

（2）图 2-5 是浦发银行 2007 年 4 月 19 日的分时走势图。当日，该股开盘价为 28.81 元，收盘价为 27.03 元，最高价为 29.00 元，最低价为 26.40 元，当日振幅达到了 9.02%，实体部分代表的价格波动为 6.25%，属于典型的穿头破脚大阴线。

【K 线实战图谱】

图 2–6 浦发银行 600000

看盘精要

大阴线出现时的 K 线走势分析：

（1）图 2–6 是浦发银行从 2006 年 12 月 22 日至 2007 年 4 月 19 日的日线图。

（2）从图中可以看出，在此时间段内，该股刚刚突破三角形整理，进入上涨趋势中。

（3）2007 年 4 月 19 日，出现一根穿头破脚大阴线（其分时走势见图 2–5），成交量有所放大，后市看跌。

（4）股价三连阴，而且有加速迹象。

（5）股价在支撑线（前期高点的压力线转化而成）处显示止跌迹象，下影线也说明了这一点。

（6）无法形成统一看跌的观点，静待跟踪日提供进一步的判断依据。

4. 光头光脚大阴线

➚ 形态识别

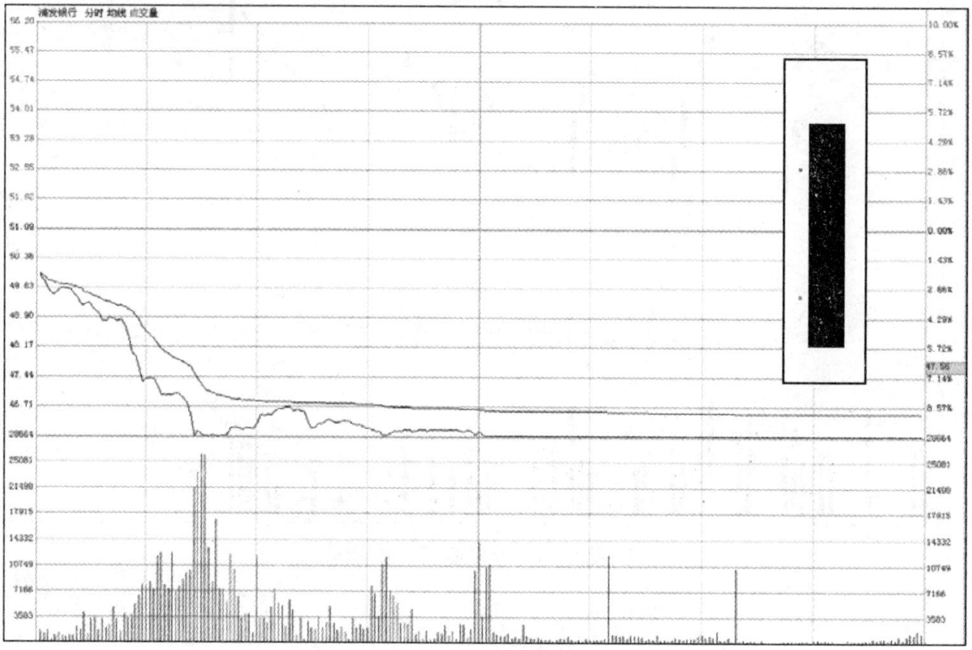

图 2-7　浦发银行　600000

（1）光头光脚大阴线以最高价开盘，以最低价收盘，二者之间的长方柱用蓝色或黑色绘出。对于日线图而言，大阴线实体部分代表的价格波动一般在 4%以上。

（2）图 2-7 是浦发银行 2008 年 2 月 20 日的分时走势图。当日，该股开盘价为 50.50 元，收盘价为 45.98 元，最高价为 50.50 元，最低价为 45.98 元，当日振幅达到了 8.87%，实体部分代表的价格波动为 8.87%，属于典型的光头光脚大阴线。

【K 线实战图谱】

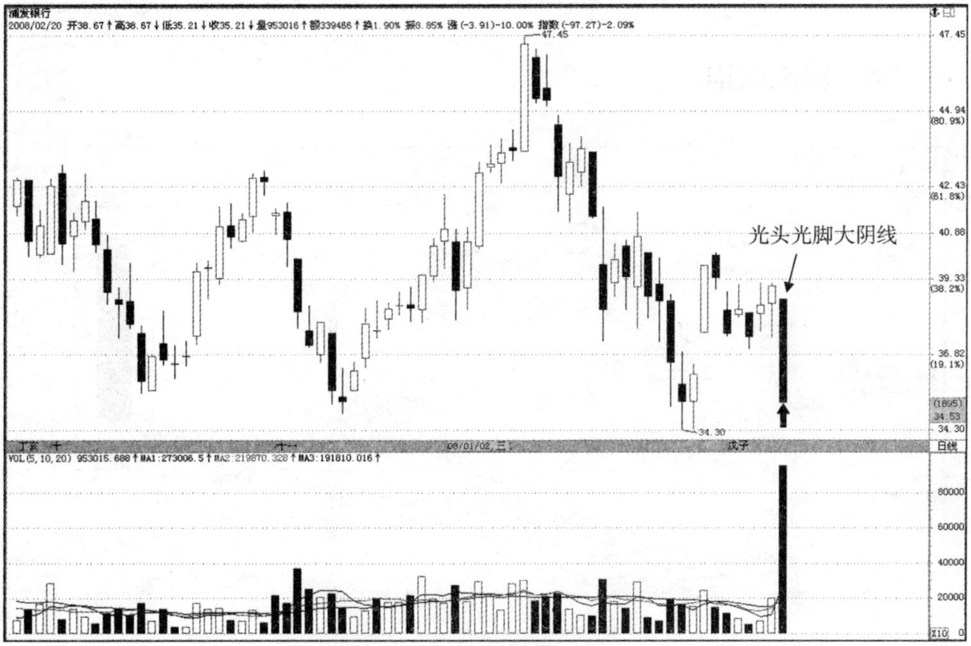

图 2–8　浦发银行　600000

看盘精要

大阴线出现时的 K 线走势分析：

（1）图 2–8 是浦发银行从 2007 年 11 月 7 日至 2008 年 2 月 20 日的日线图。

（2）从图中可以看出，在此时间段内，该股一直处于震荡盘整之中，而且震荡区间逐渐加大。

（3）2008 年 2 月 20 日，出现一根光头光脚大阴线（其分时走势见图 2–7），回到前期低点附近，而且伴随巨量，意味着杀跌力量非常强。

（4）这根大阴线突破了前期跳空大阳线形成的支撑线，并完全补掉缺口，后市看跌。

5. 假大阴线

↗ 形态识别

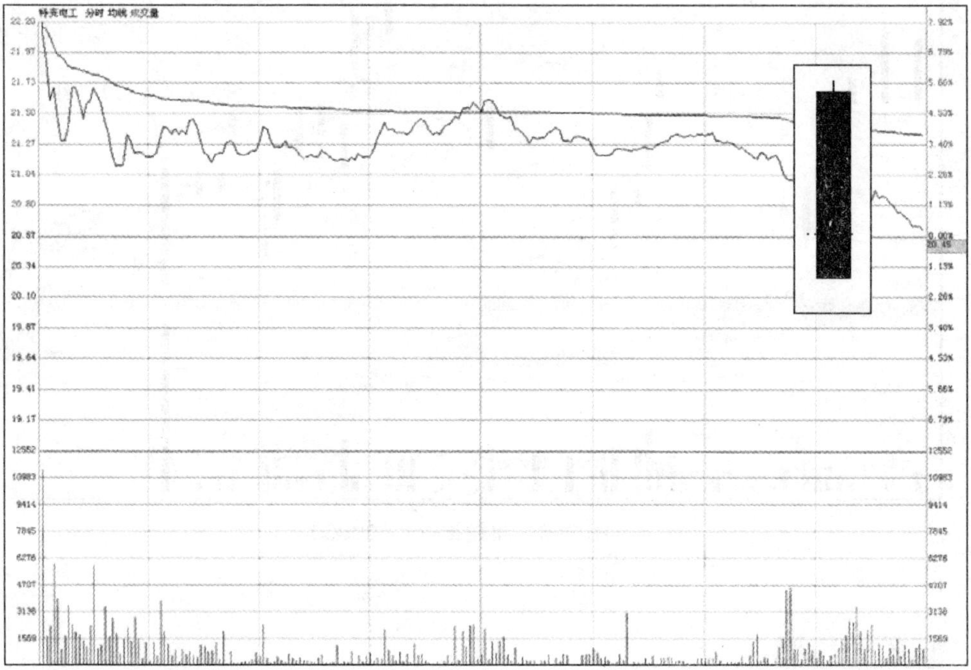

图 2–9 特变电工 600089

（1）从外形上看，假大阴线和大阴线完全没有差别，其长方柱均用蓝色或黑色绘出，而且其日线的实体部分代表的价格波动一般在 4%以上。但是，与前一交易日相比，大阴线的收盘价低于前一交易日的收盘价，代表下跌；而假大阴线的收盘价高于前一交易日的收盘价，代表上涨。两者有本质的区别。

（2）图 2–9 是特变电工 2008 年 11 月 27 日的分时走势图。当日，该股开盘价为 22.30 元，收盘价为 20.63 元，最高价为 20.40 元，最低价为 20.62 元，当日振幅达到了 8.70%，涨幅达到 0.29%，属于典型的假大阴线。

【K 线实战图谱】

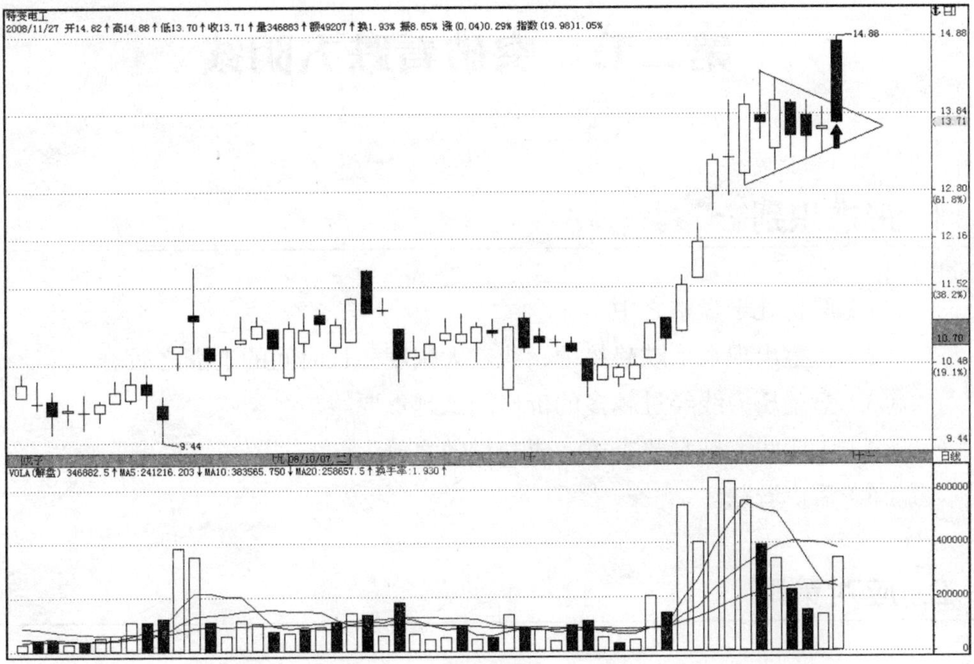

图 2-10　特变电工　600089

看盘精要

假大阴线出现时的 K 线走势分析：

（1）图 2-10 是特变电工从 2008 年 9 月 4 日至 2008 年 11 月 27 日的日线图。

（2）从图中可以看出，在此时间段内，该股经过一段整理之后刚走出一波涨势。

（3）2008 年 11 月 27 日，该股在突破三角形整理以及前高压力时，出现了一根假大阴线（其分时走势见图 2-9）。

（4）由于突破没有成功，需要继续等待确认的信号。

第二节 突破看跌大阴线

1. 形态识别

（1）股价处于盘整之中。

（2）盘整出现在下跌趋势中，或者大幅度、长时间的上涨之后。

（3）盘整压力线经过越多的价格测试越重要。

（4）大阴线突破盘整支撑，成交量随之放大。

（5）后市看跌。

2. 应对策略

（1）具有突破性质的大阴线也是非常值得关注的大阴线，在实战中其地位同样非常重要。不过，由于中国股市没有做空机制，其价值被大幅度削弱。大阴线突破，常常意味着趋势的开始。

（2）对于长线投资者而言，可以等到突破大阴线出现，趋势已经发生逆转，再进行清仓。

（3）对于中短线投资者而言，等到突破大阴线出现再清仓，已经太迟了。

（4）突破大阴线出现后，持币观望为主。

（5）在下降趋势中，突破看跌大阴线很少出现假突破现象。

3. 下跌趋势中的突破看跌大阴线

【K 线实战图谱】

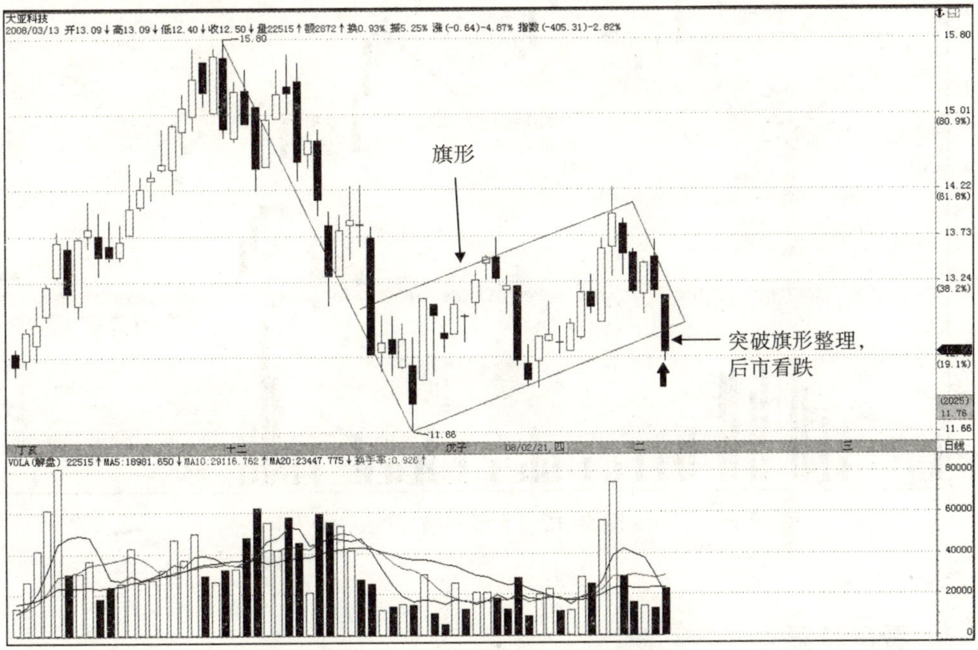

图 2-11　大亚科技　000910

看盘精要

大阴线出现时的 K 线走势分析：

（1）图 2-11 是大亚科技从 2007 年 12 月 6 日至 2009 年 3 月 13 日的日线图。

（2）从图中可以看出，在一波快速上涨后，该股走出了明显的下降旗形形态。

（3）2009 年 3 月 13 日，关键 K 线出现。该股以光头大阴线（开盘价为 13.09 元，收盘价为 12.50 元，最高价为 13.09 元，最低价为 12.40 元）突破旗形调整，成交量也随之明显放大，后市看跌。

【K线实战图谱】

图 2-12 大亚科技 000910

看盘精要

大阴线出现后的K线走势解读：

（1）由于中国股市没有做空机制，大阴线的利用价值明显削弱。如果投资者等待突破大阴线才减仓，为时已晚。

（2）如果等到关键K线出现才清仓，从最高点算起，已经下跌了20%。

（3）不过，如果出现关键大阴线还不清仓，后面的腰斩行情会令人损失惨重（见图 2-12）。

4. 下跌趋势中的假突破看跌大阴线

【K 线实战图谱】

图 2-13　大亚科技　000910

看盘精要

大阴线出现时的 K 线走势分析：

（1）图 2-13 是大亚科技从 2008 年 7 月 15 日至 2009 年 10 月 27 日的日线图。

（2）从图中可以看出，该股处于明显的下跌趋势中。

（3）2008 年 10 月 27 日，关键 K 线出现，该股以大阴线（开盘价为 8.00 元，收盘价为 7.57 元，最高价为 8.00 元，最低价为 7.37 元）突破前期低点支撑线，成交量也随之放大，后市看跌。

【K线实战图谱】

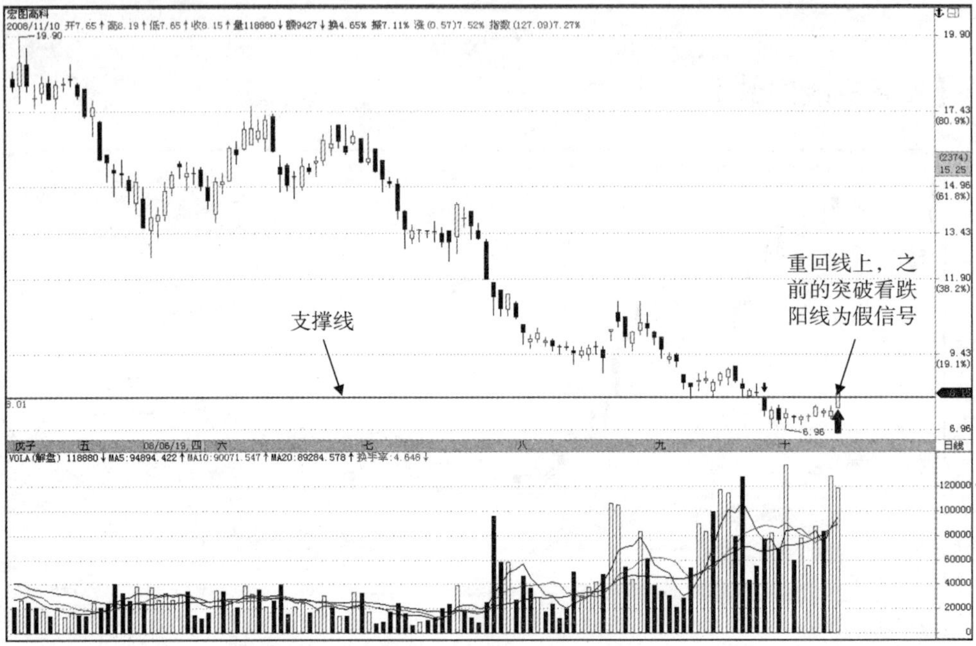
重回线上，之前的突破看跌阳线为假信号
支撑线

图 2-14　大亚科技　000910

看盘精要

大阴线出现后的K线走势解读：

（1）然而，该股在跌破支撑线之后，没有继续下跌，实际走势与判断不符。

（2）2008年11月10日，股价反而上穿压力线（见图2-14向上箭头所指）。由此判断，这次突破为假突破。

（3）股价只有三种运动方向：上涨、下跌和横盘。既然下跌的判断不正确，那么股价就只能上涨或者横盘。因此，结合近期明显放大的成交量综合判断，此处应该是一个重要的底部区域。

（4）底部构筑比较复杂，即使判断此处是底部，也不用着急建仓，等待底部判断的确认信号再做打算。

【K 线实战图谱】

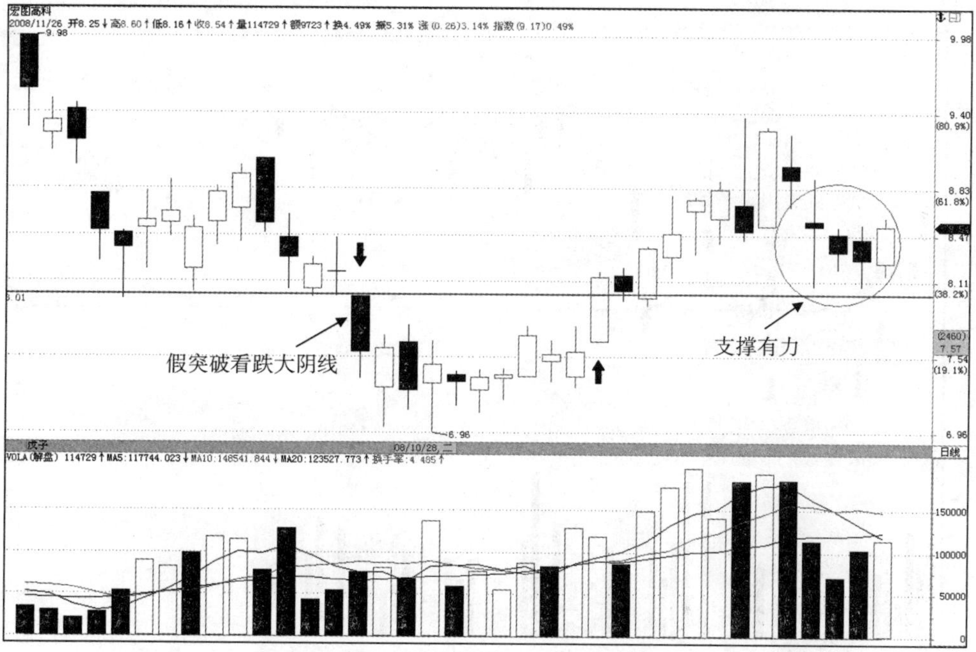

图 2–15　大亚科技　000910

看盘精要

大阴线出现后的 K 线走势解读：

（1）2008 年 11 月 21 日至 11 月 26 日的 4 个交易日（见图 2–15 中的圆圈部分），股价在支撑线处明显得到支撑，确认底部的判断。

（2）11 月 26 日，四连阴后股价翻红，成交量也温和放大，下跌动能消耗基本殆尽。

（3）虽然股价有止跌迹象，但底部构筑的过程是漫长而复杂的，还是要特别警惕构筑 W 底形态。

（4）在此位置，可以考虑轻仓入场，但要注意止损。

【K线实战图谱】

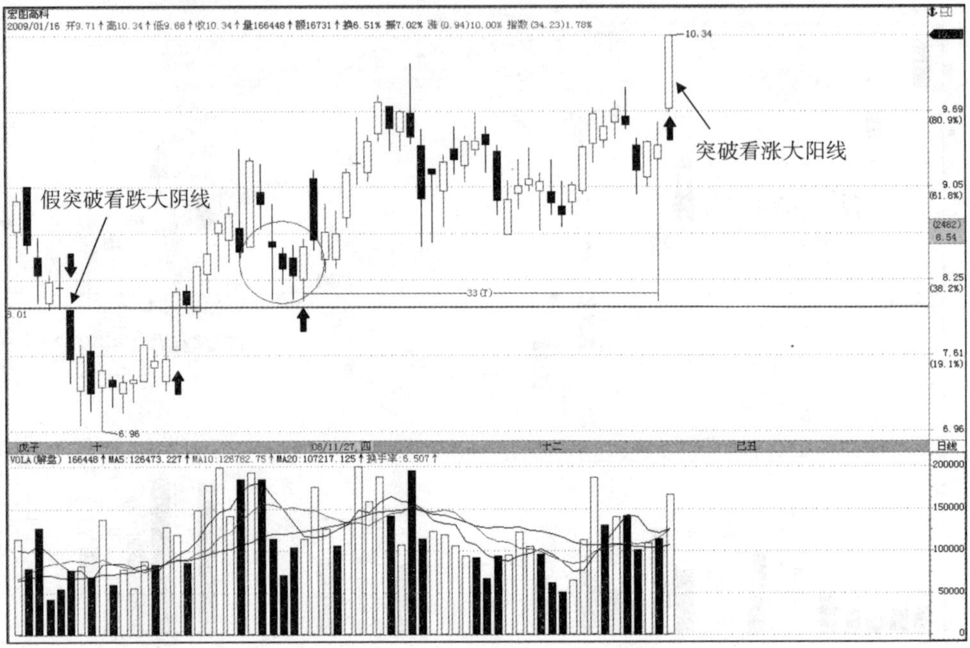

图 2-16 大亚科技 000910

看盘精要

大阴线出现后的K线走势解读：

（1）该股并没有构筑W底，前期的假突破成了重要的底部。

（2）轻仓参与之后，该股进行了33个交易日的调整，波动幅度在20%之内，显示吸筹迹象。

（3）2009年1月16日，出现了一根关键大阳线。这根大阳线突破了前期高点形成的压力，并且有加速看涨的意味。

（4）此时为上涨初期，可以大胆建仓参与。

【K 线实战图谱】

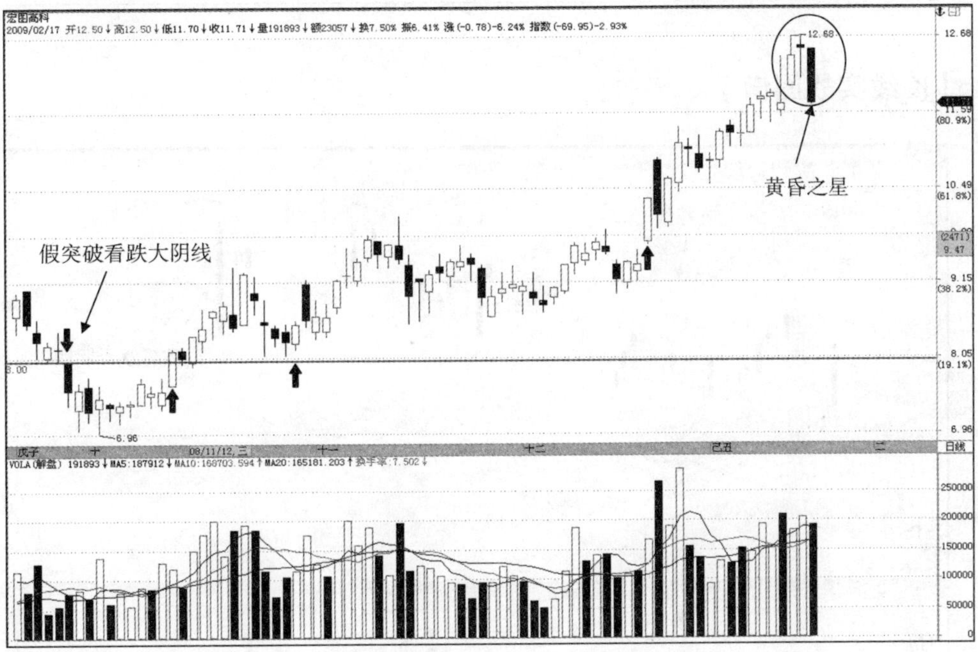

图 2–17　大亚科技　000910

看盘精要

大阴线出现后的 K 线走势解读：

（1）关键大阳线出现之后，股价展开了一波快速上扬。

（2）2009 年 2 月 17 日，出现黄昏之星的短线见顶信号，为出场信号。如果参与这段行情，获利至少可以达到 15%。

（3）在下降趋势中，假突破看跌信号值得重点关注，它能帮助投资者提前入场，扩大盈利空间。

5. 上涨趋势中的假突破看跌大阴线

【K 线实战图谱】

图 2–18 上海汽车（上汽集团） 600104

看盘精要

大阴线出现时的 K 线走势分析：

（1）图 2–18 是上海汽车（现名“上汽集团”）从 2007 年 2 月 5 日至 2007 年 6 月 4 日的日线图。

（2）分析之前的行情走势，该股处于明显的上升趋势中。

（3）2007 年 5 月 31 日，股价一度跌破前期低点构筑的支撑线，最终收出带长下影线的小阳线。

（4）6 月 4 日，该股以大阴线（开盘价为 15.80 元，收盘价为 14.14 元，最高价为 15.98 元，最低价为 14.14 元）正式突破前期低点支撑线，后市看跌。

【K 线实战图谱】

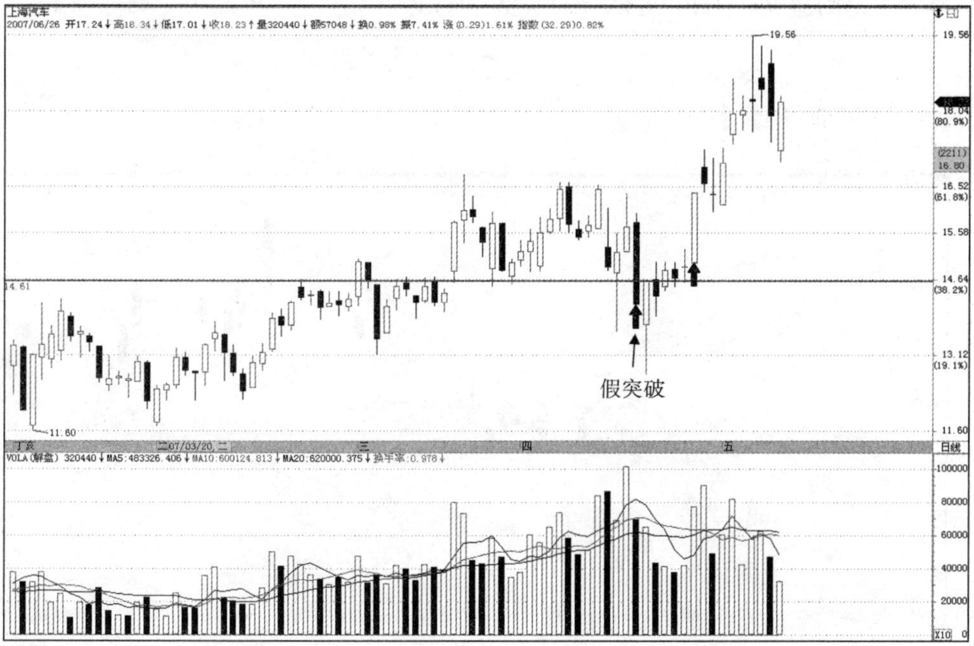

图 2–19　上海汽车（上汽集团）　600104

看盘精要

大阴线出现后的 K 线走势解读：

（1）股价在跌破支撑线后，仅过两个交易日，就重新站上了支撑线，表明多头力量强劲。

（2）6 月 12 日，一根长阳迅速拉高股价，以避免更多的低位筹码散落。至此，可以判断此次大阴线下穿支撑线为假突破。

（3）既然向下突破是虚晃一枪，自然就能推断出后市的发展方向为上涨。

（4）6 月 4 日，该股以大阴线（开盘价为 15.80 元，收盘价为 14.14 元，最高价为 15.98 元，最低价为 14.14 元）正式突破前期低点支撑线。

6. 上涨趋势中的突破看跌大阴线

【K线实战图谱】

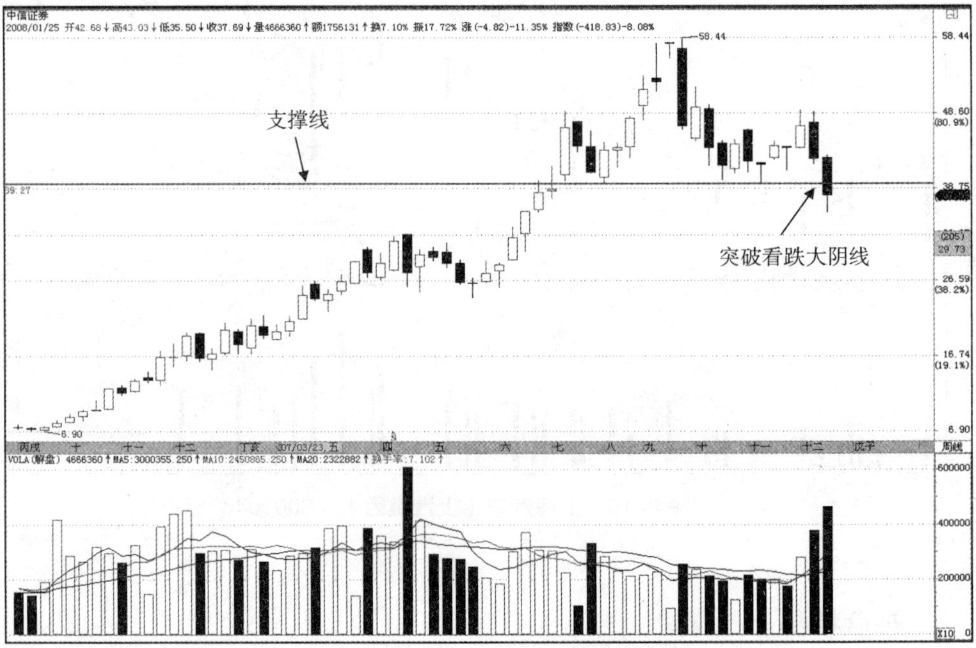

图 2–20　中信证券　600030

看盘精要

大阴线出现时的K线走势分析：

（1）如果时间周期换成周线，突破看跌大阴线是否还有作用呢?

（2）图 2–20 是中信证券从 2006 年 10 月 27 日至 2008 年 1 月 25 日的周线图。

（3）从图中可以看出，该股在一年的时间内上涨了 700%，直至最近几周才有筑顶的迹象。

（4）2008 年 1 月 25 日报收的周线为大阴线，跌破了前期低点形成的支撑线，成交量明显开始增加。

（5）综上判断，牛气冲天的上涨趋势也许会就此打住。

【K 线实战图谱】

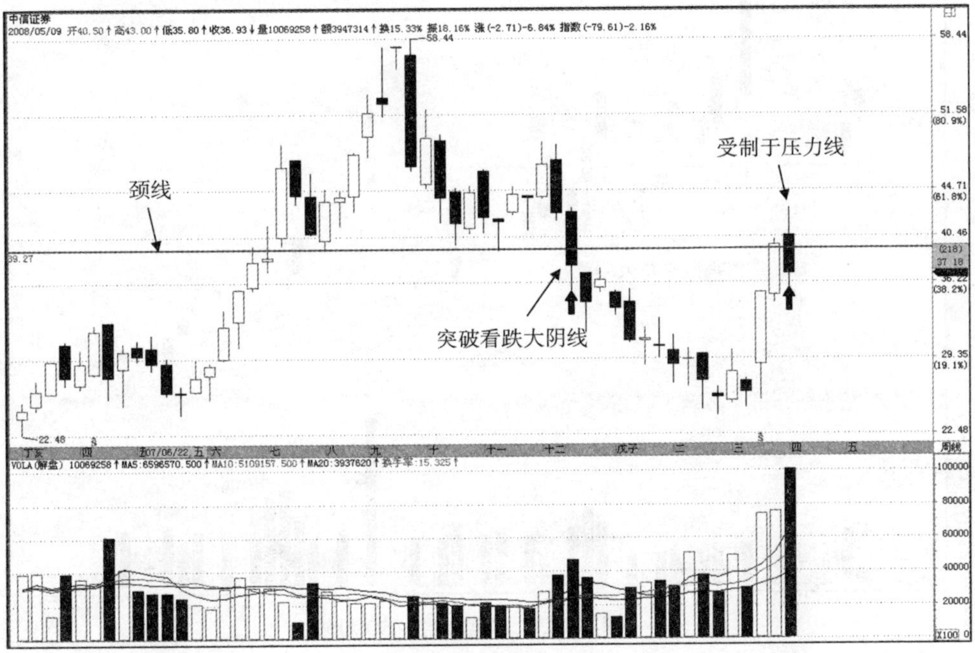

图 2-21　中信证券　600030

看盘精要

大阴线出现后的 K 线走势解读：

（1）在跌破支撑线后，股价下跌了 35%才止跌反弹。

（2）2008 年 5 月 9 日，周线以阴线报收，并再次下穿支撑线。经过两周的快速上扬，对颈线的反抽结束，多头最后的清仓机会。

（3）反抽的三周时间内，成交量明显放大，筹码出逃的迹象。

（4）面对这种走势，不要存有侥幸心理，认为股价说不定会继续上扬。控制风险，保证资金安全，永远是投资的第一要则。

【K 线实战图谱】

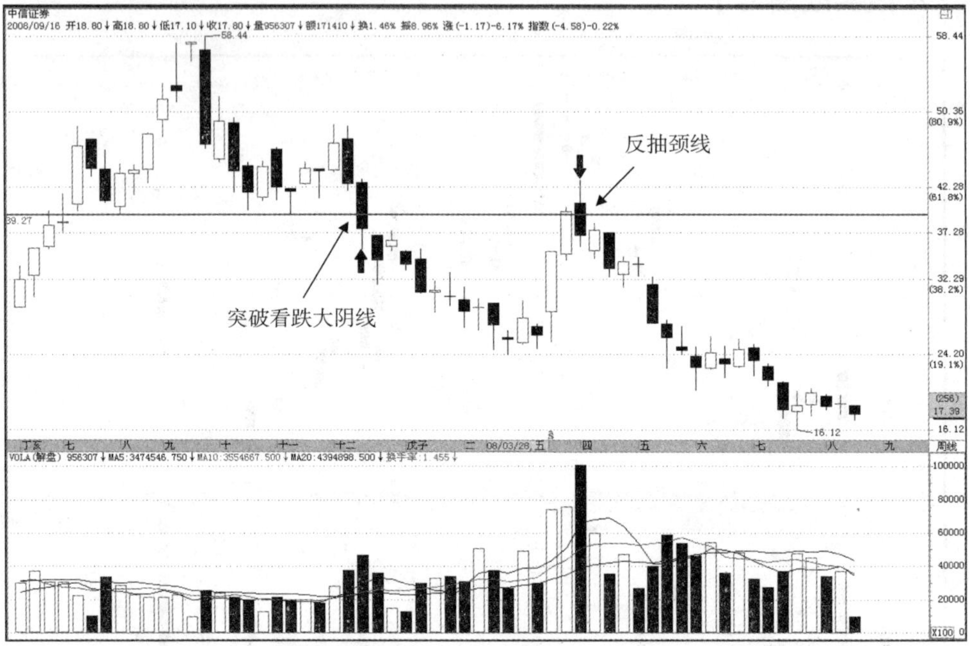

图 2-22　中信证券　600030

看盘精要

大阴线出现后的 K 线走势解读：

（1）反抽颈线之后，股价又下跌了 55%才止跌。即使与第一次的低点相比，也下跌了 30%。

（2）突破看跌大阴线，在周线级别的行情走势中，依然发挥了很重要的作用。

（3）对于以中短线操作为主的投资者，不适合用周线级别的行情走势进行交易，但可以用来判断大势，帮助投资者明确大方向。

第三节　加速看跌大阴线

1. 形态识别

（1）股价处于波澜不惊的下跌趋势之中。

（2）突然出现一根大阴线，跌幅通常超过 6%，伴随着成交量增加，显示出趋势加速发展的迹象。

（3）在大阴线出现之前，股价下跌幅度不能太大。

（4）随后股价快速下行，期间没有明显反弹。

2. 应对策略

（1）具有加速性质的大阴线打开了价格下跌的空间，后市伴有大幅下跌。

（2）因为中国股市没有做空机制，面对加速看跌大阴线，持币旁观是最佳选择。

（3）加速下跌过程中，可以关注触底看涨大阳线，抓住止跌时机入场。

（4）理论上来讲，在下跌趋势中，最好不要进行抢反弹。如果机会确实比较好，建议只是轻仓参与。

（5）在上涨趋势中很少出现加速看跌大阴线。如果一根大阴线出现后，随之而来的是一波快速下跌，要积极关注，防止顶部的到来。一旦确认筑顶，清仓出场。

（6）加速看跌大阴线，需要等待后市行情走势的确认才能断定。因此，一般不可利用加速看跌大阴线作为卖出信号，那样会导致获利大幅度回吐。

3. 下跌初期的加速看跌大阴线

【K线实战图谱】

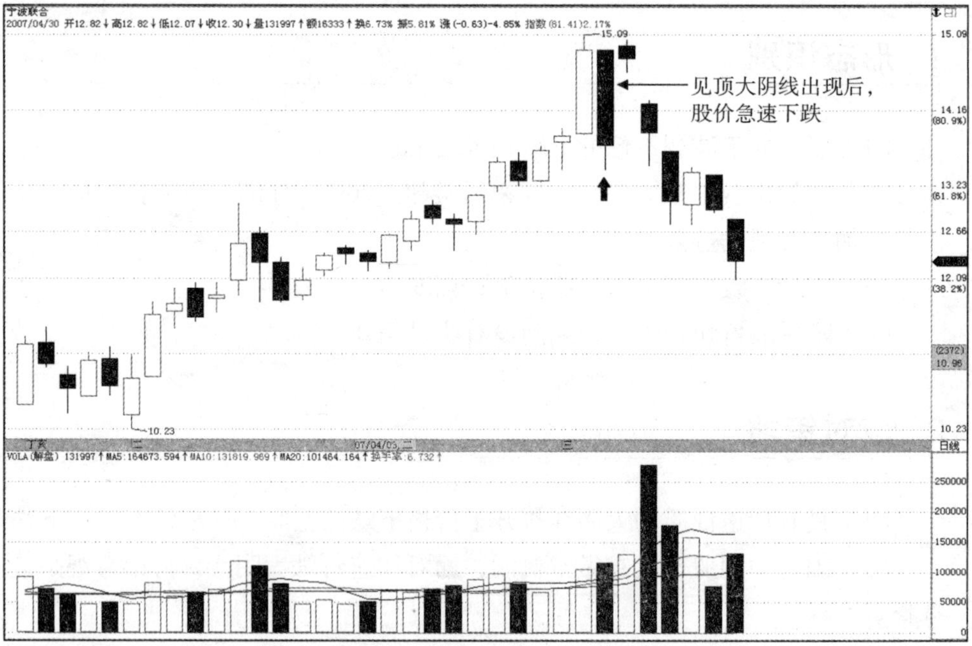

图 2-23 宁波联合 600051

看盘精要

大阴线出现后的K线走势解读：

（1）图 2-23 是宁波联合从 2007 年 3 月 12 日至 2007 年 4 月 30 日的日线图。

（2）从当时的行情走势可知，该股在过去的三个月内上涨幅度达到 100%。

（3）2007 年 4 月 19 日，在上涨过程中突然出现大阴线，见顶信号（关于见顶看跌大阴线的讨论，请参见下文相关内容），警惕。

（4）出现这根大阴线后，股价迅速下跌，仅 7 个交易日就下跌了 20%。这 20%的价格空间，花费了 16 个交易日才上涨达到。毫无疑问，4 月 19 日的大阴线是加速看跌大阴线。

（5）出现加速看跌大阴线后，应该警惕顶部的到来。

【K 线实战图谱】

图 2-24　宁波联合　600051

看盘精要

大阴线出现后的 K 线走势解读：

（1）经过上波急速下跌后，股价暂时站稳，并构筑了类似空中双底的形态，可惜没能成功突破颈线。

（2）2007 年 5 月 30 日，该股再次出现加速看跌大阴线（见图 2-24 中左侧第二个箭头所指）。随后的 4 个交易日，出现了两根加速看跌大阴线，股价暴跌 30%。

（3）虽然股价在暴跌后出现报复性上涨，但无法改变下降的趋势。

（4）6 月 14 日，又一根大阴线出现，后市可能再次快速下跌。

【K线实战图谱】

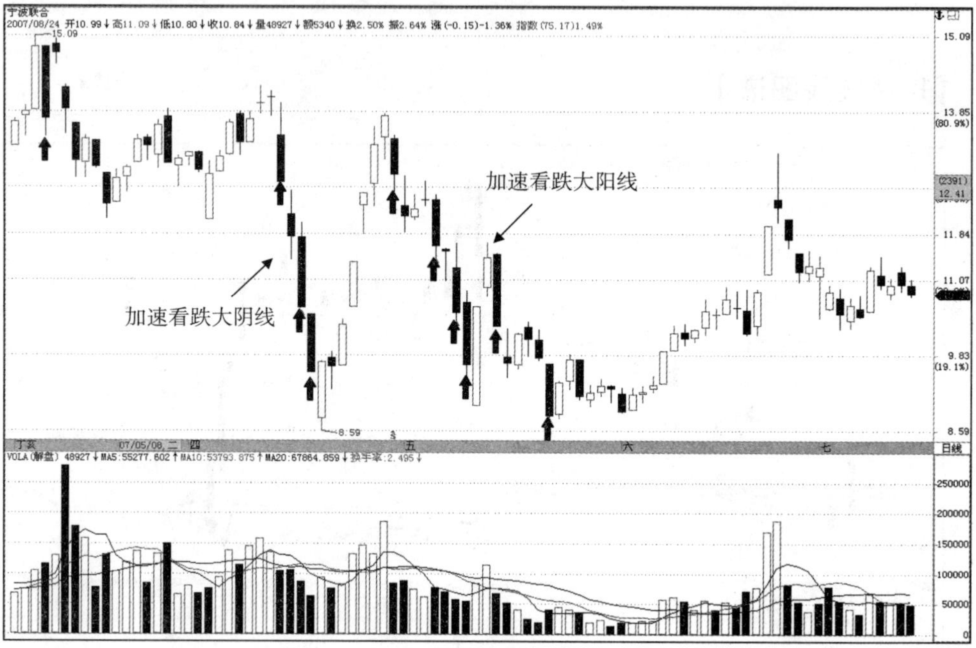

图 2-25　宁波联合　600051

看盘精要

大阴线出现后的K线走势解读：

（1）6月14日的大阴线出现后，又是一波快速下跌，颓势毕现。基本可以确定，这就是顶部区域了。

（2）在这次筑顶过程中，出现了多根加速看跌大阴线，见图2-25的箭头所指K线。

（3）上涨过程中，股价不应该出现加速看跌大阴线。如果出现，必须考虑顶部的到来。

4. 上涨趋势中的加速看跌大阴线

【K 线实战图谱】

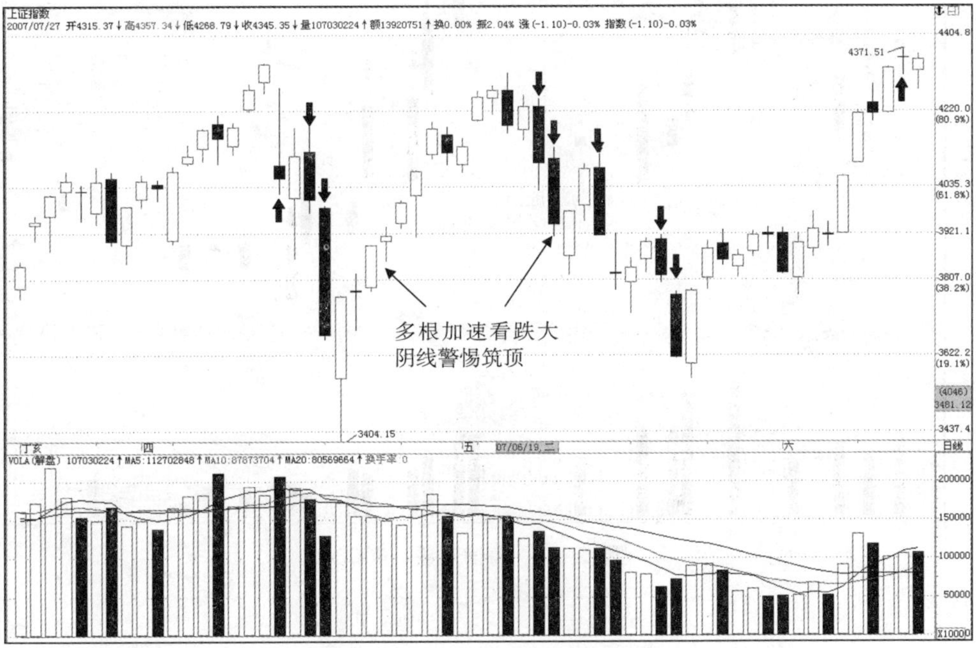

图 2–26　上证指数　999999

看盘精要

大阴线出现后的 K 线走势解读：

（1）2007 年的“5.30 行情”是很多投资者记忆深刻的一段走势。这里利用其作为背景，探讨一下加速看跌大阴线的作用。

（2）2007 年 5 月 30 日，上证指数以带长上影线的小阴线收盘（见图 2–26 中左侧向上箭头所指）。

（3）随后的一段时间内，大盘展开了宽幅震荡，并走出了多根加速看跌大阴线（见图中的向下箭头所指），警惕筑顶。

（4）然而，上证指数并没有在此筑顶，反而又展开了另一轮上攻，并于 7 月 26 日创出新高（见图中右侧向上箭头），7 月 27 日则正式站上前高压力。

【K线实战图谱】

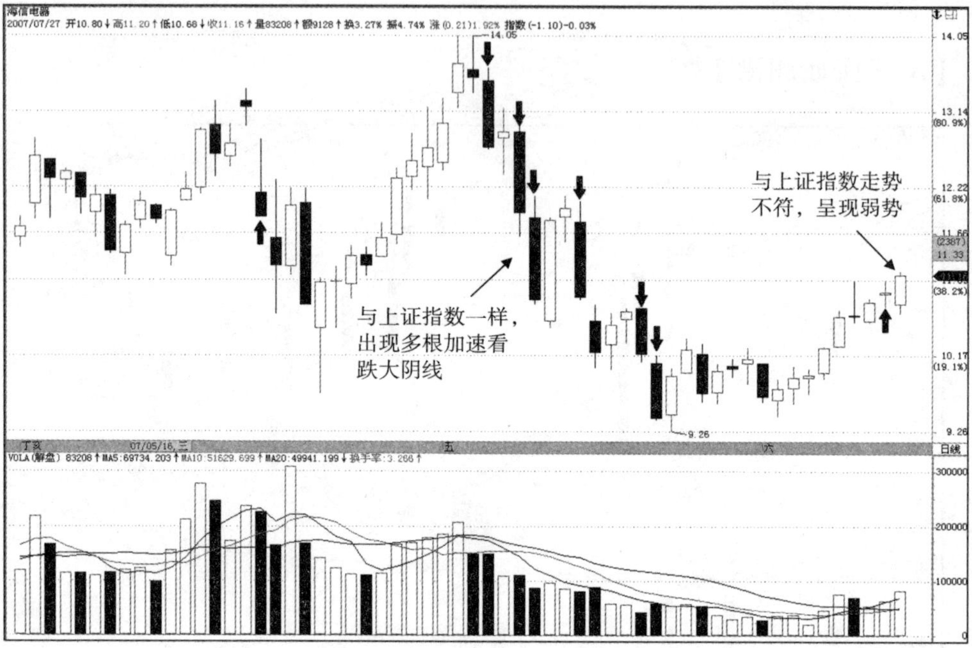
与上证指数一样，出现多根加速看跌大阴线
与上证指数走势不符，呈现弱势

图 2-27 海信电器 600060

看盘精要

大阴线出现后的K线走势解读：

（1）图2-27是海信电器从2007年4月20日至2007年7月27日的日线图。

（2）此时间段正是“5.30行情”的中心区域，参照图2-26与图2-27可以发现很多信号。

（3）2007年5月30日，该股与上证指数走势相似（见图中左侧向上箭头所指）。随后，该股也出现了大量加速看跌大阴线（见图中向下箭头所指）。

（4）然而，7月26日，上证指数创出新高，该股却还徘徊在低位。由此判断，该股后市走势将出现分歧。

【K 线实战图谱】

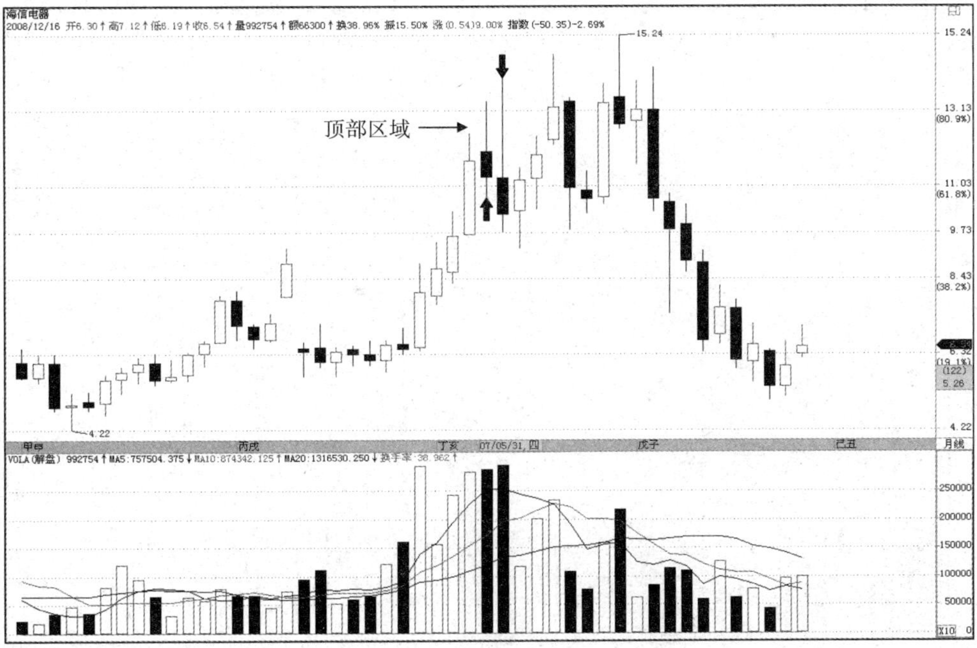

图 2-28　海信电器　600060

看盘精要

大阴线出现后的 K 线走势解读：

（1）图 2-28 是海信电器月线图，时间从 2005 年 1 月至 2008 年 12 月。

（2）向上箭头所指的 K 线是 2007 年 5 月的月 K 线，向下箭头所指的是 6 月的月 K 线。

（3）从图中可以看出，6 月份的高点距离真正的高点仅有 8%左右的差别。

（4）在“5.30 行情”中，很多股票已经提前见顶，进入横盘震荡的筑顶行情中。

（5）震荡行情中也有许多投资机会。不过，有些人更喜欢参与趋势明显的行情。

【K线实战图谱】

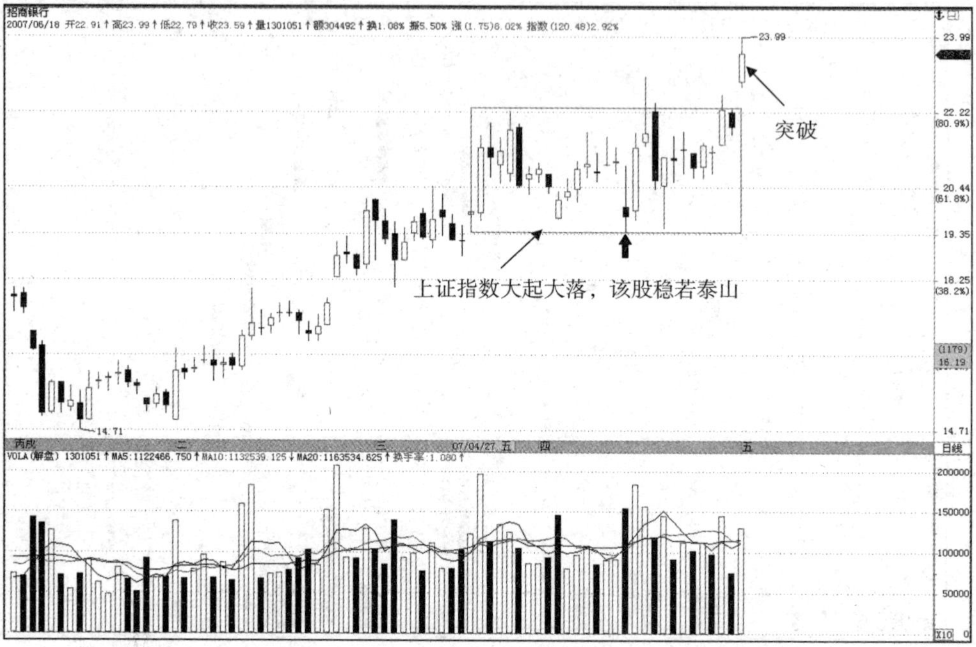

图 2-29 招商银行 600036

看盘精要

大阴线出现后的K线走势解读：

（1）图 2-29 是招商银行 2007 年 2 月 15 日至 2007 年 6 月 18 日的日线图。

（2）2007 年 5 月 30 日，该股也没能避免与上证指数相同的走势（见图中的向上箭头所指）。

（3）然而，随后该股就进入了独立行情。

（4）2007 年 6 月 18 日，该股跳空高开，成功突破前高压力，率先创出新高，明显呈现强势。

（5）该股在“5.30 行情”中，虽然出现了两根大阴线，但并没有出现加速看跌大阴线。

【K 线实战图谱】

图 2–30　招商银行　600036

看盘精要

大阴线出现后的 K 线走势解读：

（1）图 2–30 是招商银行 2007 年 4 月 9 至 2007 年 11 月 16 日的日线图。

（2）在 6 月 18 日跳空突破之后，股价进入加速上扬阶段。至 2007 年 10 月 31 日，其涨幅约为 90%。

（3）如果参与海信电器的震荡整理行情，需要良好的波段操作技术。可是，如果参与招商银行的明显趋势行情，顺势而为，耐心持仓就好了。

（4）至于招商银行的筑顶行情，同样可以结合上证指数综合观察。

5. 下跌趋势中的加速看跌大阴线

【K 线实战图谱】

图 2–31　中国医药　600056

看盘精要

大阴线出现后的 K 线走势解读：

（1）图 2–31 是中国医药 2008 年 1 月 16 日至 2008 年 7 月 14 日的日线图。

（2）从图中可以看出，该股运行于下降趋势线之下，处于明显的下降趋势中。

（3）在下降趋势中，经常有加速看跌大阴线出现。上图中有多根加速看跌大阴线，不再一一标记。

（4）由于中国股市没有做空机制，面对下跌过程中的加速看跌大阴线，旁观就是最好的选择。

第四节　见顶看跌大阴线

1. 形态识别

（1）股价呈现加速上涨态势。

（2）出现一根大阴线，上升势头被突然中止。

（3）如果出现在大幅度、长时间的上涨过程中，急速上涨初期成交量往往温和放大，末期则伴随成交量逐渐减少。

（4）如果出现在下跌趋势中，急速上涨初期往往伴随着成交量明显增加，末期成交量则明显减少。

（5）在加速上涨趋势中，如果出现振幅巨大（振幅通常超过 10%）的大阴线，其成为见顶大阴线的可能性很高。

2. 应对策略

（1）一根大阴线未必能够改变整个上涨趋势，但是通常造成上涨趋势的停顿；如果连续地出现大阴线，那么这个上升趋势就可能被改变。

（2）一般来说，在大阴线逆转上涨趋势的当日清仓。

（3）在上涨趋势中，尤其是上涨初期，出现见顶看跌大阴线，可以清仓，也可以减仓。另外，要密切关注后期走势，以待其回调结束后重新介入。

（4）在长时间、大幅度上涨之后，获利丰厚，出现大阴线可以选择清仓。如果随后出现加速下跌，此根大阴线就不仅是见顶看跌大阴线，而且是加速看跌大阴线，警惕做头。

（5）长期趋势的逆转，其头部形成的过程也很复杂，其中也有些获利机会，可采用波段交易的方式参与。

（6）在下跌过程中抢反弹，发现见顶大阴线就要果断清仓。下跌趋势中，不宜久留。

3. 上涨趋势中的见顶看跌大阴线

【K线实战图谱】

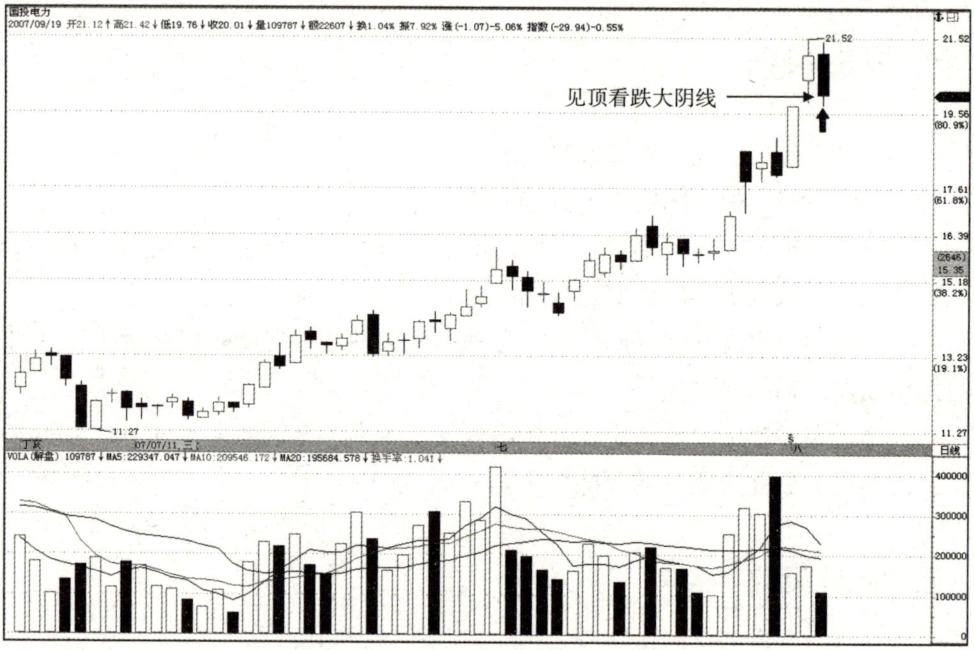

图 2–32 国投电力 600886

看盘精要

大阴线出现时的K线走势分析：

（1）图 2–32 是国投电力 2007 年 6 月 29 日至 2007 年 9 月 19 日的日线图。

（2）在这两个月的时间内，该股的上涨幅度超过 90%，处于明显的上涨趋势中。

（3）2007 年 9 月 19 日，在突然加速上涨（6 个交易日，30%的涨幅）的过程中，出现一根大阴线（开盘价 21.12 元，收盘价 20.01 元，最高价 21.42 元，最低价 19.76 元）。

（4）在大阴线出现之前，已经出现价涨量缩现象。

（5）有见顶迹象，应该进行适当的减仓。

【K 线实战图谱】

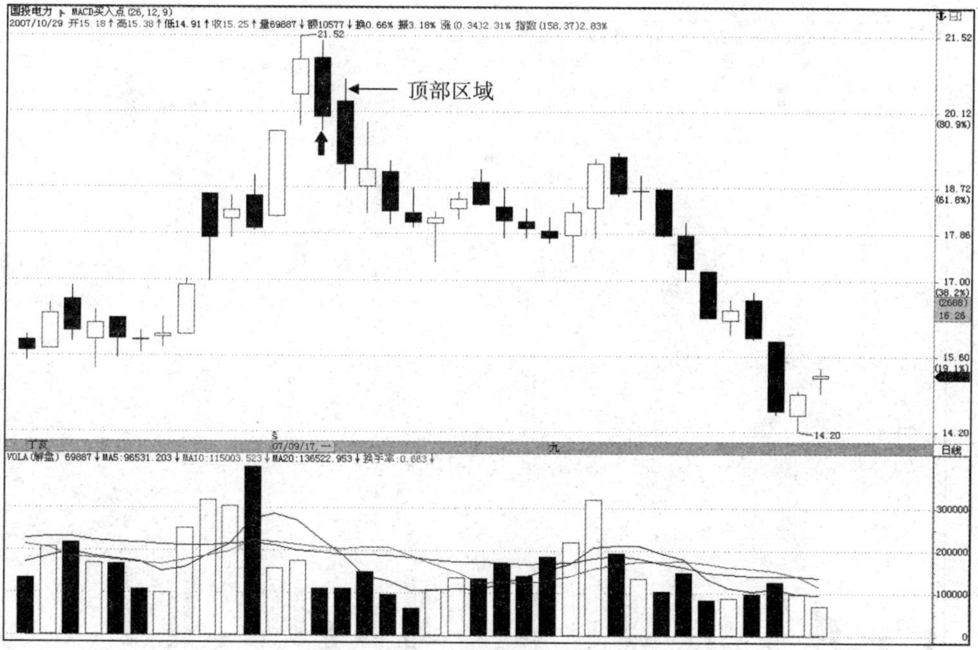

图 2-33　国投电力　600886

看盘精要

大阴线出现后的 K 线走势解读：

（1）在出现见顶大阴线（见图 2-30 中的向上箭头所指）之后，股价进入下跌趋势中。

（2）在 20 个交易日的时间内，股价回落超过 30%。

（3）抄底要慢一点，逃顶要快一点。如果面对筑顶迹象行动迟缓，将会大幅度回吐获利。

4. 上涨趋势中的假见顶看跌大阴线

【K 线实战图谱】

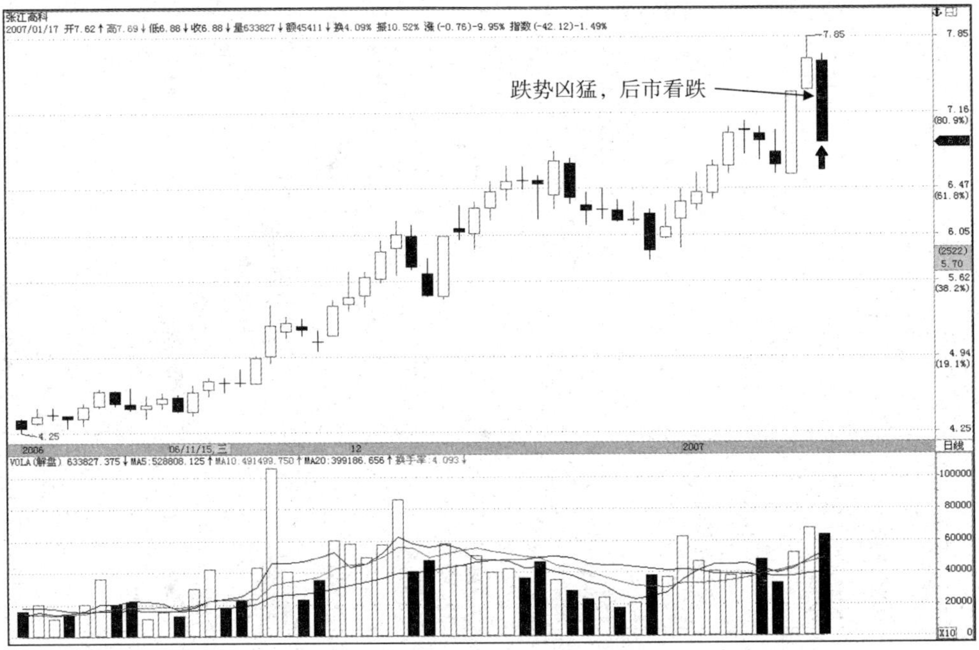

图 2–34 张江高科 600895

看盘精要

大阴线出现时的 K 线走势分析：

（1）图 2–34 是张江高科 2006 年 11 月 2 日至 2007 年 1 月 17 日的日线图。

（2）从图中可以看出，该股处于明显的上涨趋势中。

（3）2007 年 1 月 17 日，出现一根大阴线（开盘价 7.62 元，收盘价 6.88 元，最高价 7.69 元，最低价 6.88 元）。

（4）1 月 17 日的大阴线出现之前，该股在 10 个交易日之内上涨了 35%。

（5）有见顶看跌大阴线的感觉，小心顶部到来，适度减仓。

【K 线实战图谱】

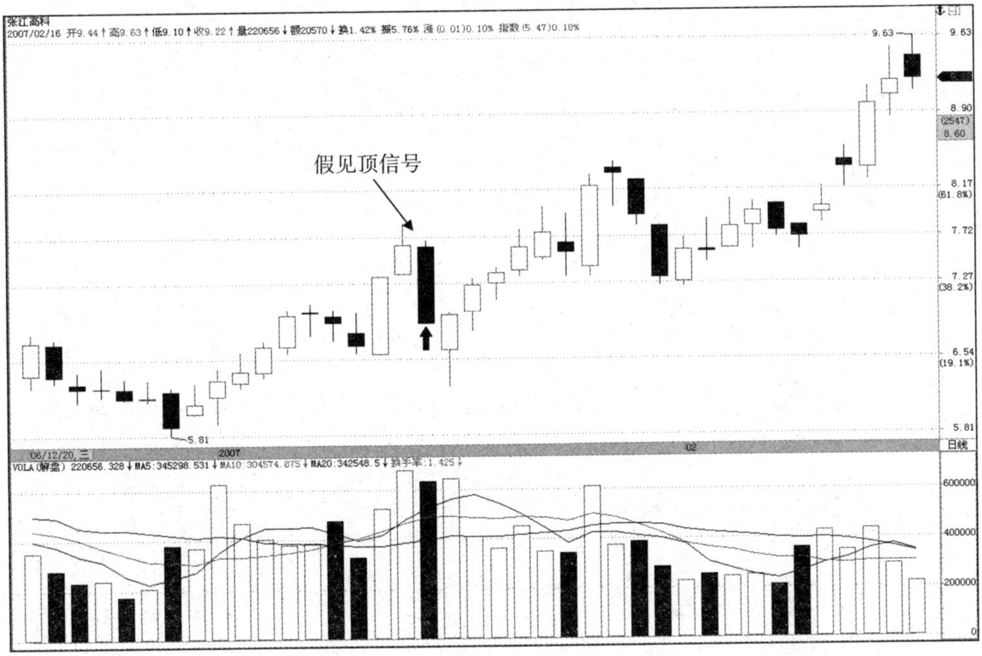

图 2-35　张江高科　600895

看盘精要

大阴线出现后的 K 线走势解读：

（1）2007 年 1 月 18 日，该股承接昨日的跌势大幅低开（开盘价 6.63 元），盘中一度下挫至 6.27 元，但最终收报 6.97 元。多头实力强劲，1 月 17 日的大阴线（见图中箭头所指）的见顶判断可能是错误的，它可能只是一根普通大阴线，目的是洗盘。

（2）随后，该股利用 5 连阳突破前高，证明 1 月 17 日的大阴线确实是假见顶看跌大阴线。

（3）技术分析无法准确预测股价的发展，但它可以帮助投资者根据行情的走势制定合理的交易计划。因此，这里看跌的判断既然是错误的，就应该立刻认错，转而看涨。

5. 下跌趋势中的假见顶看跌大阴线

【K线实战图谱】

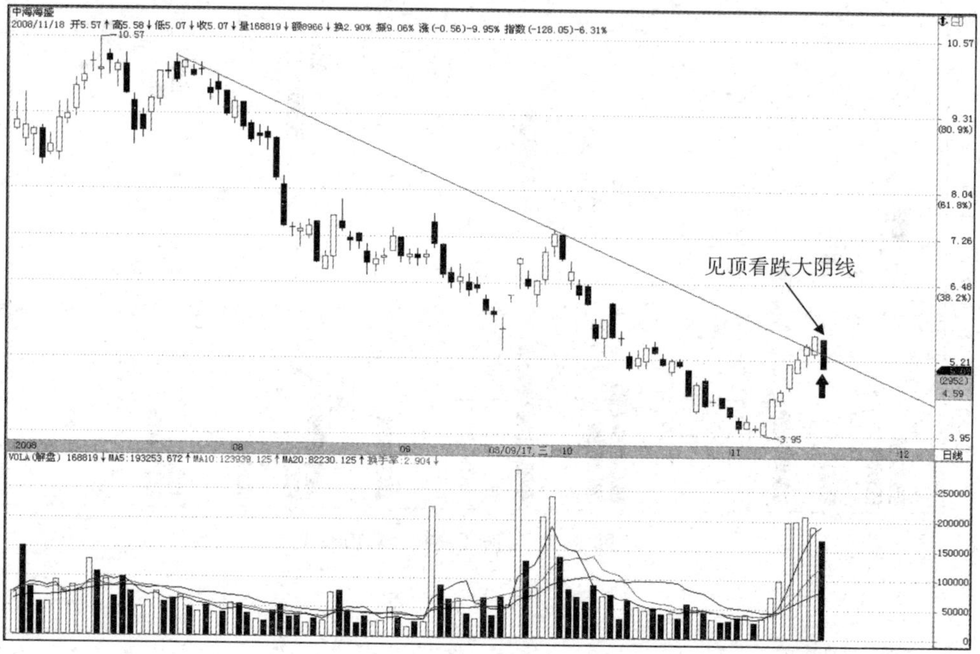

图 2-36　中海海盛　600896

看盘精要

大阴线出现时的K线走势分析：

（1）图 2-36 是中海海盛 2008 年 8 月 26 日至 2008 年 11 月 18 日的日线图。

（2）从图中可以看出，该股处于明显的下降趋势中。

（3）2008 年 11 月 17 日，经过 7 连阳后，股价终于突破下降趋势线。

（4）11 月 18 日，出现一根大阴线（开盘价 7.62 元，收盘价 6.88 元，最高价 7.69 元，最低价 6.88 元），收盘价又重新返回下降趋势线之下。

（5）这根大阴线是见顶看跌大阴线吗？不管真假，面对这根大阴线，第一选择还是减仓，以求安全。

【K 线实战图谱】

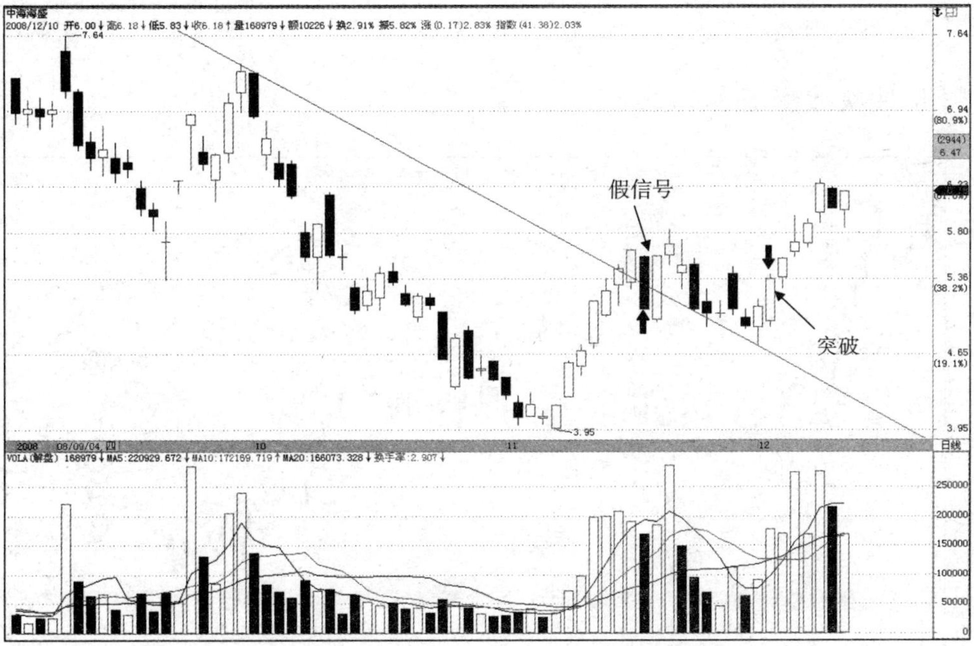

图 2–37　中海海盛　600896

看盘精要

大阴线出现后的 K 线走势解读：

（1）出现疑似看跌大阴线（见图 2–37 向上箭头所指）之后，股价展开了旗形整理。

（2）12 月 2 日，一根大阳线突破了旗形整理，正式看涨。由此也可以断定，前期的看跌大阴线为假象。

（3）面对看跌大阴线，无论其真假，都应该首先进行减仓甚至清仓，以策安全。如果看跌信号为假的，股票没有下跌反而上涨。那么，上涨过程中就必然会有另一个看涨信号，不用担心错过上涨的行情。

6. 下跌趋势中的见顶看跌大阴线

【K 线实战图谱】

图 2–38 新疆众和 600888

看盘精要

大阴线出现时的 K 线走势分析：

（1）图 2–38 是新疆众和 2007 年 9 月 24 日至 2008 年 5 月 15 日的日线图。

（2）从图中可以看出，该股处于明显的下降趋势中。

（3）2008 年 4 月 23 日（见图中向下箭头），该股开始了一波快速反弹。仅 13 个交易日，股价就上涨了约 60%。

（4）5 月 7 日，出现了一根大阴线（开盘价 17.34 元，收盘价 15.93 元，最高价 17.62 元，最低价 15.93 元），警惕见顶。

（5）然而，5 个交易日后，股价再创新高，第一根见顶大阴线为假象。

（6）5 月 15 日，又出现了一根大阴线（开盘价 19.94 元，收盘价 18.77 元，最高价 20.24 元，最低价 18.67 元），后市看跌。

【K 线实战图谱】

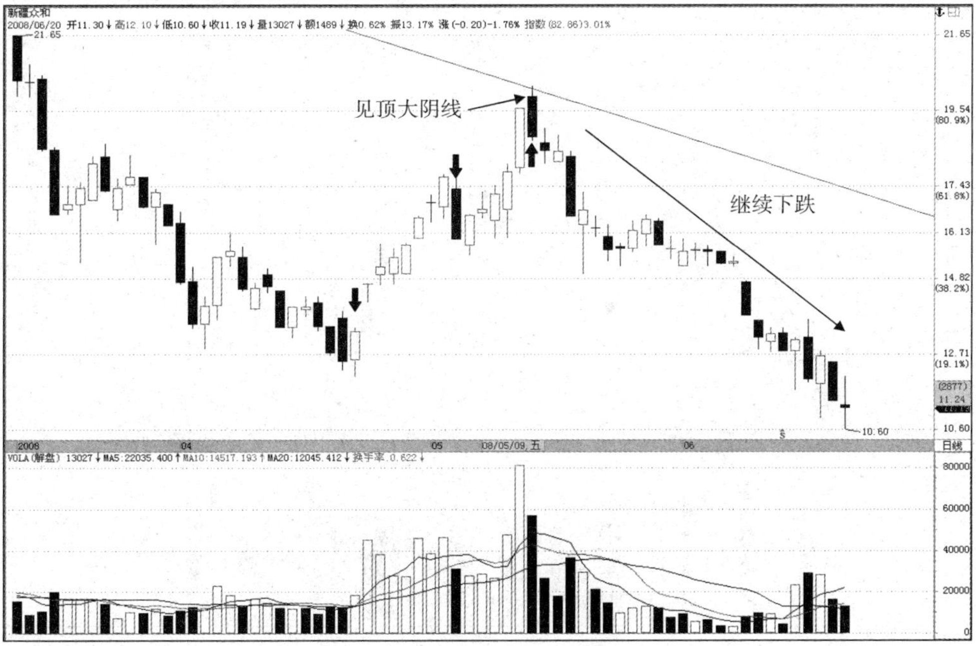

图 2–39　新疆众和　600888

看盘精要

大阴线出现后的 K 线走势解读：

（1）2008 年 5 月 15 日出现的第二根见顶看跌大阴线（见图 2–39 向上箭头所指），并不是虚晃一枪。

（2）此根大阴线之后，股价再次陷入下跌趋势中。25 个交易日的时间，股价就下跌了 50%。

（3）面对看跌大阴线，不要有侥幸心理，以避免潜在的巨大风险。交易，不是为了获取最大的收益，而是为了在最安全的情况下获取最大的收益。

7. 巨幅振荡见顶看跌大阴线

【K线实战图谱】

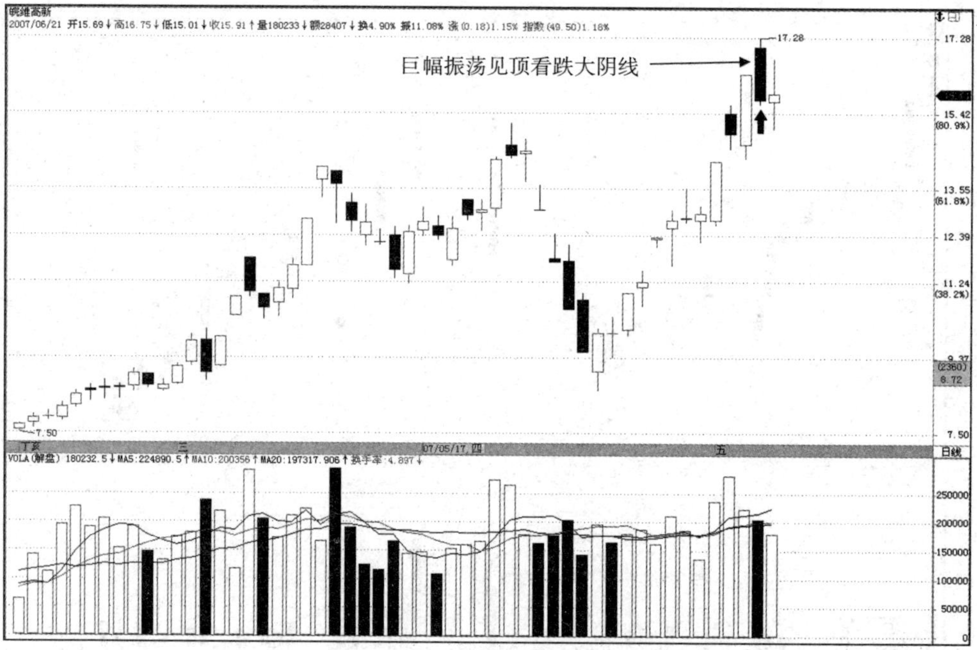

图 2-40 皖维高新 600063

看盘精要

大阴线出现时的K线走势分析：

（1）图 2-40 是皖维高新 2007 年 4 月 2 日至 2007 年 6 月 21 日的日线图。

（2）2007 年 6 月 20 日，出现了一根大阴线（开盘价 17.04 元，收盘价 15.73 元，最高价 17.28 元，最低价 15.62 元），全日振幅达到 10.15%，见图中箭头所指 K 线，见顶信号。

（3）在“5.30 行情”中，该股出现加速下跌迹象，其股性已经趋于不稳定。因此，面对这个见顶信号，清仓出场。

（4）6 月 21 日，收出上下影均衡小阳线（关于上下影均衡小阳线，可参见下文介绍），有下跌中继的迹象，确认之前对见顶 K 线的判断。

【K 线实战图谱】

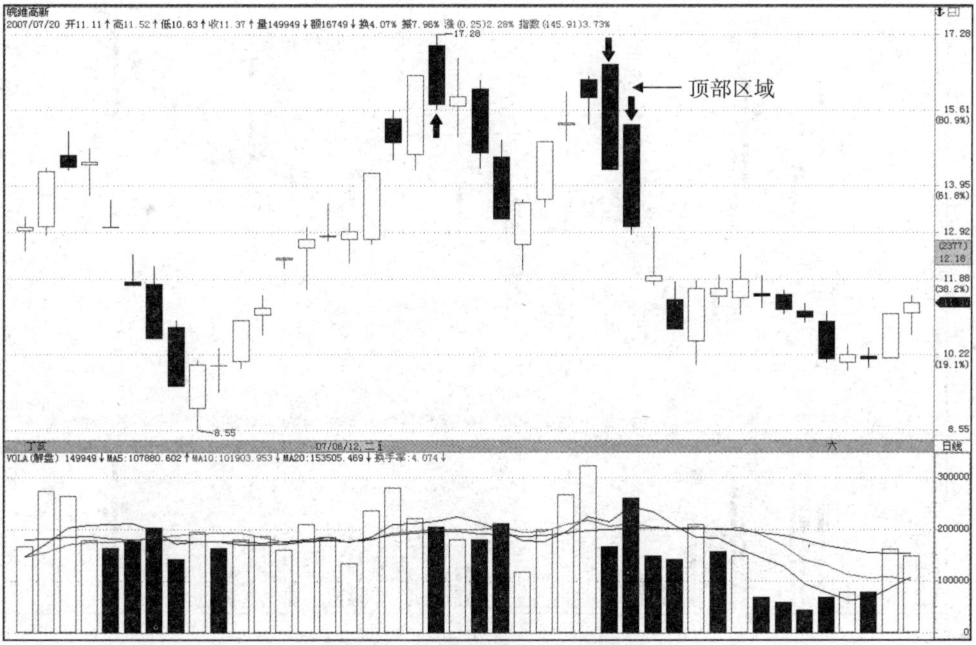

图 2-41　皖维高新　600063

看盘精要

大阴线出现后的 K 线走势解读：

（1）宽幅振荡见顶大阴线出现之后，该股进入下跌趋势中，最大跌幅约为 40%。

（2）在这波下跌过程中，该股又出现两根宽幅振荡见顶大阴线（见图中向下箭头所指），表明该股上涨的动力已经差不多消耗殆尽，只能通过快速回调蓄力。因此，该股正式进入整理行情中。

（3）从当时的行情走势可知，该股已经持续上涨很长时间，而且涨幅巨大，要警惕这次整理是其最后的冲刺阶段。

（4）在宽幅振荡整理的行情，通过波段交易，可以获得良好的收益，但要密切注意风险。

【K线实战图谱】

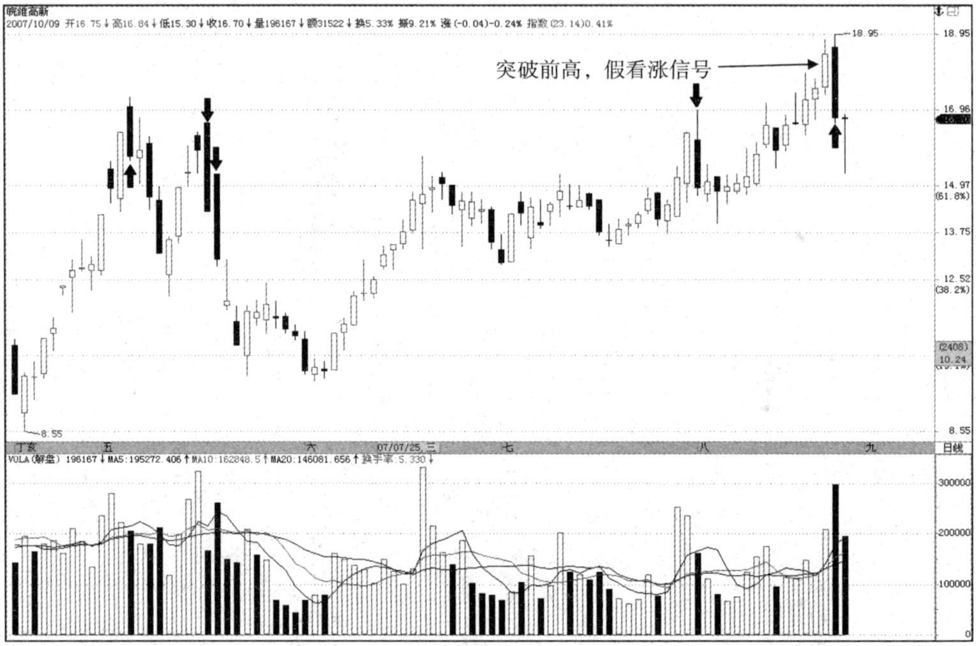

图 2–42　皖维高新　600063

看盘精要

大阴线出现后的K线走势解读：

（1）在3个月的调整期间内，又出现一次宽幅振荡见顶大阴线（见图2–42中右侧向下箭头所指）。但是，那是一次假信号。

（2）2007年9月28日，该股利用中阳线正式站上前期高点形成的压力线，后市自然看涨。随后，进入“十一”长假。

（3）假期结束后，10月8日，预期的涨势没能出现，宽幅振荡大阴线再次出现（见图2–42中右侧向上箭头所指）。

（4）假突破，配合见顶信号，后市转而看跌。10月9日，出现长下影小阴线，更加确认这个判断。

【K 线实战图谱】

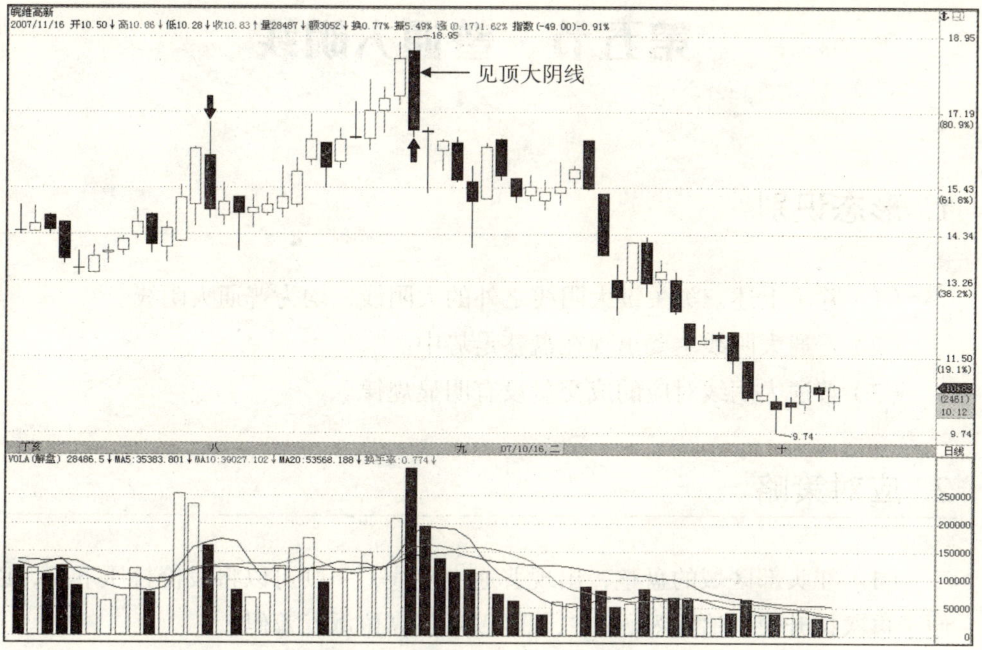

图 2–43　皖维高新　600063

看盘精要

大阴线出现后的 K 线走势解读：

（1）见顶大阴线出现后，该股再次进入下跌通道。在 25 个交易日之内，股价下跌了 45%以上。

（2）这次的顶部，不仅是短期顶部，而且最后发展成了长期的顶部。

第五节 普通大阴线

1. 形态识别

（1）除了上述三类关键大阴线之外的大阴线，均为普通大阴线。

（2）普通大阴线主要出现在盘整走势中。

（3）普通大阴线对应的成交量没有明显规律。

2. 应对策略

（1）在头部区域的盘整，出现普通大阴线，一则可以将股价打压下来，以便于再次拉升吸引追涨筹码；二则可以顺势高位派发筹码。

（2）在底部区域的盘整，出现普通大阴线，可以制造恐慌情绪，有利于吸筹。

（3）在上涨过程中的盘整，出现普通大阴线，可以清除浮筹，提高持仓成本，以利于下一步拉升。

（4）在下跌过程中的盘整，出现普通大阴线，可能是派发剩余筹码，也可能是吸筹。

（5）不论普通大阴线出现在哪种盘整状态中，其参考价值都非常有限，不宜据此交易。

3. 头部区域的普通大阴线

【K 线实战图谱】

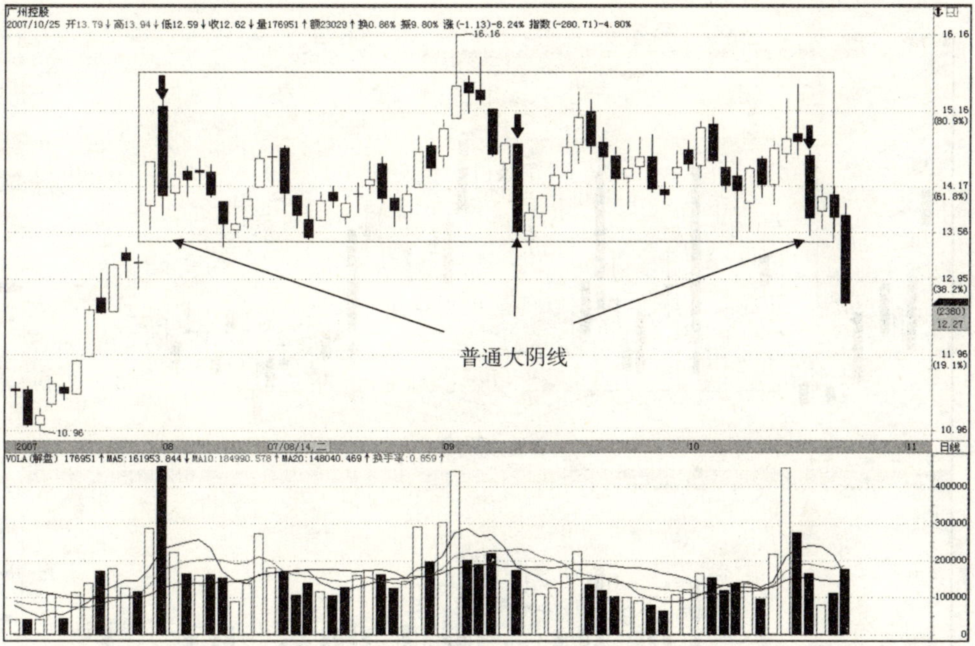

图 2-44　广州控股（广州发展）　600098

◣ 看盘精要

大阴线出现时的 K 线走势分析：

（1）图 2-44 是广州控股（现名“广州发展”）2007 年 7 月 13 日至 2007 年 10 月 25 日的日线图。

（2）图中矩形内的盘整行情，有 3 根明显的大阴线，都属于普通大阴线，没有参考价值。

（3）2007 年 10 月 5 日，再次出现大阴线，向下突破横盘整理，后市看空。

（4）由历史行情走势可知，此处是高位筑顶。矩形内的所有 K 线，其目的都是派发筹码，大阴线也不例外。

4. 底部区域的普通大阴线

【K线实战图谱】

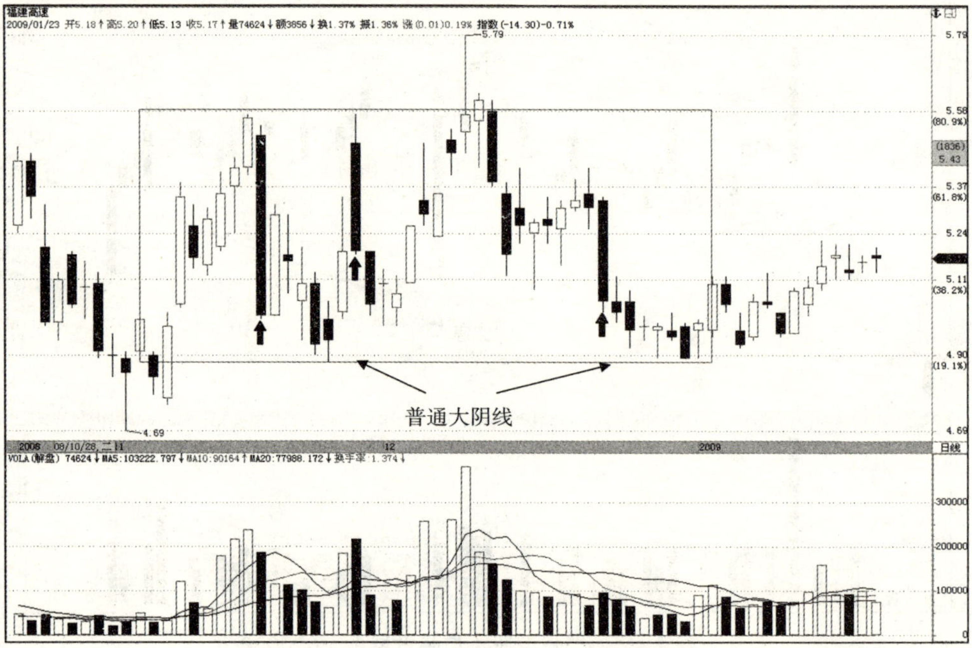

图 2-45 福建高速 600033

看盘精要

大阴线出现时的K线走势分析：

（1）图 2-45 是福建高速 2008 年 10 月 23 日至 2009 年 1 月 23 日的日线图。

（2）图中矩形内的盘整行情，有 3 根明显的大阴线，都属于普通大阴线。

（3）此段时间属于筑底行情，所有走势都是围绕吸筹而展开。

（4）在长时间的大跌之后，通过大阴线制造恐慌气氛，不仅能够吸收筹码，还可以进一步清洗不太坚定的筹码，为以后的拉升做准备。

5. 上升盘整中的普通大阴线

【K 线实战图谱】

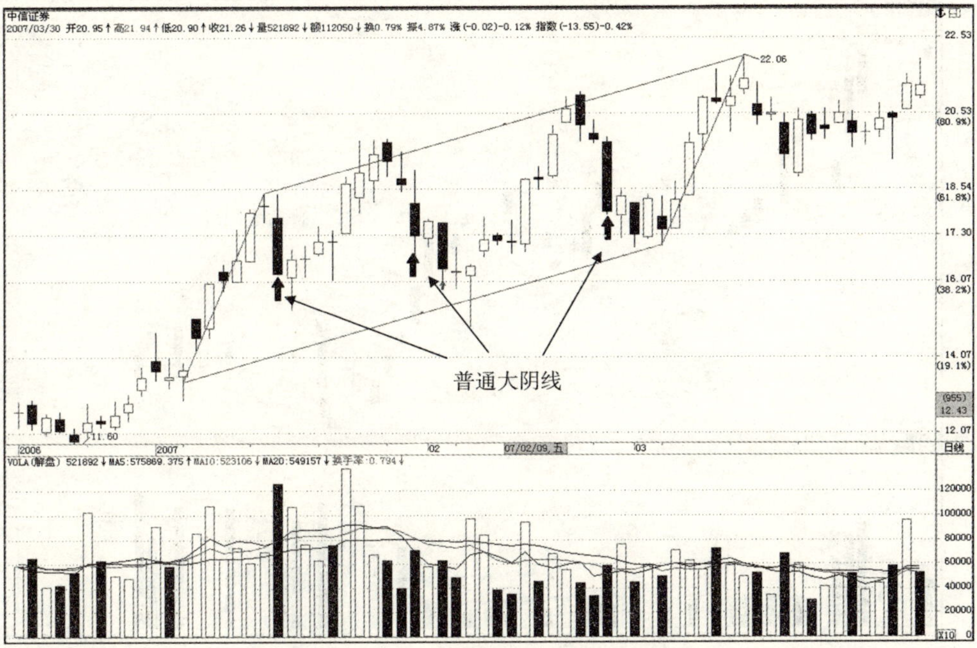

图 2-46 中信证券 600030

看盘精要

大阴线出现时的 K 线走势分析：

（1）图 2-46 是中信证券 2006 年 12 月 18 日至 2007 年 3 月 30 日的日线图。

（2）图中的平行四边形内的整理行情，有 4 根明显的大阴线，都属于普通大阴线。

（3）翻看历史走势可知，此前该股处于明显的上升趋势中。

（4）在股价大幅度上升后，展开宽幅震荡，清理浮筹，抬高持仓成本，为下一轮拉升奠定良好的基础。

6. 下降盘整中的普通大阴线

【K线实战图谱】

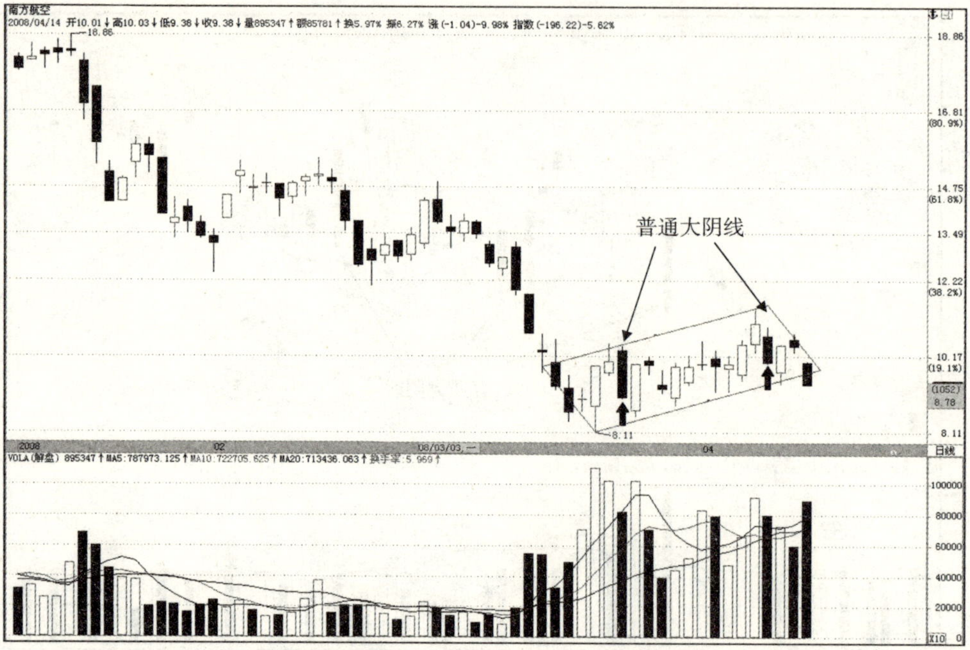

图 2–47 南方航空 600029

看盘精要

大阴线出现时的 K 线走势分析：

（1）图 2–47 是南方航空 2008 年 1 月 10 日至 2008 年 4 月 14 日的日线图。

（2）图中的平行四边形内的整理行情，有 2 根明显的大阴线，都属于普通大阴线。

（3）从图中可以看出，此前该股处于明显的下降趋势中。

（4）在股价大幅度下跌后，展开窄幅整理，呈现筑底迹象，吸引抄底资金入场，从而派发筹码。

（5）2008 年 4 月 14 日，大阴线跌破平行四边形下沿，又一波下跌开始。

第3章

小阳线与小阴线操练

第一节　认识小阳线

1. 上长下短小阳线

↗ 形态识别

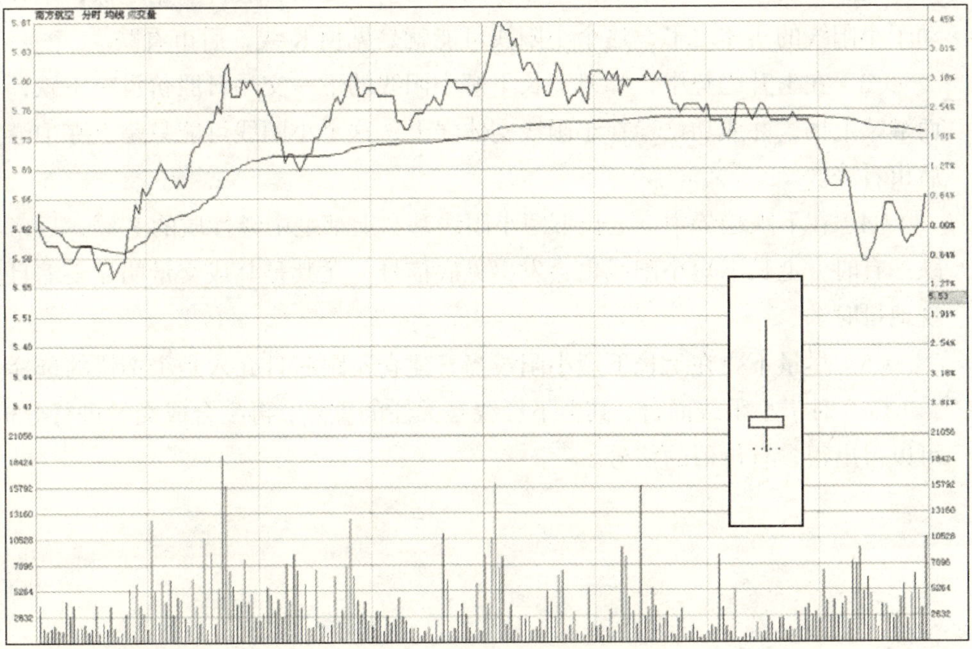

图 3–1　南方航空　600029

（1）所谓上长下短小阳线，是指上影线长、下影线短的小阳线。上长下短小阳线，俗称为倒锤头线。

（2）上长下短小阳线的开盘价低于收盘价，二者之间的长方柱用红色或空心绘出，下影线的最低点为最低价，上影线的最高点为最高价。对于日线图而言，小阳线实体部分代表的价格波动一般在 1.5%以内。

（3）图 3–1 是南方航空 2009 年 4 月 2 日的分时走势图。当日，该股开盘价为 5.62 元，收盘价为 5.65 元，最高价为 5.90 元，最低价为 5.56 元，当日振幅达到了 6.05%，实体部分代表的价格波动为 0.53%，属于典型的上长下短小阳线。

➚ 应对策略

（1）上长下短小阳线表示上涨压力大，上影线越长，代表的上涨压力越大。因此，其实战应对策略均是围绕这一点展开。

（2）在一个上升趋势中，如果出现一根上长下短小阳线，要保持警惕，防止短期顶部的到来。如果上长下短小阳线的下一交易日股价开始走低，全日活动于小阳线的实体之下，这个小阳线可能就是见顶 K 线，后市看跌。

（3）在上升趋势中，如果上长下短小阳线的下一交易日股价没有下跌，反而继续上扬，并成功站稳在小阳线实体之上，这个小阳线可能只是上涨中继，后市看涨。

（4）在下跌趋势中，上长下短小阳线基本上都是中继性质的 K 线，后市看跌。有时，上长下短小阳线也会发出见底信号，尤其是其成交量明显萎缩且呈现地量时。

（5）尽量不要在上长下短小阳线当日建仓，跟踪日介入是个不错的选择。

（6）对于小阳线而言，其上下影线是关注的重点，再配合成交量进行分析，可以得出很多有价值的信号。

【K 线实战图谱】

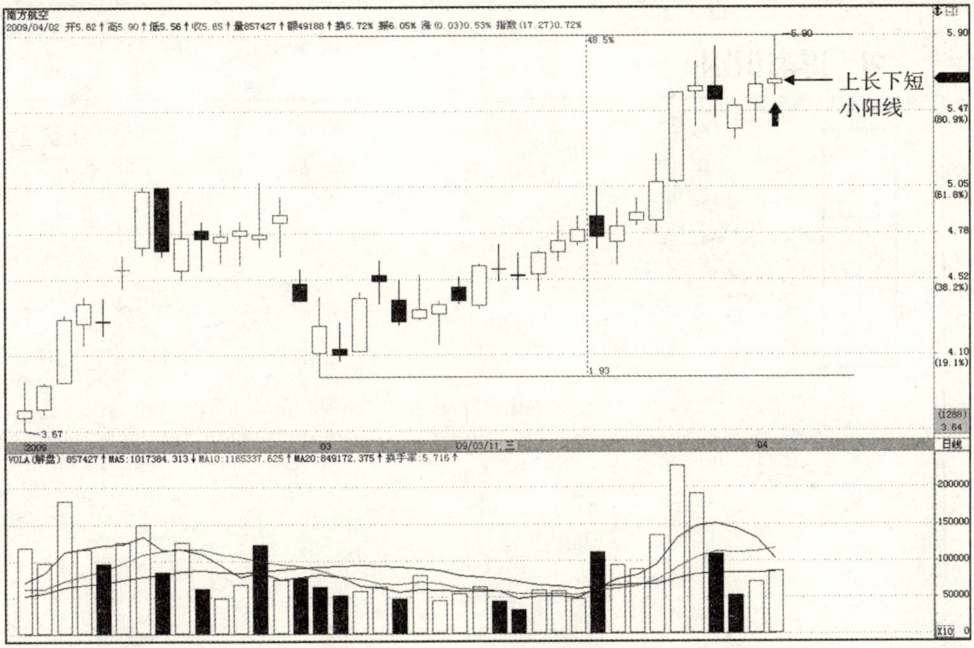

图 3-2　南方航空　600029

看盘精要

小阳线出现时的 K 线走势分析：

（1）图 3-2 是南方航空从 2009 年 2 月 5 日至 2009 年 4 月 2 日的日线图。

（2）从图中可以看出，在此时间段内，该股一直处于上涨趋势中。图中回调后的上涨，涨幅达到 48.5%。

（3）2009 年 4 月 2 日，出现一根上长下短小阳线（其分时走势见图 3-1）。

（4）结合前期 K 线的长上影线，可以推断，这根长长的上影线代表此价格区域的压力非常大。如果下一个交易日股价能够越过上影线，或者不破下影线的低点，看涨；否则，可能发生回调。

2. 上短下长小阳线

形态识别

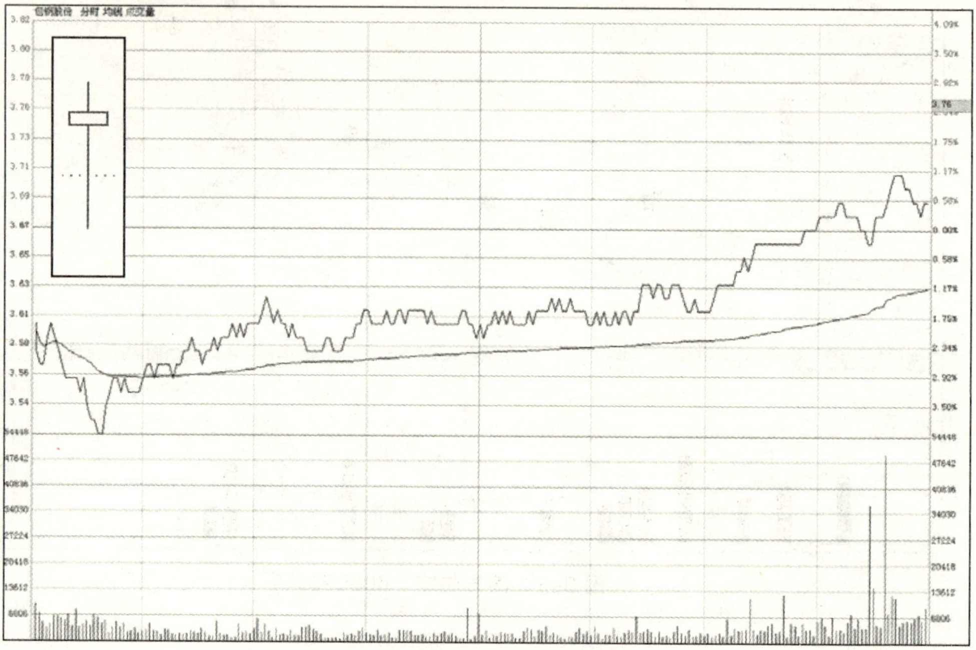

图 3–3 包钢股份 600010

看盘精要

小阳线出现时的K线走势分析：

（1）所谓上短下长小阳线，是指上影线短、下影线长的小阳线。上短下长小阳线，俗称为锤头线。

（2）上短下长小阳线的开盘价低于收盘价，二者之间的长方柱用红色或空心绘出，下影线的最低点为最低价，上影线的最高点为最高价。对于日线图而言，小阳线实体部分代表的价格波动一般在 1.5%以内。

（3）图 3–3 是包钢股份 2009 年 2 月 23 日的分时走势图。当日，该股开盘价为 3.66 元，收盘价为 3.68 元，最高价为 3.72 元，最低价为 3.52 元，当日振幅达到了 5.43%，实体部分代表的价格波动为 0.27%，属于典型的上短下长小阳线。

↗ 应对策略

（1）与上长下短小阳线恰好相反，上短下长小阳线表示下跌支撑有力，下影线越长，代表的支撑越有力。因此，其实战应对策略也是围绕这一点展开。

（2）在一个下跌趋势中，如果出现一根上短下长小阳线，要保持关注，短期底部有可能就要到来。如果上短下长小阳线的下一交易日股价开始走高，全日活动于小阳线的实体之上，这个小阳线可能就是见底 K 线，后市看涨。

（3）在下跌趋势中，如果上短下长小阳线的下一交易日股价没有上涨，反而继续下跌，并跌破下影线最低点，这个小阳线可能只是下跌中继，后市看跌。

（4）在上涨趋势中，上短下长小阳线多是中继性质的 K 线，后市看涨。有时，上短下长小阳线也会发出见顶信号。

（5）可以在上短下长小阳线当日建仓，也可以选择跟踪日进行建仓。

【K 线实战图谱】

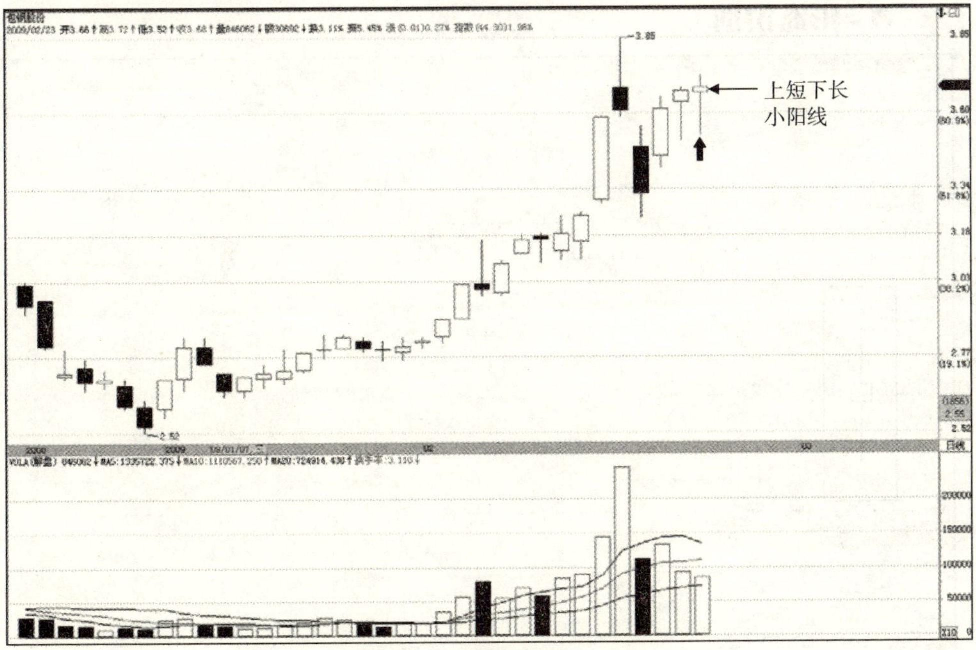

图 3–4　包钢股份　600010

看盘精要

小阳线出现时的K线走势分析：

（1）图3-4是包钢股份从2008年12月22日至2009年2月23日的日线图。

（2）从图中可以看出，在此时间段内，该股一直处于上涨趋势中。从其中的最低点算起，涨幅达到53%。

（3）2009年2月23日，出现一根上短下长小阳线（其分时走势见图3-3）。

（4）虽然长长的下影线代表盘中多头占据上风，但这从另一侧面说明多空争夺激烈，多空力量差异并不明显。

（5）如果下一个交易日股价突破前高，看涨；否则，可能要通过回调来释放上涨的压力。

3. 上下影均衡小阳线

形态识别

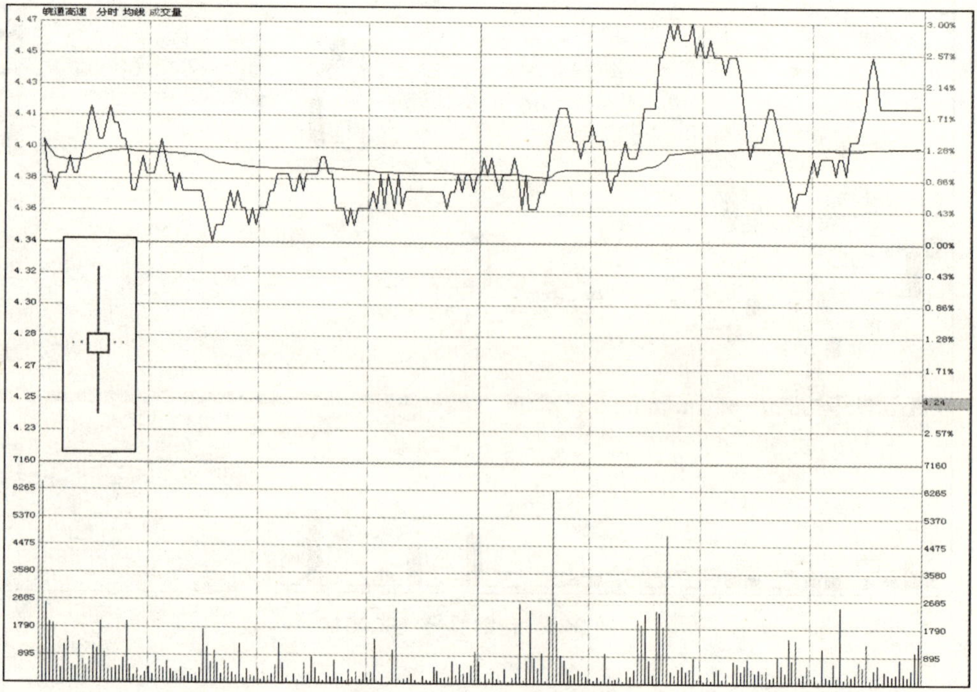

图3-5 皖通高速 600012

（1）所谓上下影均衡小阳线，是指上影线和下影线长度差不多的小阳线。

（2）上下影均衡小阳线的开盘价低于收盘价，二者之间的长方柱用红色或空心绘出，下影线的最低点为最低价，上影线的最高点为最高价。对于日线图而言，上下影均衡小阳线振幅通常在 6%以内，实体部分代表的价格波动一般在 1.5%以内。

（3）图 3–5 是皖通高速 2009 年 2 月 9 日的分时走势图。当日，该股开盘价为 4.40 元，收盘价为 4.42 元，最高价为 4.48 元，最低价为 4.34 元，当日振幅达到了 3.23%，上影线代表 6 分钱，下影线代表 6 分钱，实体部分代表的价格波动为 0.45%，属于典型的上下影均衡小阳线。

↗ 应对策略

（1）上下影均衡小阳线的上下影线是关注的重点。如果上下影线很长，代表多空争夺激烈，后市行情通常也会剧烈波动；如果上下影线很短，代表多空休战，多为蓄势。

（2）在一个明显的趋势中，如果出现一根上下影均衡小阳线，多为中继性质的 K 线。在上升趋势中，后市看涨；在下跌趋势中，后市看跌。

（3）在整理行情中，单根上下影均衡小阳线关注价值有限，除非具有突破性质。

（4）通常不会利用上下影均衡小阳线进行建仓。

【K 线实战图谱】

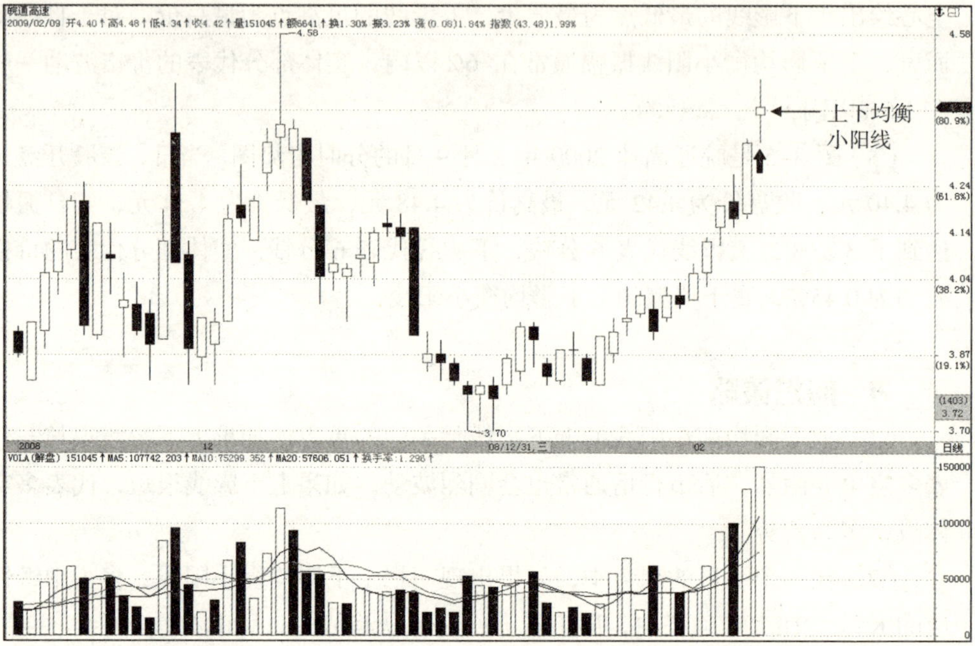

图 3-6　皖通高速　600012

看盘精要

小阳线出现时的 K 线走势分析：

（1）图 3-6 是皖通高速从 2008 年 11 月 12 日至 2009 年 2 月 9 日的日线图。

（2）从图中可以看出，在此时间段内，该股处于整理行情中。

（3）2009 年 2 月 9 日，出现一根上下影均衡小阳线（其分时走势见图 3-5）。

（4）上下影均衡小阳线常常是中继形态。由于 2009 年 2 月 6 日该股以阳线报收，后市看涨。

（5）如果下一个交易日股价没有继续上涨并站稳上影线高点，警惕，可能会发生回调。

4. 光头小阳线

➚ 形态识别

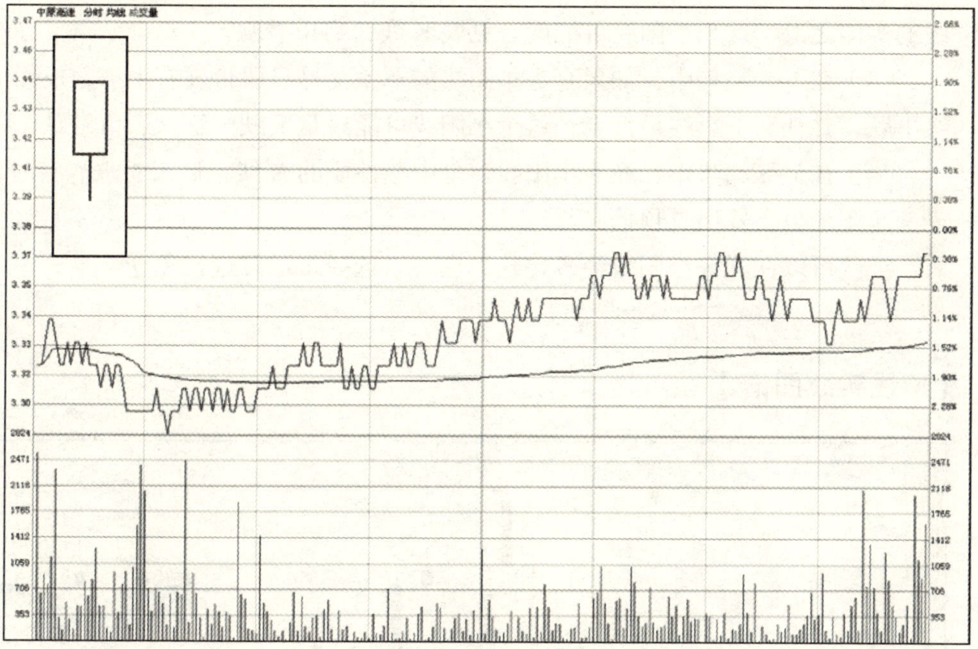

图 3–7 中原高速 600020

（1）所谓光头小阳线，是指没有上影线的小阳线。如果光头小阳线的下影线比较长，就构成了锤头线。

（2）光头小阳线的开盘价低于收盘价，二者之间的长方柱用红色或空心绘出，下影线的最低点为最低价。对于日线图而言，小阳线实体部分代表的价格波动一般在 1.5%以内。

（3）图 3–7 是中原高速 2009 年 3 月 31 日的分时走势图。当日，该股开盘价为 3.33 元，收盘价为 3.37 元，最高价为 3.37 元，最低价为 3.29 元，当日振幅达到了 2.37%，实体部分代表的价格波动为 1.20%，属于典型的光头小阳线。

↗ 应对策略

（1）光头小阳线表示下跌支撑有力，下影线越长，代表的支撑越有力。因此，其实战应对策略也是围绕这一点展开。

（2）在一个下跌趋势中，如果出现一根光头小阳线，要保持关注，底部有可能就要到来。如果光头小阳线的下一交易日股价开始走高，全日活动于小阳线的实体之上，这个小阳线可能就是见底K线，后市看涨。

（3）在下跌趋势中，如果光头小阳线的下一交易日股价没有上涨，反而继续下跌，并跌破下影线最低点，这个小阳线可能只是下跌中继，后市看跌。

（4）在上涨趋势中，光头小阳线多是中继性质的K线，后市看涨。有时，光头小阳线也会发出见顶信号。

（5）可以在光头小阳线当日建仓，也可以选择跟踪日进行建仓。

【K线实战图谱】

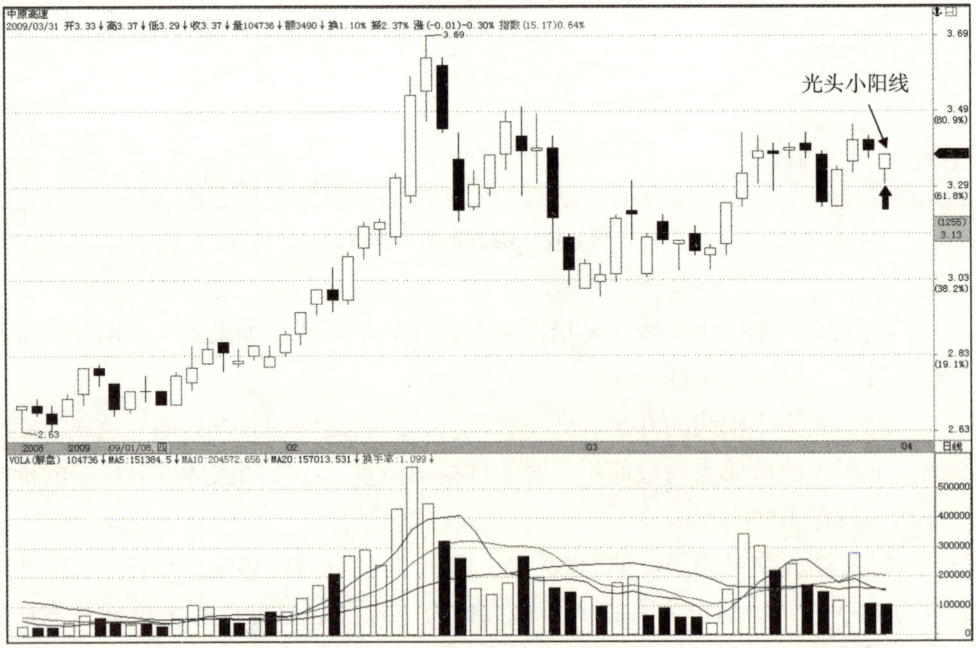

图3-8 中原高速 600020

看盘精要

小阳线出现时的K线走势分析：

（1）图3-8是中原高速从2008年12月29日至2009年3月31日的日线图。

（2）从图中可以看出，经过一段上涨之后，目前该股处于整理行情中。

（3）2009年3月31日，出现一根光头小阳线（其分时走势见图3-7）。

（4）光头小阳线属于普通小阳线形态，其最有价值的关注点是其下影线。下影线较长的小阳线，其下影线部分可以判断为多头的阵地，不能轻易失守。

（5）这根小阳线的参考价值有限，应该继续观察。

5. 光脚小阳线

形态识别

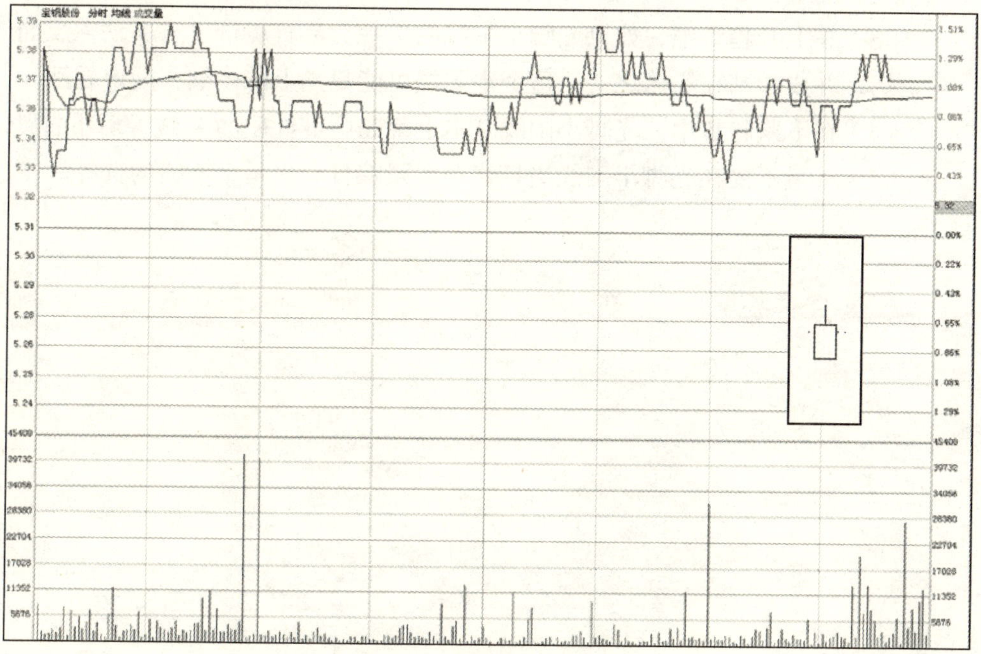

图3-9　宝钢股份　600019

（1）所谓光脚小阳线，是指没有下影线的小阳线。如果光脚小阳线的上影线比较长，就构成了倒锤头线。

（2）光脚小阳线的开盘价低于收盘价，二者之间的长方柱用红色或空心绘出，上影线的最高点为最高价。对于日线图而言，小阳线实体部分代表的价格波动一般在1.5%以内。

（3）图3–9是宝钢股份2009年1月22日的分时走势图。当日，该股开盘价为5.32元，收盘价为5.37元，最高价为5.40元，最低价为5.32元，当日振幅达到了1.13%，实体部分代表的价格波动为0.94%，属于典型的光脚小阳线。

↗ 应对策略

（1）光脚小阳线表示上涨压力大，上影线越长，代表的上涨压力越大。因此，其实战应对策略均是围绕这一点展开。

（2）在一个上升趋势中，如果出现一根光脚小阳线，要保持警惕，防止短期顶部的到来。如果光脚小阳线的下一交易日股价开始走低，全日活动于小阳线的实体之下，这个小阳线可能就是见顶K线，后市看跌。

（3）在上升趋势中，如果光脚小阳线的下一交易日股价没有下跌，反而继续上扬，并成功站在实体之上，这个小阳线可能只是上涨中继，后市看涨。

（4）在下跌趋势中，光脚小阳线基本上都是中继性质的K线，后市看跌。

（5）尽量不要在光脚小阳线当日建仓，跟踪日介入是个不错的选择。

【K 线实战图谱】

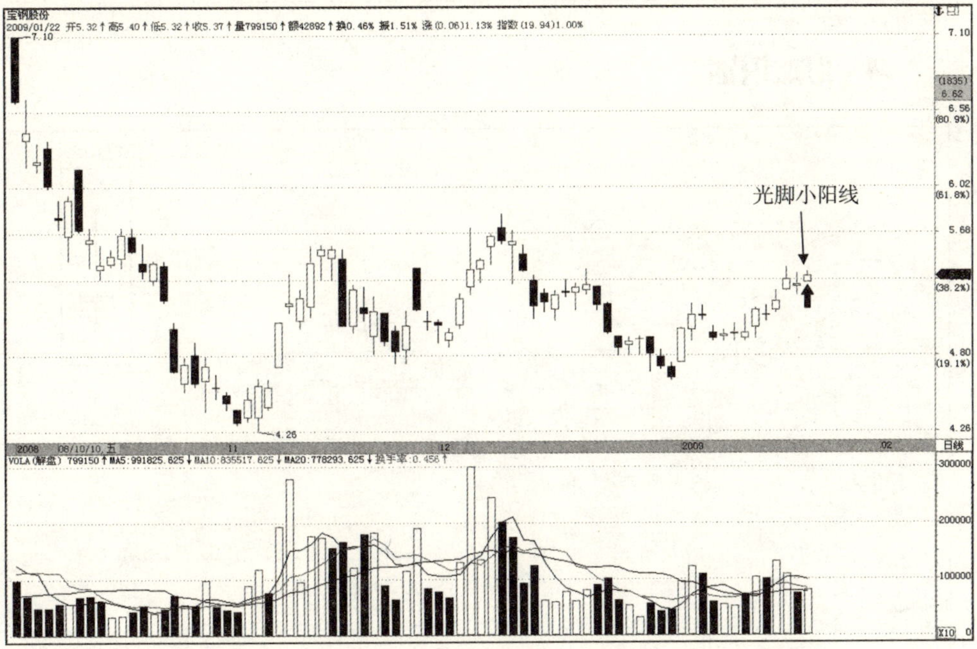

图 3-10　宝钢股份　600019

看盘精要

小阳线出现时的 K 线走势分析：

（1）图 3-10 是宝钢股份从 2008 年 10 月 6 日至 2009 年 1 月 22 日的日线图。

（2）从图中可以看出，经过一段下跌之后，目前该股处于整理行情中。

（3）2009 年 3 月 31 日，出现一根光脚小阳线（其分时走势见图 3-9）。

（4）光脚小阳线属于普通小阳线形态，其最有价值的关注点是其上影线。上影线较长的小阳线，其上影线部分可以判断为空头的阵地，不能轻易失守。

（5）这根小阳线的参考价值有限，应该继续观察。其后的走势可参见图 3-14，箭头所指即为此根小阳线。

6. 假小阳线

形态识别

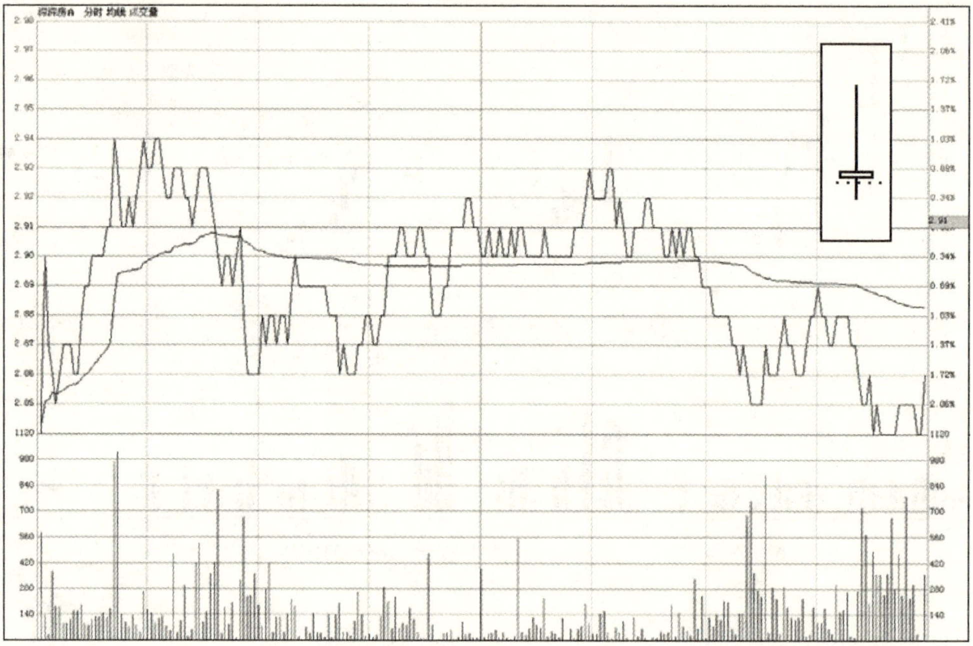

图 3–11　深深房 A　000029

（1）从外形上看，假小阳线和小阳线完全没有差别，其长方柱均用红色或空心绘出，而且其日线的实体部分代表的价格波动一般在 1.5%以内。但是，与前一交易日相比，小阳线的收盘价高于前一交易日的收盘价，代表上涨；而假小阳线的收盘价低于前一交易日的收盘价，代表下跌。两者有本质的区别。

（2）图 3–11 是深深房 A 2008 年 12 月 24 日的分时走势图。当日，该股开盘价为 2.85 元，收盘价为 2.86 元，最高价为 2.95 元，最低价为 2.83 元，当日振幅达到了 4.12%，跌幅达到 1.72%，属于典型的假小阳线。

【K 线实战图谱】

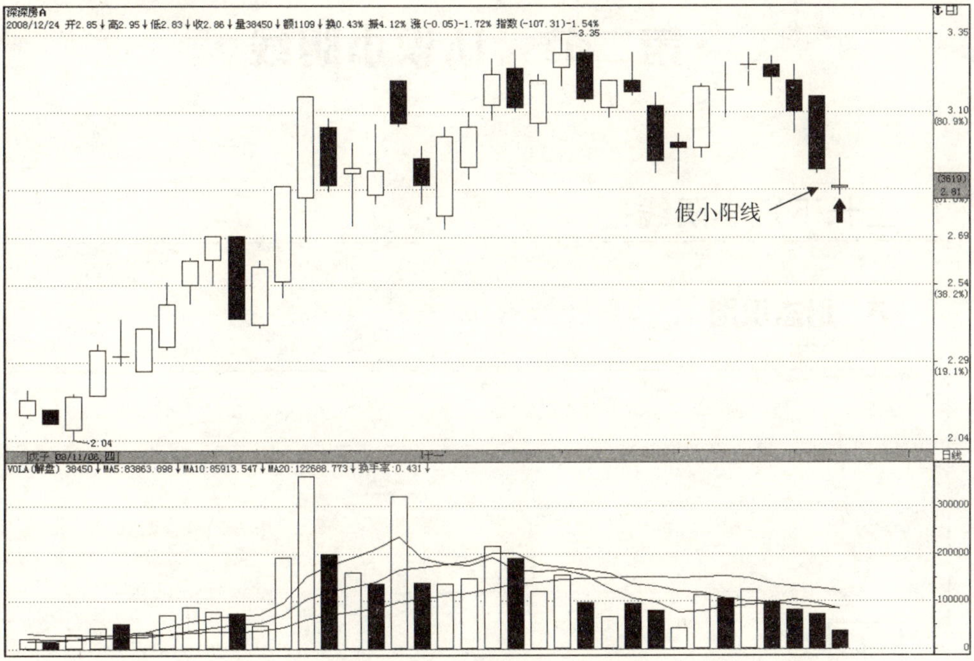

图 3-12　深深房 A　000029

看盘精要

假小阳线出现时的 K 线走势分析：

（1）图 3-12 是深深房 A 从 2008 年 11 月 5 日至 2008 年 12 月 24 日的日线图。

（2）从图中可以看出，经过一段上涨之后，目前该股处于整理行情中。

（3）2009 年 3 月 31 日，该股跳空低开，最终以一根假小阳线（其分时走势见图 3-11）报收，并成功击破 M 头颈线，后市看跌。

第二节 认识小阴线

1. 上长下短小阴线

形态识别

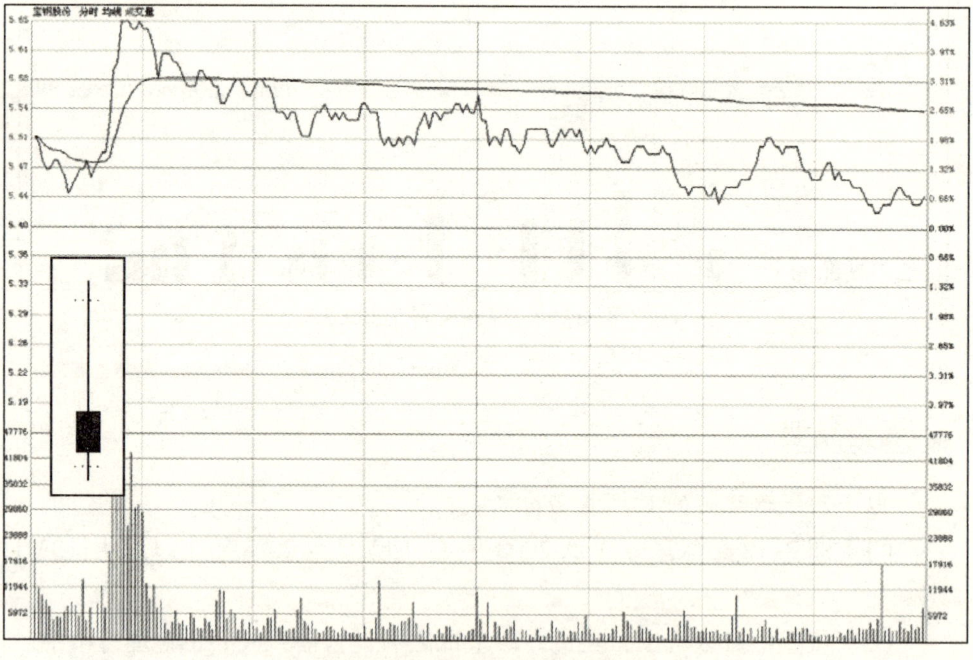

图 3-13 宝钢股份 600019

（1）所谓上长下短小阴线，是指上影线长、下影线短的小阴线。上长下短小阴线，俗称为倒锤头线。

（2）上长下短小阴线的开盘价高于收盘价，二者之间的长方柱用蓝色或黑色绘出，下影线的最低点为最低价，上影线的最高点为最高价。对于日线图而言，小阴线实体部分代表的价格波动一般在 1.5%以内。

（3）图 3–13 是宝钢股份 2009 年 3 月 11 日的分时走势图。当日，该股开盘价为 5.50 元，收盘价为 5.44 元，最高价为 5.69 元，最低价为 5.40 元，当日振幅达到了 5.37%，实体部分代表的价格波动为 1.10%，属于典型的上长下短小阴线。

【K 线实战图谱】

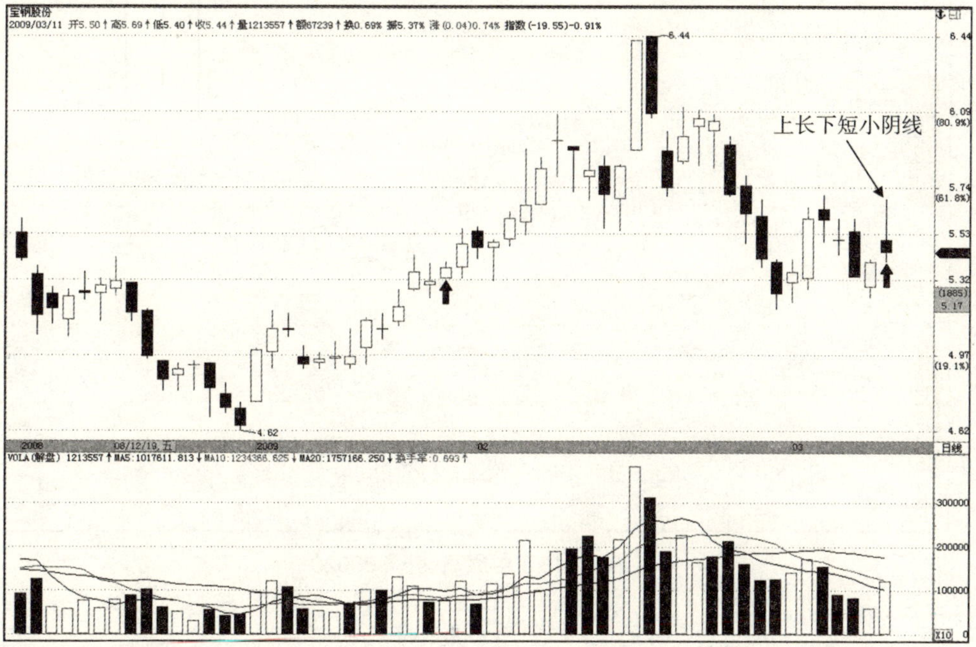

图 3–14　宝钢股份　600019

看盘精要

小阴线出现时的 K 线走势分析：

（1）图 3–14 是宝钢股份从 2008 年 12 月 11 日至 2009 年 3 月 11 日的日线图。

（2）从图中可以看出，该股在经过一波上涨趋势后，发生回调。

（3）2009 年 3 月 11 日，出现一根上长下短小阴线（其分时走势见图 3–13）。

（4）上影线表示压力。此处长长的上影线，就代表了上涨的压力很大。

（5）面对长上影线的小阴线，观望。

2. 上短下长小阴线

➚ 形态识别

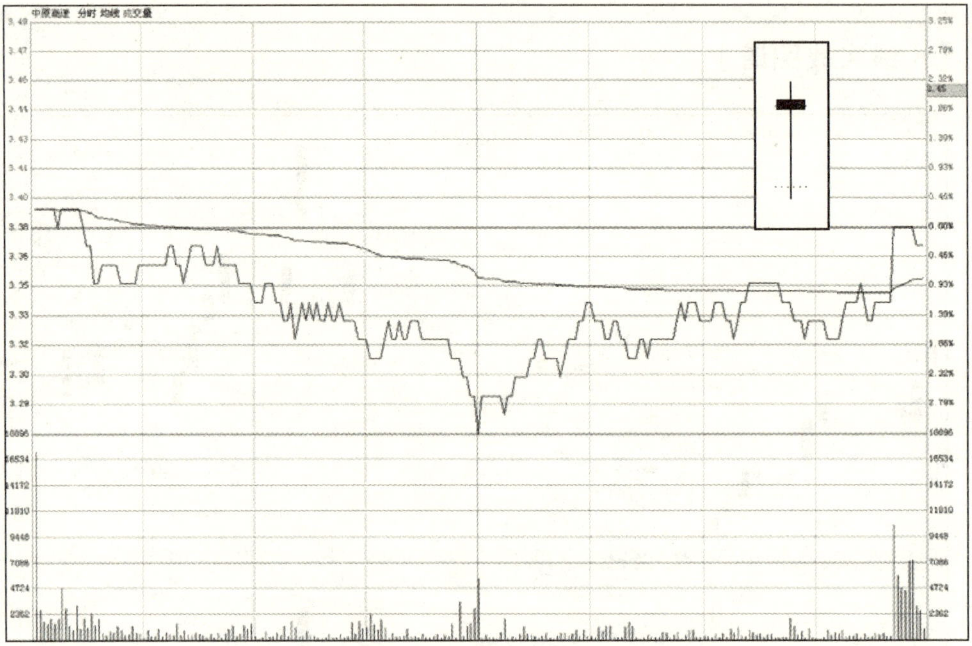

图 3-15 中原高速 600020

（1）所谓上短下长小阴线，是指上影线短、下影线长的小阴线。上短下长小阴线，俗称为锤头线。

（2）上短下长小阴线的开盘价高于收盘价，二者之间的长方柱用蓝色或黑色绘出，下影线的最低点为最低价，上影线的最高点为最高价。对于日线图而言，小阴线实体部分代表的价格波动一般在 1.5%以内。

（3）图 3-15 是中原高速 2009 年 3 月 20 日的分时走势图。当日，该股开盘价为 3.38 元，收盘价为 3.37 元，最高价为 3.40 元，最低价为 3.27 元，当日振幅达到了 3.85%，实体部分代表的价格波动为 0.30%，属于典型的上短下长小阴线。

【K 线实战图谱】

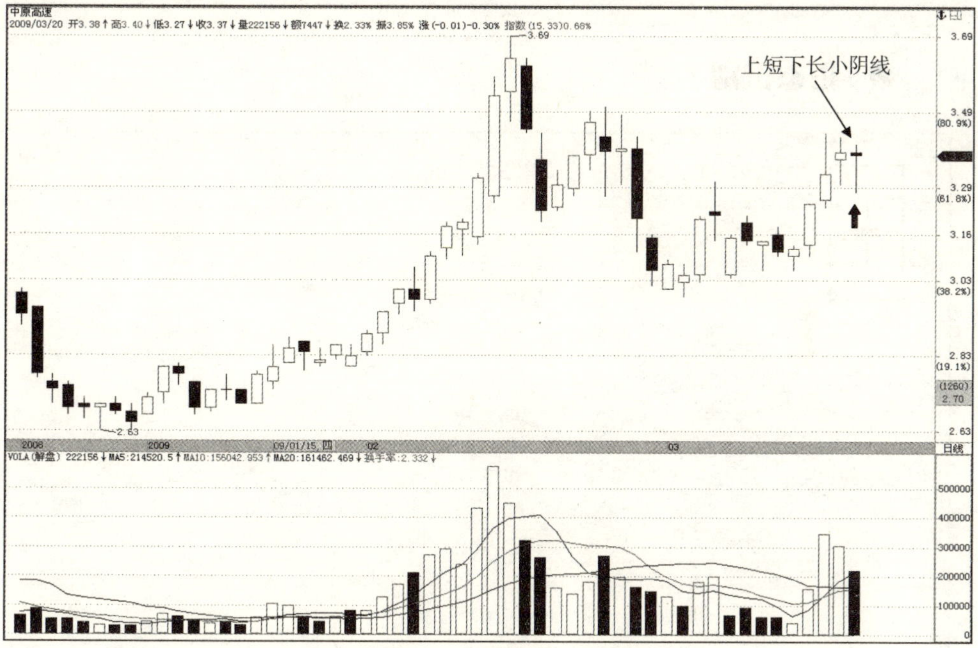

图 3-16　中原高速　600020

看盘精要

小阴线出现时的 K 线走势分析：

（1）图 3-16 是中原高速从 2008 年 12 月 22 日至 2009 年 3 月 20 日的日线图。

（2）从图中可以看出，在经过一波 40%的上涨并回调整理后，该股重新进入上涨通道中。

（3）2009 年 2 月 23 日，出现一根上短下长小阴线（其分时走势见图 3-15）。

（4）长长的下影线代表盘中多空争夺激烈，多头虽然暂时取得优势，但战局不稳。

（5）如果下一个交易日股价创出新低，看跌；如果下一交易日股价没有迅速上涨，上涨压力大，当心回调释放压力。

3. 上下影均衡小阴线

形态识别

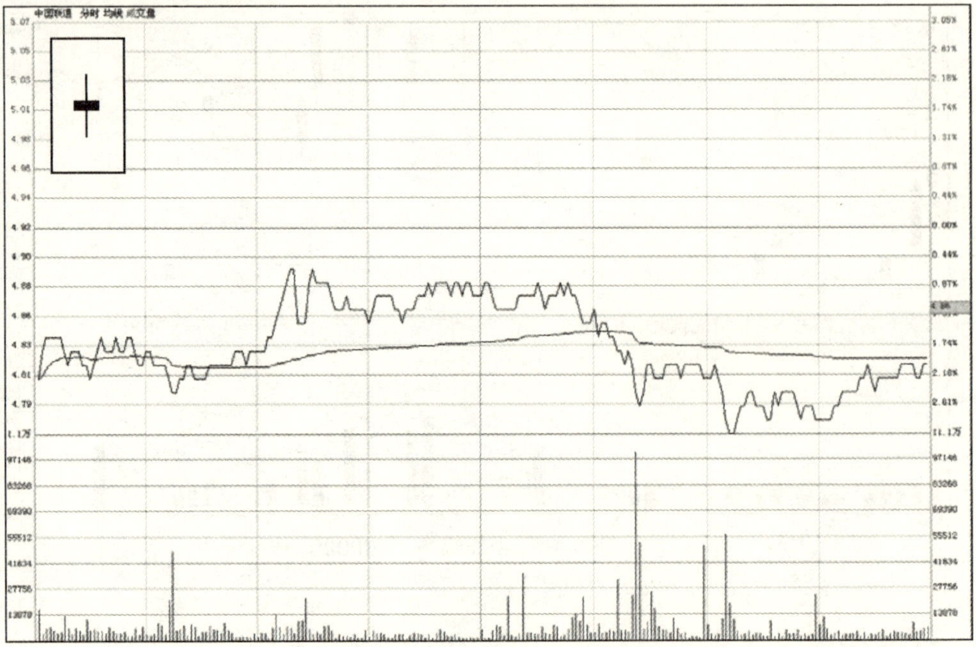

图 3-17 中国联通 600050

（1）所谓上下影均衡小阴线，是指上影线和下影线长度差不多的小阴线。

（2）上下影均衡小阴线的开盘价高于收盘价，二者之间的长方柱用蓝色或黑色绘出，下影线的最低点为最低价，上影线的最高点为最高价。对于日线图而言，上下影均衡小阳线振幅通常在 6%以内，实体部分代表的价格波动一般在 1.5%以内。

（3）图 3-17 中国联通 2009 年 1 月 21 日的分时走势图。当日，该股开盘价为 4.84 元，收盘价为 4.82 元，最高价为 4.90 元，最低价为 4.76 元，当日振幅达到了 2.85%，上影线代表 6 分钱，下影线代表 6 分钱，实体部分代表的价格波动为 0.40%，属于典型的上下影均衡小阴线。

【K 线实战图谱】

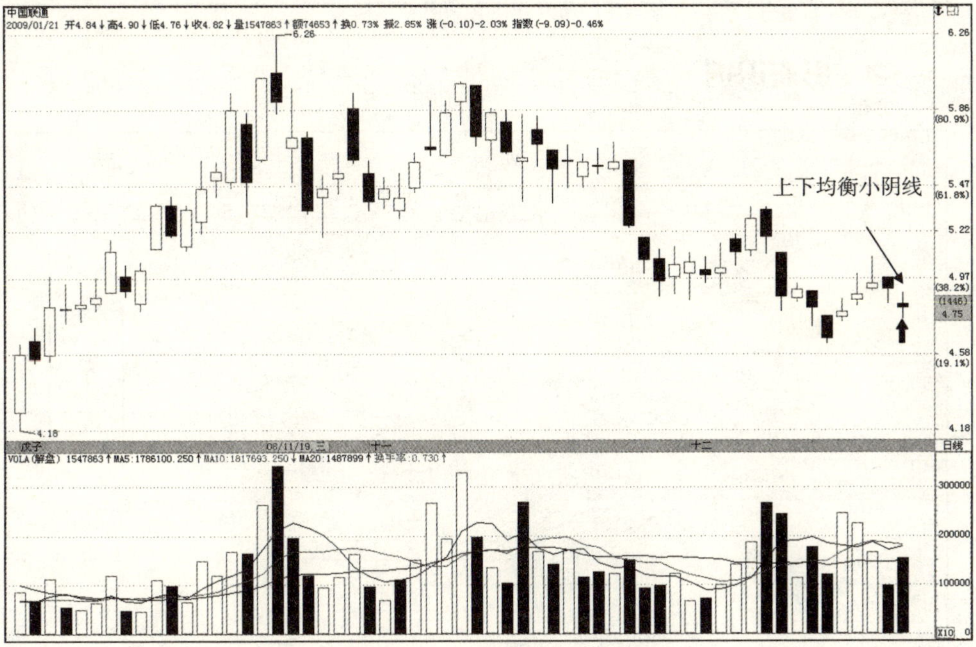

图 3-18　中国联通　600050

看盘精要

小阴线出现时的 K 线走势分析：

（1）图 3-18 是中国联通从 2008 年 10 月 28 日至 2009 年 1 月 21 日的日线图。

（2）从图中可以看出，该股经过一波 50%的快速上涨后，进入回调整理阶段。

（3）2009 年 1 月 21 日，出现一根上下影均衡小阴线（见图 3-18 中的箭头，其分时走势见图 3-17）。

（4）如果在上涨趋势中，上下影均衡小阴线往往只是趋势的暂停，接下来还将继续上涨。如果在下跌趋势中，上下影均衡小阴线通常表示一波跌势的中止，至于是见底还是进入下跌平台整理行情，需要结合当时走势判断。

4. 光头小阴线

形态识别

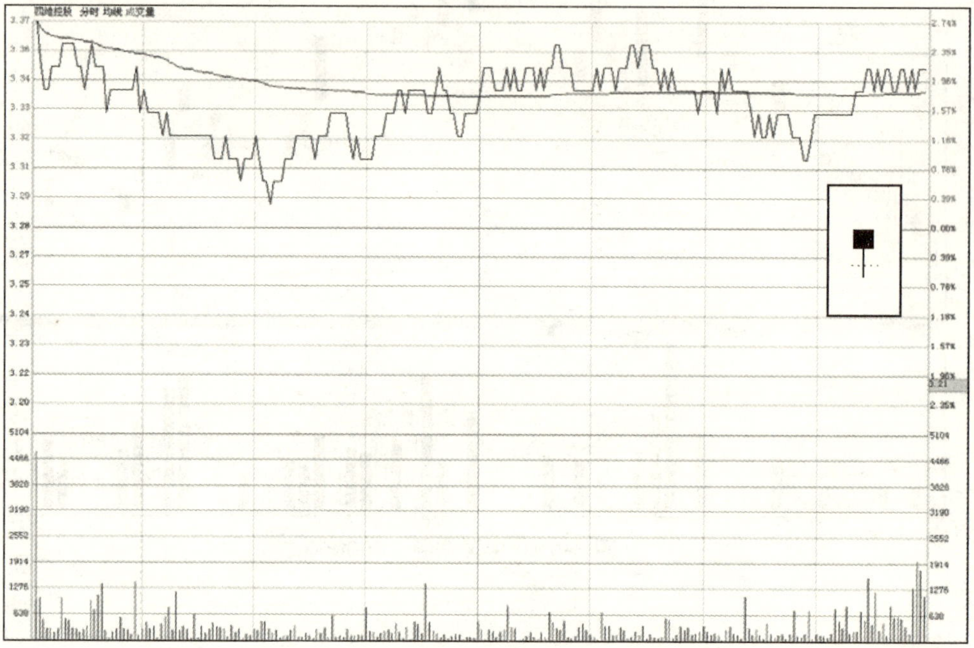

图 3-19 四维控股（*ST 新亿） 600145

（1）所谓光头小阴线，是指没有上影线的小阴线。如果光头小阴线的下影线比较长，就构成了锤头线。

（2）光头小阴线的开盘价高于收盘价，二者之间的长方柱用蓝色或黑色绘出，下影线的最低点为最低价。对于日线图而言，小阴线实体部分代表的价格波动一般在 1.5%以内。

（3）图 3-19 是四维控股（现名“*ST 新亿”）2009 年 3 月 19 日的分时走势图。当日，该股开盘价为 3.39 元，收盘价为 3.35 元，最高价为 3.39 元，最低价为 3.29 元，当日振幅达到了 3.05%，实体部分代表的价格波动为 1.18%，属于典型的光头小阴线。

【K 线实战图谱】

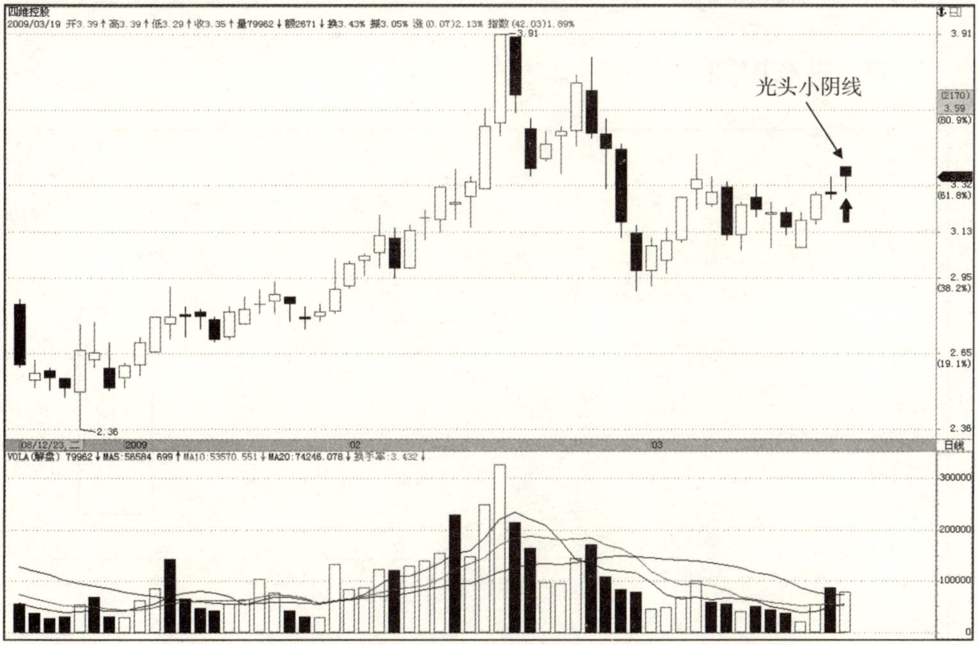

图 3-20　四维控股（*ST 新亿）　600145

看盘精要

小阴线出现时的 K 线走势分析：

（1）图 3-20 是四维控股（现名“*ST 新亿”）从 2008 年 12 月 23 日至 2009 年 3 月 19 日的日线图。

（2）从图中可以看出，经过一波 65%的上涨之后，目前该股处于整理行情中。

（3）2009 年 3 月 19 日，出现一根光头小阴线（其分时走势见图 3-19）。

（4）光头小阴线属于普通小阴线形态，关注价值相对有限，其下影线也没有太大价值。

（5）这根小阴线出现在前高附近，有释放压力的迹象，可等待真正站上前高压力之后再参与。

5. 光脚小阴线

形态识别

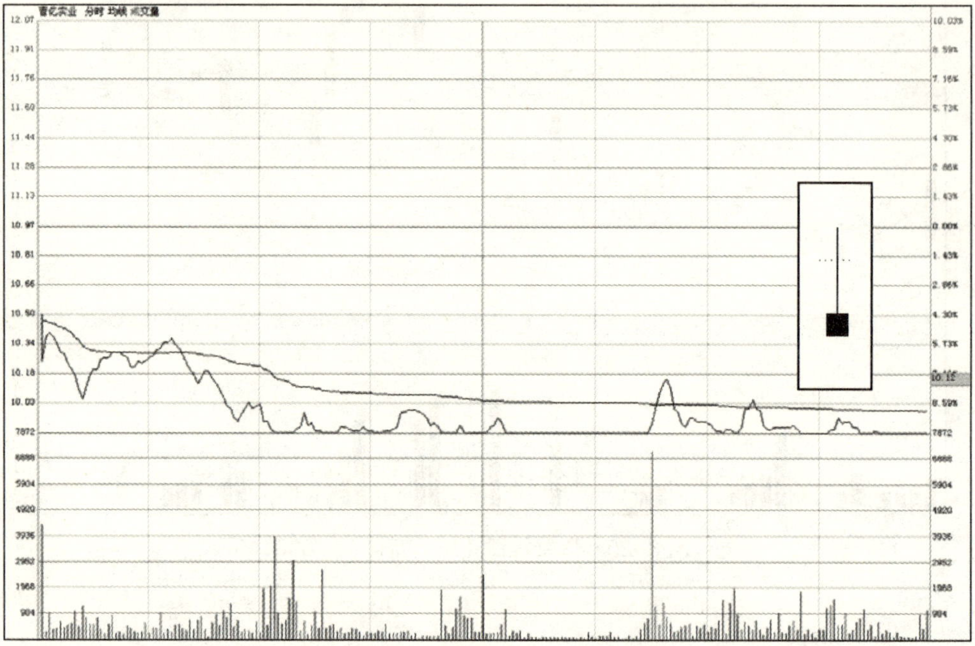

图 3–21 晋亿实业 601002

（1）所谓光脚小阴线，是指没有下影线的小阴线。如果光脚小阴线的上影线比较长，就构成了倒锤头线。

（2）光脚小阴线的开盘价高于收盘价，二者之间的长方柱用蓝色或黑色绘出，上影线的最高点为最高价。对于日线图而言，小阴线实体部分代表的价格波动一般在 1.5%以内。

（3）图 3–21 是晋亿实业 2007 年 10 月 26 日的分时走势图。当日，该股开盘价为 10.00 元，收盘价为 9.87 元，最高价为 10.50 元，最低价为 9.87 元，当日振幅达到了 5.74%，实体部分代表的价格波动为 1.30%，属于典型的光脚小阴线。

【K 线实战图谱】

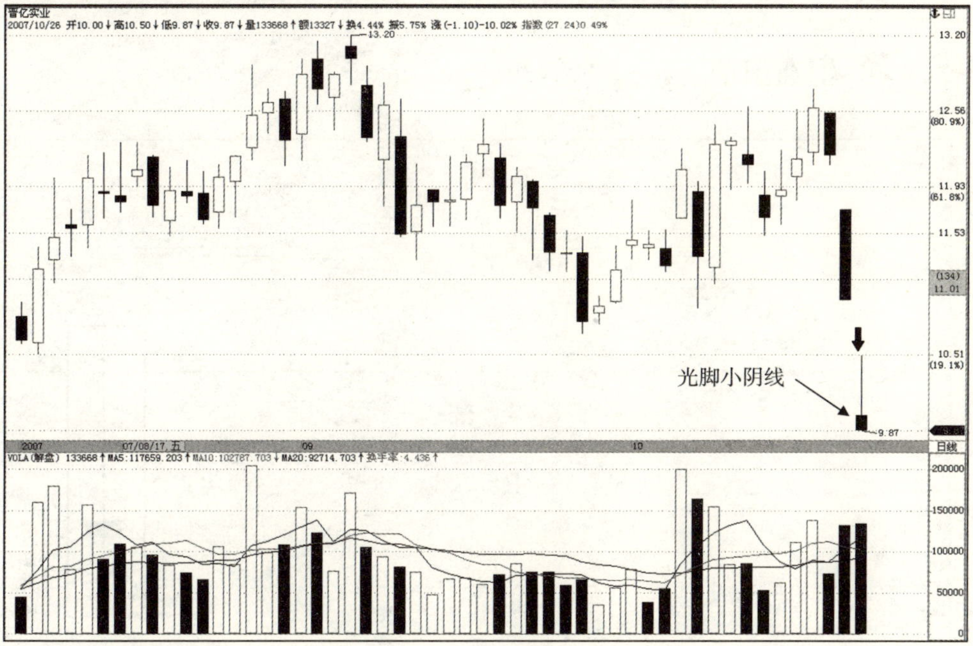

图 3-22　晋亿实业　601002

看盘精要

小阴线出现时的 K 线走势分析：

（1）图 3-22 是晋亿实业从 2007 年 8 月 9 日至 2007 年 10 月 26 日的日线图。

（2）从图中可以看出，经过一段宽幅震荡后，突然出现加速下跌。

（3）2007 年 10 月 26 日，出现一根光脚小阴线（其分时走势见图 3-21）。

（4）光脚小阴线属于普通小阴线形态，出现的几率较小，参考价值非常有限，可以不去关注。

6. 假小阴线

➚ 形态识别

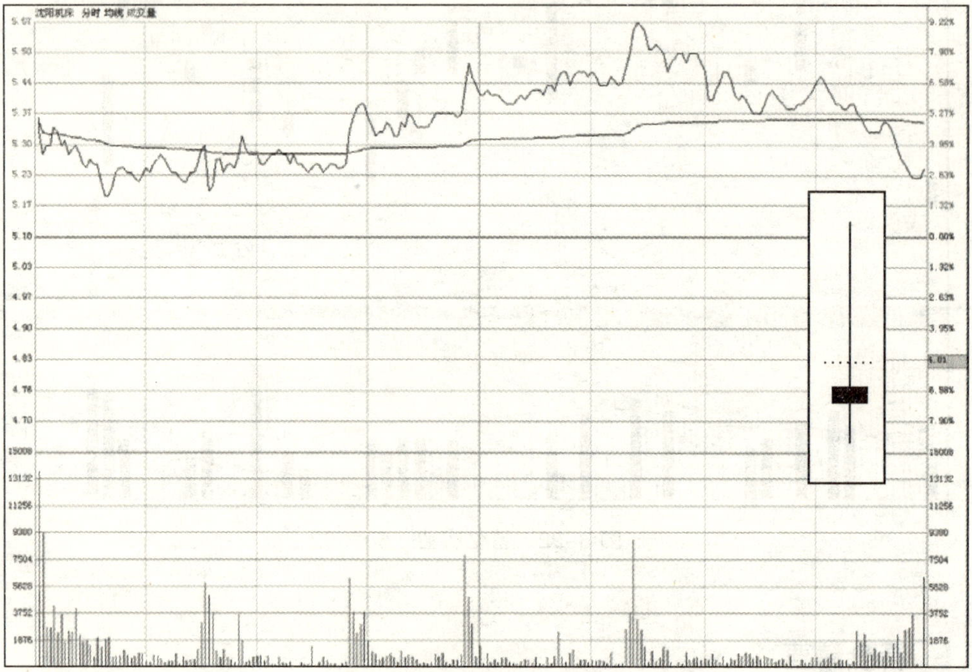

图 3-23 沈阳机床 000410

（1）从外形上看，假小阴线和小阴线完全没有差别，其长方柱均用蓝色或黑色绘出，而且其日线的实体部分代表的价格波动一般在 1.5%以内。但是，与前一交易日相比，小阴线的收盘价低于前一交易日的收盘价，代表下跌；而假小阴线的收盘价高于前一交易日的收盘价，代表上涨。两者有本质的区别。

（2）图 3-23 是沈阳机床 2009 年 1 月 7 日的分时走势图。当日，该股开盘价为 5.28 元，收盘价为 5.25 元，最高价为 5.58 元，最低价为 5.18 元，当日振幅达到了 7.84%，涨幅达到 2.94%，属于典型的假小阴线。

【K 线实战图谱】

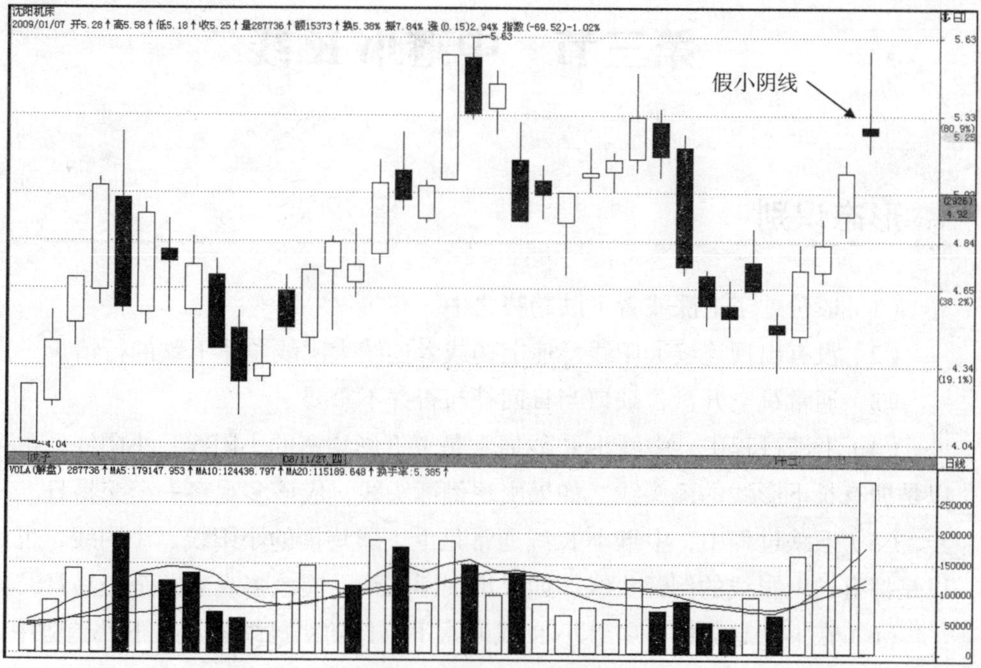

图 3-24　沈阳机床　000410

看盘精要

假小阴线出现时的 K 线走势分析：

（1）图 3-24 是沈阳机床从 2008 年 11 月 12 日至 2009 年 1 月 7 日的日线图。

（2）从图中可以看出，在此段时间内，该股处于横盘整理行情中。

（3）2009 年 1 月 7 日，该股跳空高开，最终以一根光脚小阴线（其分时走势见图 3-23）报收。

（4）虽然该小阴线有长长的上影线，但考虑到前高形成的压力，还不足以形成看跌的看法，可以多等待一天，根据后续走势进一步判断。

第三节　中继小K线

1. 形态识别

（1）股价处于上涨或者下跌趋势之中。

（2）没有出现连续大阳线急速上扬或者连续大阴线急速下跌的行情。

（3）通常跳空开盘，缺口当日回补与否并不重要。

（4）上涨过程中，中继小K线通常是上下影均衡的小阳线、小阴线，也可以是拥有长下影线的锤头线。如果出现倒锤头线，应该多观察一个交易日。

（5）下跌过程中，中继小K线通常是上下影均衡的小阳线、小阴线，也可以是拥有长上影线的倒锤头线。如果出现锤头线，应该多观察一个交易日。

（6）在上涨趋势中，中继小K线通常不会伴随明显缩量。在下跌趋势中，则通常不会伴随明显放量。另外，中继小K线的振幅通常应该在5%以内。

（7）有时，中继小K线会演变成中继K线组合。换言之，不再是单根小阳线或者小阴线，而是多根小阳线、小阴线以及中阳线、中阴线的组合。通常，将这样的K线组合称为小平台整理。

2. 应对策略

（1）上涨趋势中，中继小K线意味着后市继续看涨。下跌趋势中，中继小K线意味着后市继续看跌。

（2）上涨中继小K线属于持股信号，一般不利用这个信号进行建仓。

（3）如果错过最佳建仓时机，只能利用中继小K线建仓。那么，中继小K线的最低点就是止损点，以保证本金安全。

（4）下跌中继小K线属于持币信号，一般不利用这个信号进行清仓。

（5）如果错过最佳清仓时机，面对中继小K线最好还是先清仓，以保证本金安全。

3. 上涨趋势中的中继小 K 线

【K 线实战图谱】

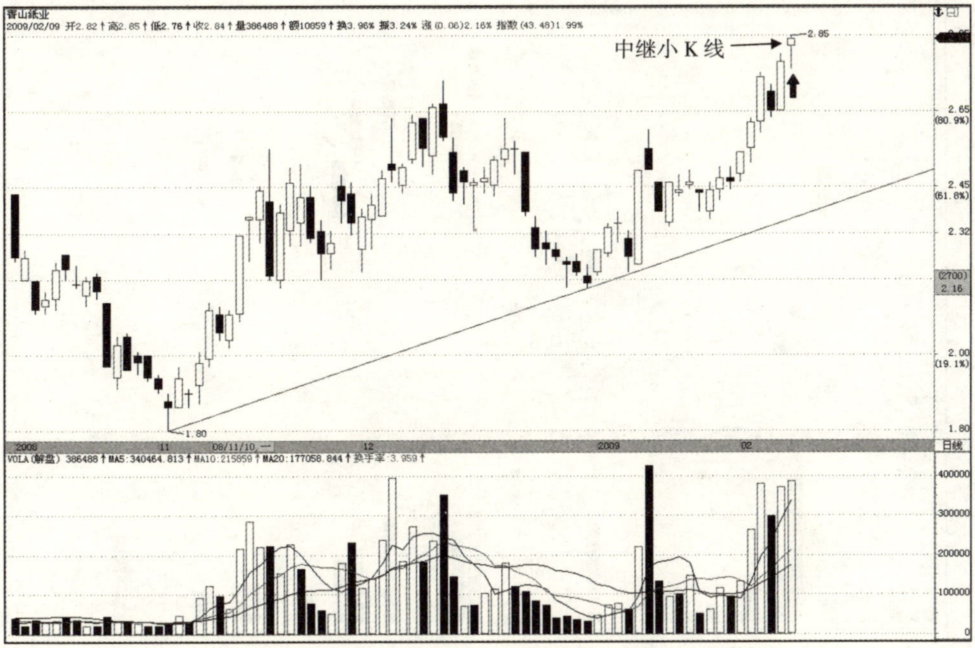

图 3–25　青山纸业　600103

看盘精要

小 K 线出现时的 K 线走势分析：

（1）图 3–25 是青山纸业从 2008 年 10 月 14 日至 2009 年 2 月 9 日的日线图。

（2）从图中可以看出，该股处于上涨趋势之中。

（3）2009 年 2 月 9 日，出现一根锤头线，振幅为 3.24%，而且伴随着很高的成交量。

（4）锤头线出现之前，股价虽然呈现加速迹象，但没有出现大阳线急速上扬行情。

（5）这根小阳线为上涨中继 K 线，持仓者可以继续持股待涨，空仓者可以择机适度参与。

【K 线实战图谱】

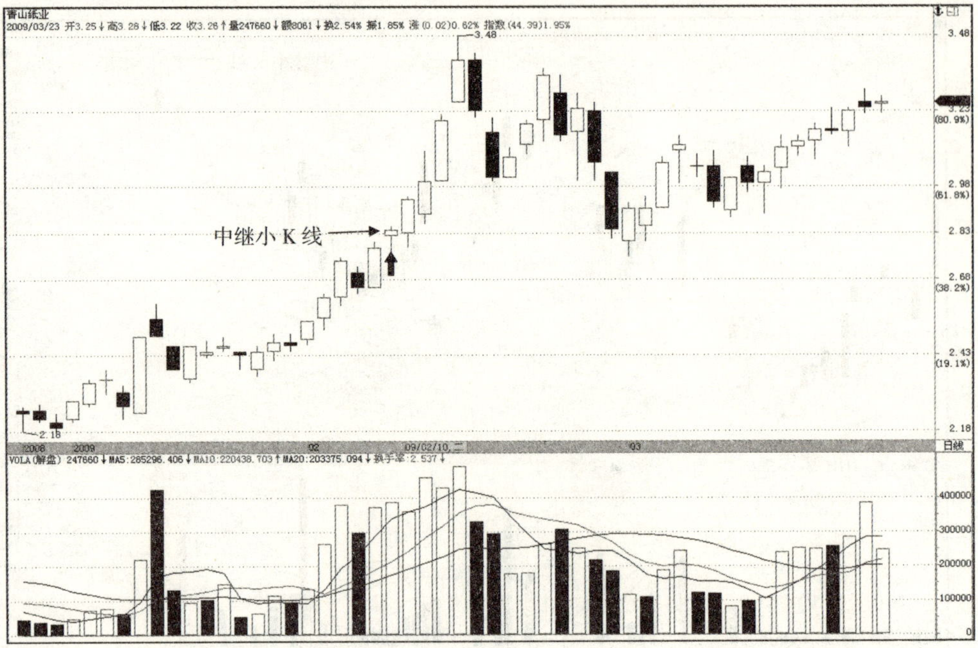

图 3-26　青山纸业　600103

看盘精要

小 K 线出现后的 K 线走势解读：

（1）中继小阳线（见图 3-26 中箭头所指）出现后，该股继续上扬，4 个交易日内上涨了 25%。

（2）这根中继小阳线，恰好处于从 2.18 元到 3.48 元这波上涨行情的中间位置。

（3）随后，该股进入了调整行情中。

（4）在调整过程中，这根中继小阳线的最低点成了回调标尺。当股价回调到中继小阳线的最低点后，重新走入上升趋势。

【K 线实战图谱】

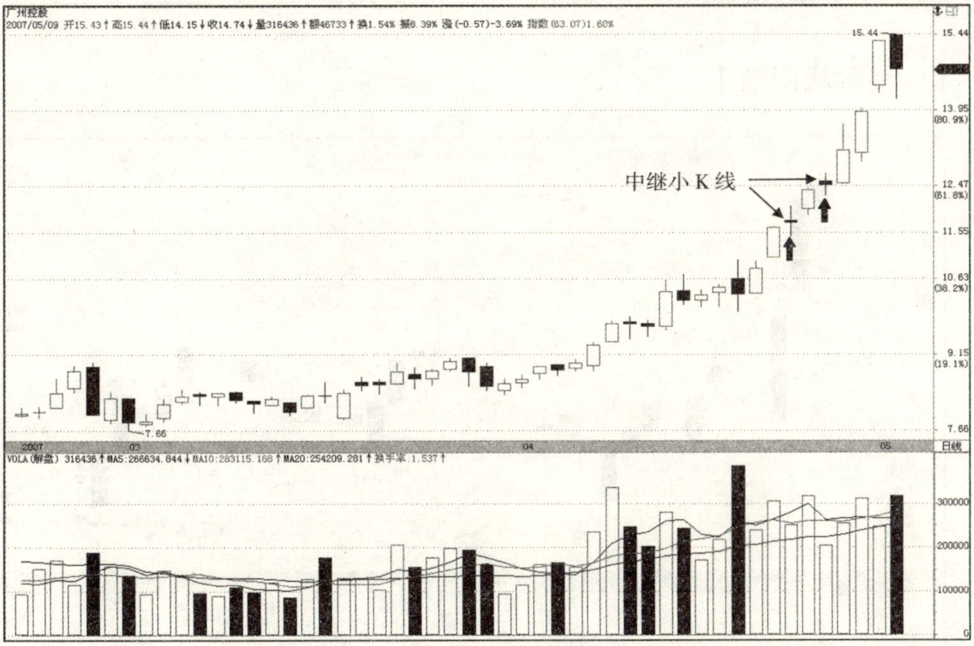

图 3–27　广州控股（广州发展）　600098

看盘精要

小 K 线出现后的 K 线走势解读：

（1）图 3–27 是广州控股（现名“广州发展”）从 2007 年 2 月 14 日至 2007 年 5 月 9 日的日线图。

（2）从图中可以看出，该股处于上涨趋势之中。

（3）在这波上涨过程中，出现多条中继小 K 线，图中箭头所指就是两条中继小 K 线。

（4）上涨趋势里的中继 K 线不一定是小阳线，也可能是小阴线。

（5）理论上来讲，小阳线发出的中继信号，其可信度要强于小阴线发出的信号。实战中，两者最好同等重视。

4. 下跌趋势中的中继小 K 线

【K 线实战图谱】

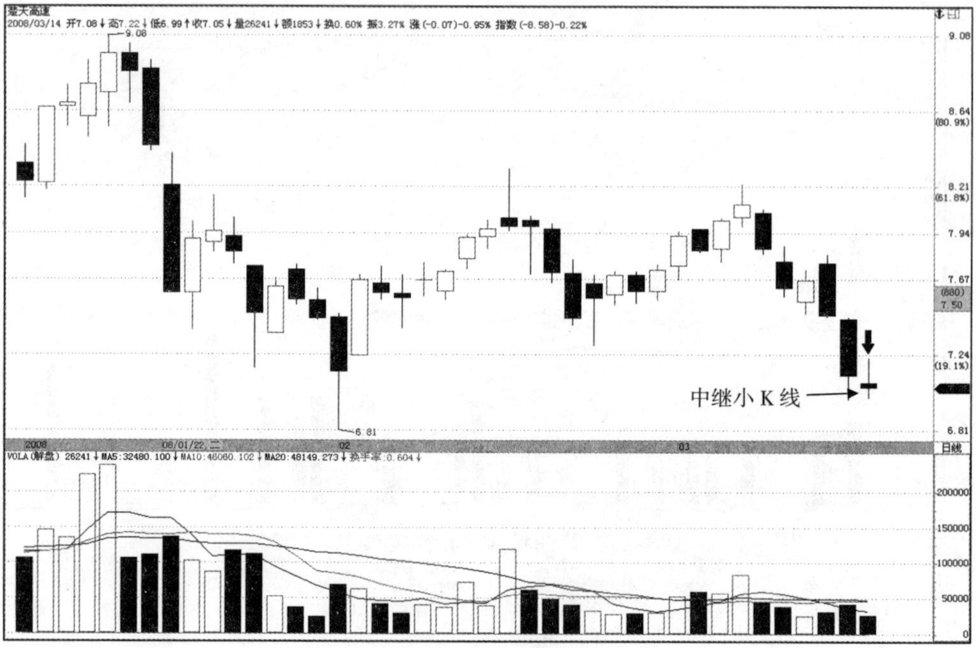

图 3–28 楚天高速 600035

看盘精要

小 K 线出现时的 K 线走势分析：

（1）图 3–28 是楚天高速从 2008 年 1 月 11 日至 2008 年 3 月 14 日的日线图。

（2）从图中可以看出，该股处于下跌趋势之中。

（3）2008 年 3 月 14 日，出现一根锤头线，实体部分完全在前一交易日的下影线之中，振幅为 3.27%，而且伴随着很低的成交量。

（4）锤头线出现之前，股价虽然呈现加速下跌迹象，但没有出现大阴线急速下跌行情。

（5）这根小阴线为下跌中继 K 线，耐心持币等待。

【K 线实战图谱】

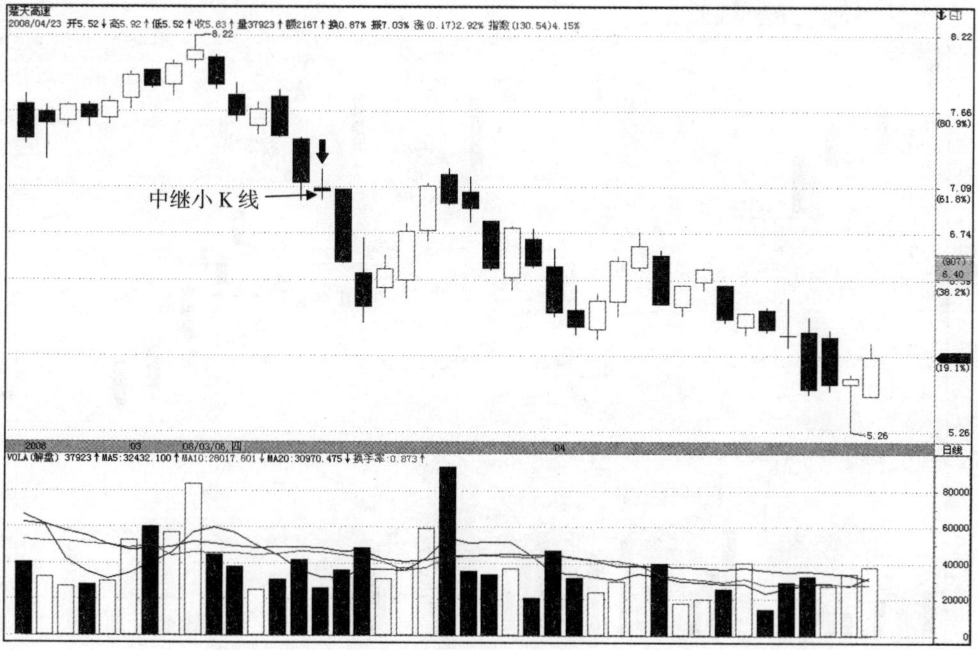

图 3-29　楚天高速　600035

看盘精要

小 K 线出现后的 K 线走势解读：

（1）中继小阴线（见图 3-29 中箭头所指）出现之后，股价两个交易日就下跌 15%。

（2）这根中继小阴线，恰好处于从 8.22 元到 6.07 元这波下跌行情的中间位置。

（3）随后，该股也进入了调整行情中。

（4）在调整过程中，这根中继小阴线的最高点成了反弹标尺。当股价反弹到中继小阴线的最高点附近后，重新走入下跌趋势。

【K线实战图谱】

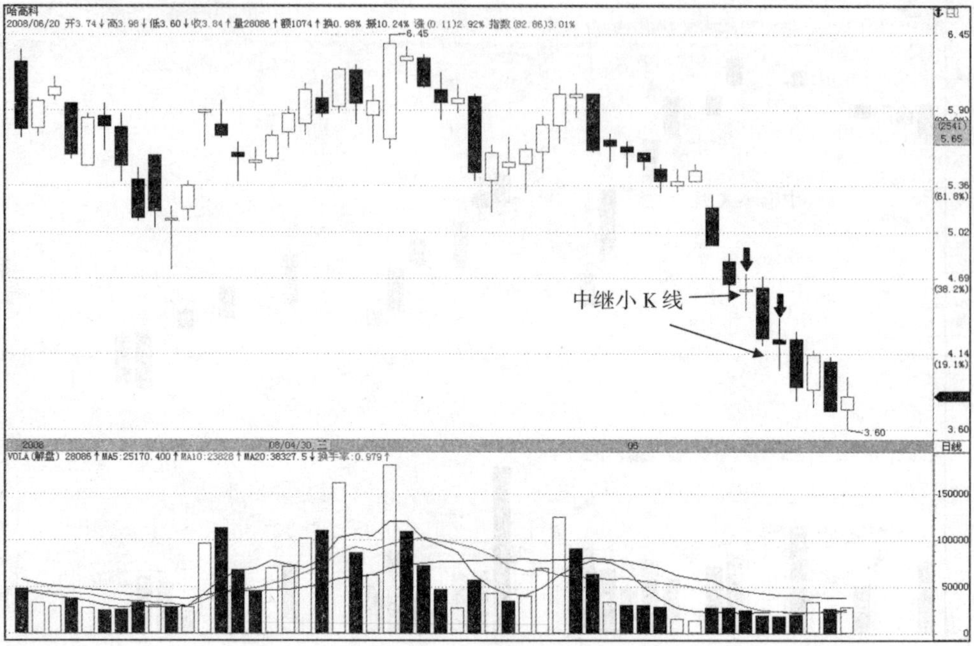

图 3-30 哈高科 600095

看盘精要

小K线出现后的K线走势解读：

（1）图 3-30 是哈高科从 2008 年 4 月 9 日至 2008 年 6 月 20 日的日线图。

（2）从图中可以看出，该股跌破横盘整理，进入下跌趋势之中。

（3）在进入下跌通道后，出现了两条中继小 K 线，见图 3-30 中箭头所指。

（4）下跌趋势中的中继 K 线不一定是小阴线，也可能是小阳线。

（5）理论上来讲，小阴线发出的中继信号，其可信度要强于小阳线发出的信号。实战中，两者最好同等重视。

5. 上涨趋势中的中继 K 线组合

【K 线实战图谱】

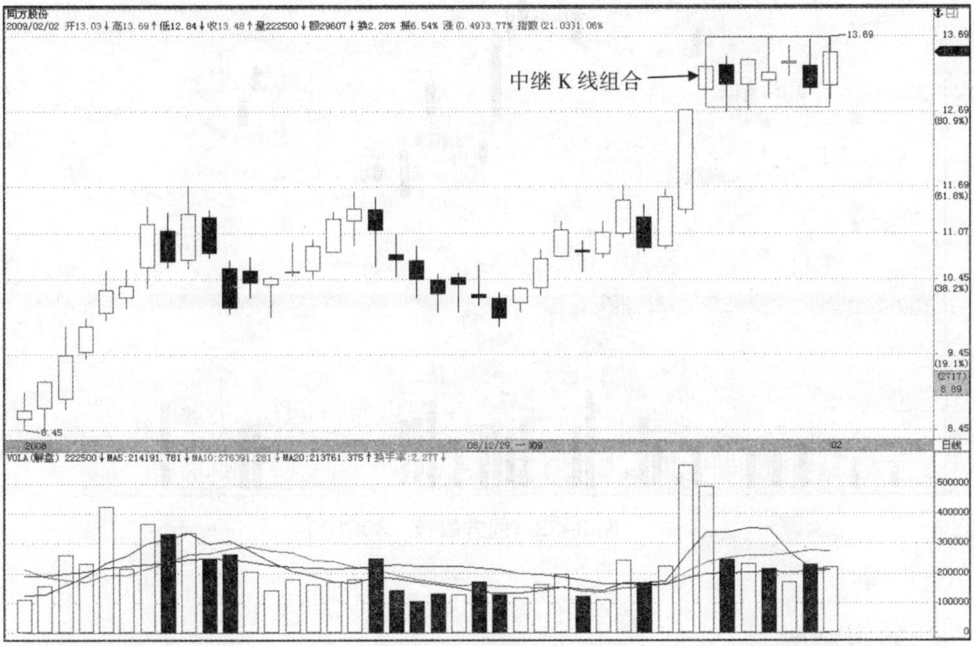

图 3-31　同方股份　600100

看盘精要

K 线组合出现时的 K 线走势分析：

（1）图 3-31 是同方股份从 2008 年 11 月 28 日至 2009 年 2 月 2 日的日线图。

（2）从图中可以看出，该股处于上涨趋势中。

（3）2009 年 1 月 16 日至 2 月 2 日，出现一组振幅为 8%的 K 线组合（见图中的方框部分）。其中，既有小阳线，也有中阳线、中阴线。

（4）股价在这个小平台里进行整理，而且始终站立在前方的大阳线之上。另外，与大阳线当日的成交量相比，平台整理阶段的成交量明显收缩。

（5）这是中继 K 线组合，耐心持股待涨。

【K线实战图谱】

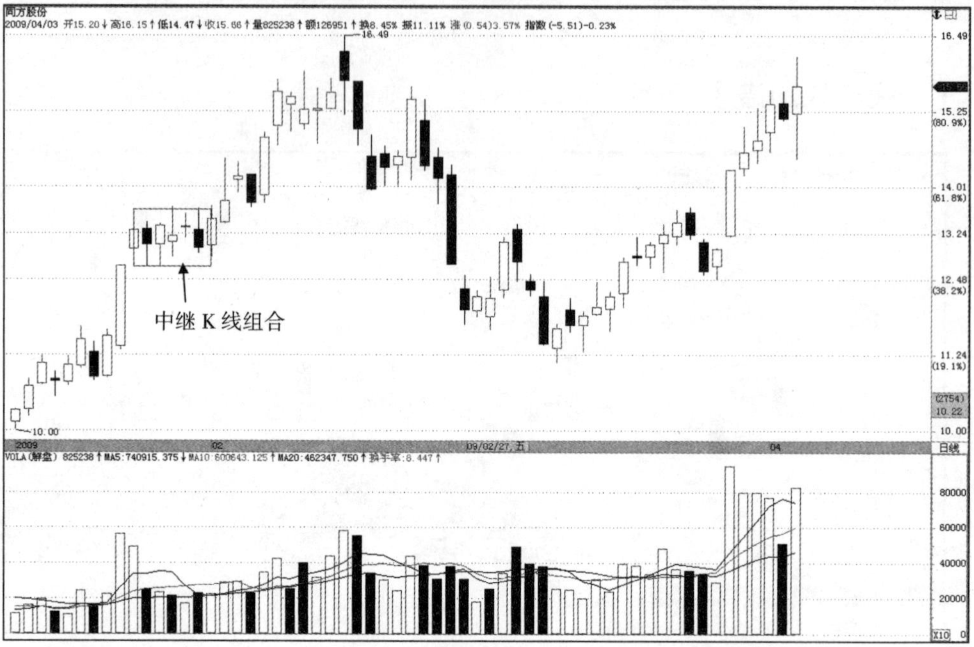

图 3-32 同方股份 600100

看盘精要

K线组合出现后的K线走势解读：

（1）经过7个交易日的小平台整理（见图3-32中的方框部分）之后，股价进入下一波上涨趋势中。

（2）这次的平台整理，恰好发生在从9.81元到16.49元这波上涨行情的中间位置。

（3）股价在触及16.49元后回落，并发生了深幅回调。在调整过程中，平台整理区间有一定的支撑作用。但是，股价并没有在此止跌，反而跌破了平台整理区。

6. 下跌趋势中的中继 K 线组合

【K 线实战图谱】

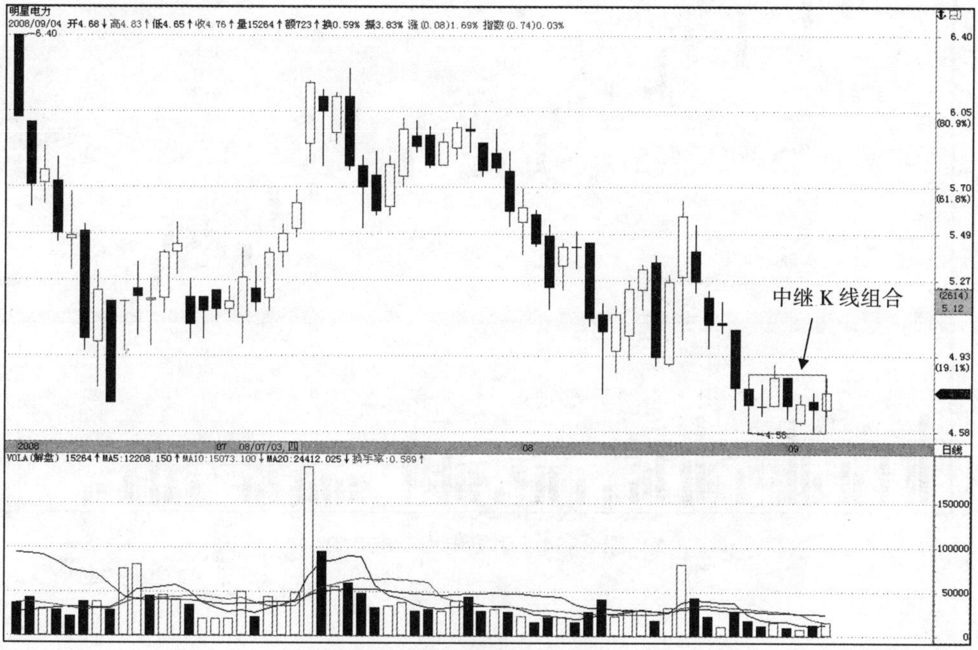

图 3-33　明星电力　600101

看盘精要

K 线组合出现时的 K 线走势分析：

（1）图 3-33 是明星电力从 2008 年 6 月 10 日至 2008 年 9 月 4 日的日线图。

（2）从图中可以看出，该股处于下跌趋势中。

（3）2008 年 8 月 27 日至 2008 年 9 月 4 日，出现一组振幅为 7%的 K 线组合（见图中的方框部分）。其中，既有小阴线，也有中阳线、中阴线。

（4）股价在这个小平台里进行整理，而且始终停留在前方大阴线的下影线里面。另外，与大阳线当日的成交量相比，平台整理阶段的成交量明显收缩。

（5）这是中继 K 线组合，后市看跌，耐心持币。

【K线实战图谱】

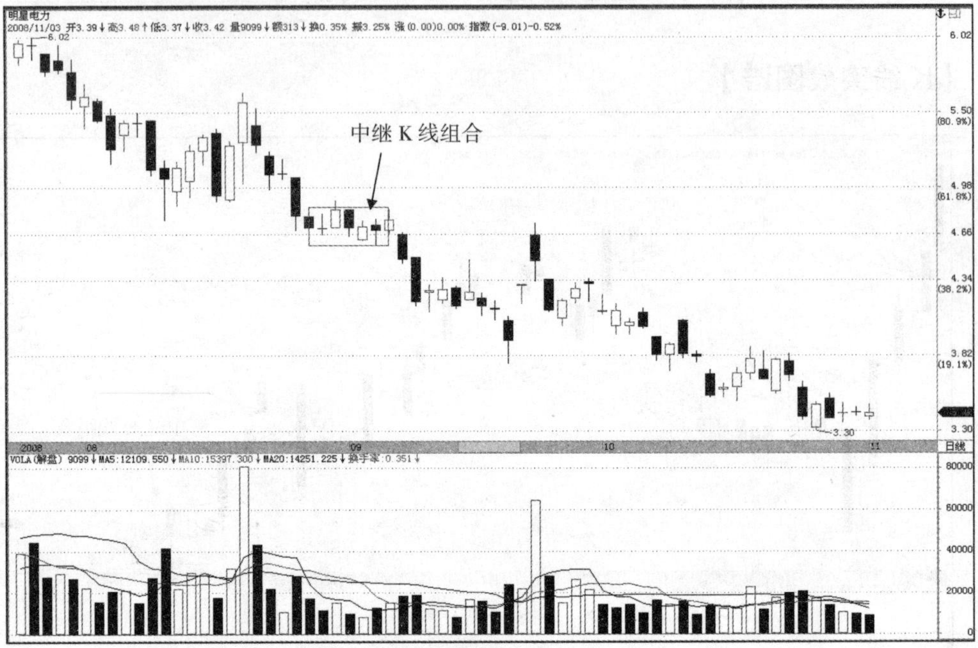

图 3-34 明星电力 600101

看盘精要

K线组合出现后的K线走势解读：

（1）同样经过7个交易日的小平台整理（见图中的方框部分），随后股价进入下一波下跌趋势中。

（2）这次的平台整理，恰好发生在从5.64元到3.77元这波下跌行情的中间位置。

（3）在平台整理后面的下跌过程中，股价曾快速反弹回整理区间，但无法扭转趋势，随后就重新开始下跌。

第四节　见顶小 K 线

1. 形态识别

（1）股价处于上涨趋势中。

（2）见顶小 K 线一般出现在连续大阳线急速上扬的行情中，常常伴有向上跳空开盘。

（3）见顶小 K 线主要是倒锤头线，也可以是上下影均衡的小阳线、小阴线。如果出现带长下影线的锤头线，应该多观察一个交易日。

（4）见顶小 K 线通常不会伴随温和放量，要么是缩量，要么是突放巨量。另外，其振幅通常应该在 5%以上。

（5）见顶小 K 线有时也会演变成见顶 K 线组合。

2. 应对策略

（1）见顶小 K 线属于看跌信号。

（2）见顶小 K 线需要进行确认。如果下一个交易日股价继续上扬，而且收盘价站稳在小 K 线之上，此小 K 线可能只是中继 K 线；反之，则可以将其判断为见顶小 K 线。

（3）发现见顶小 K 线，最好进行减仓操作。确认见顶小 K 线，最好清仓。

（4）出现见顶小 K 线后，如果股价果然进行回调，那么，应该密切关注见顶小 K 线构筑的压力。一旦股价再次上扬，并成功突破见顶小 K 线的压力，后市将继续上涨。

（5）下跌趋势中，也会有见顶小 K 线，属于反弹见顶信号，判断及应对方法同上。

3. 见顶小K线

【K线实战图谱】

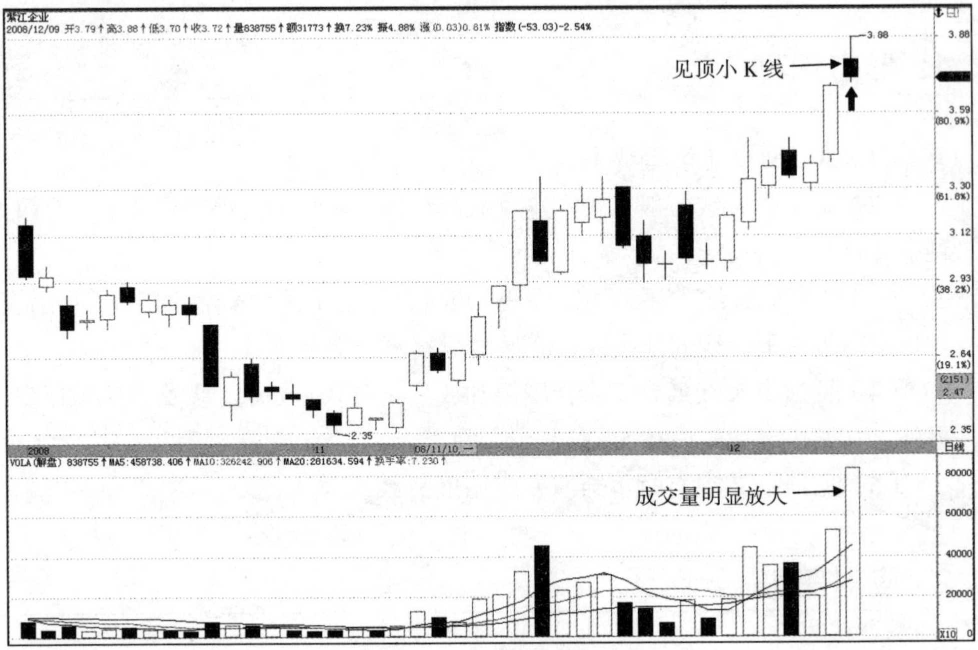

图3-35 紫江企业 600210

看盘精要

小K线出现时的K线走势分析：

（1）图3-35是紫江企业从2008年10月14日至2008年12月9日的日线图。

（2）从图中可以看出，该股处于上升趋势中。

（3）2008年12月9日，出现一根倒锤头小阴线（开盘价3.79元，最高价3.88元，最低价3.70元，收盘价3.72元），振幅为4.88%，伴随着明显的放量。

（4）股价在7个交易日内上涨了30%，虽非急速上扬，但有明显加速迹象。

（5）这可能是见顶小阴线，后市看跌。

【K 线实战图谱】

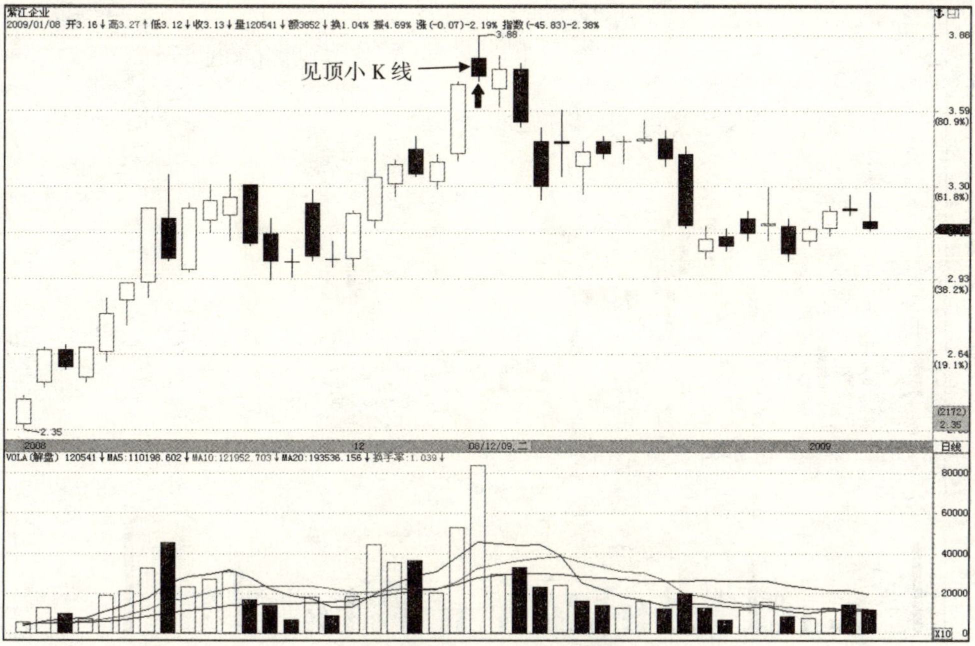

图 3-36　紫江企业　600210

看盘精要

小 K 线出现后的 K 线走势解读：

（1）疑似见顶小 K 线（见图 3-36 中箭头所指）出现之后的第二个交易日，股价没能突破上影线高点，确认见顶小 K 线。

（2）随后，股价发生回调，幅度约为 20%。

（3）通过简单的计算可以知道，见顶小 K 线之前的上涨速度明显高于其后的跌速，而且价跌量缩，上涨趋势应该没有改变。

（4）在见顶小 K 线减仓或者清仓之后，可以择机在低位再买回来。

【K线实战图谱】

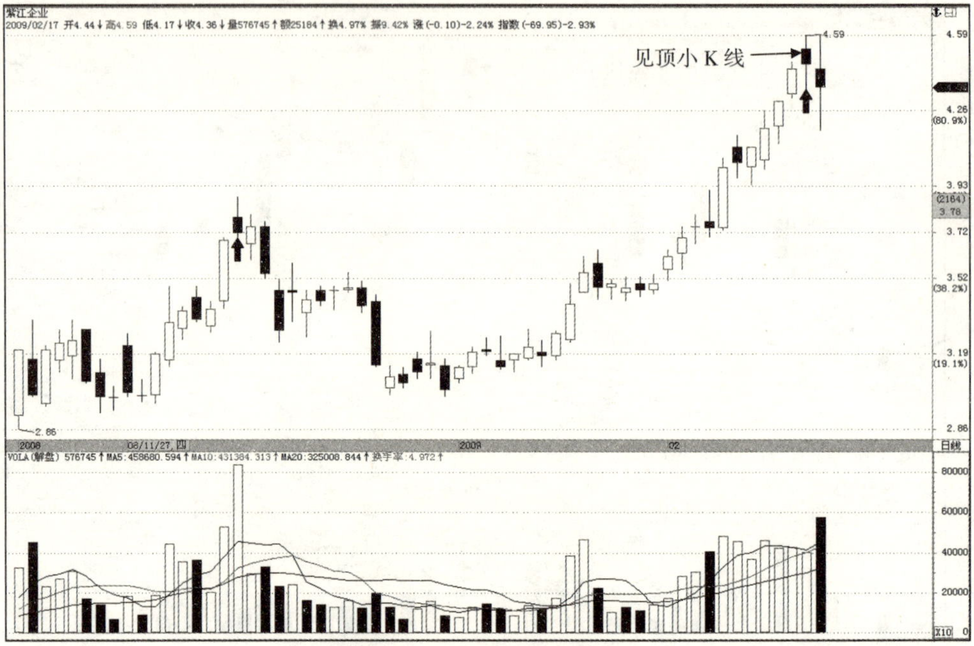

图 3-37 紫江企业 600210

看盘精要

小K线出现时的K线走势分析：

（1）经过长时间的调整之后，该股继续其上涨趋势。

（2）2009年2月16日，经过一波快速上扬之后，再次出现疑似见顶小阴线（见图3-37右侧向上箭头）。从量价角度来看，此波上涨伴随着缩量，异常。

（3）2月17日，该股跳空低开。虽然日内一度冲击前高，但有强弩之末的感觉。最终，收出一根阴线，实体处于前一日的下影线之内，而且成交量明显放大。

（4）至此，确认2月16日的小阴线为见顶小阴线，后市看跌。

【K 线实战图谱】

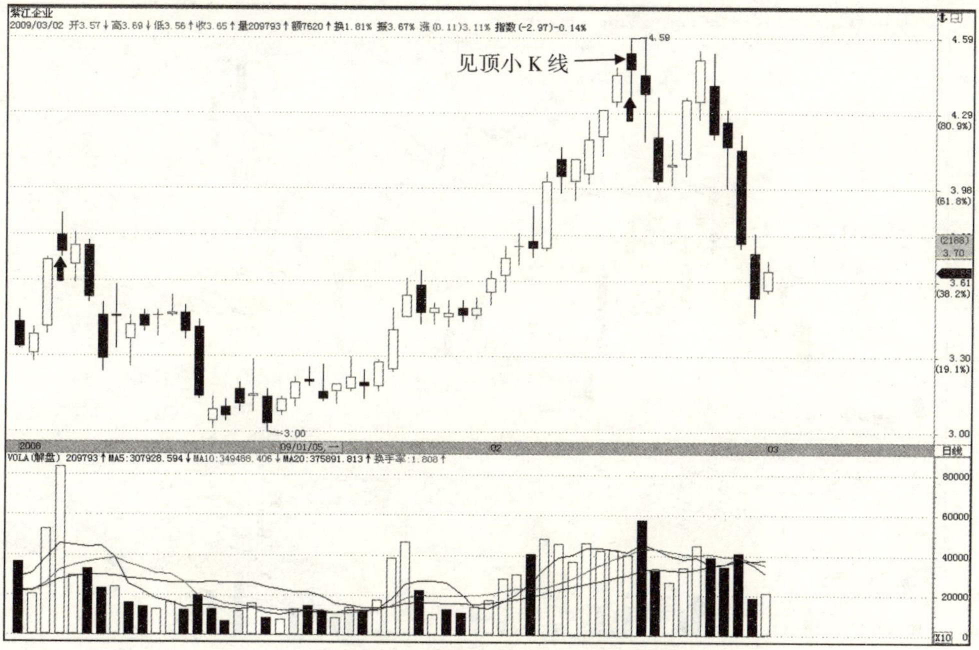

图 3-38　紫江企业　600210

看盘精要

小 K 线出现后的 K 线走势解读：

（1）第二个见顶小 K 线出现后，股价进行了急速回调。

（2）此次下跌的速度非常快，仅 9 个交易日就下跌了 25%，高于见顶小 K 线前的涨速。难道要转势？

（3）从量价配合来看，价跌量缩，还比较健康。

（4）如此跌势中，旁观是最好的选择。

【K线实战图谱】

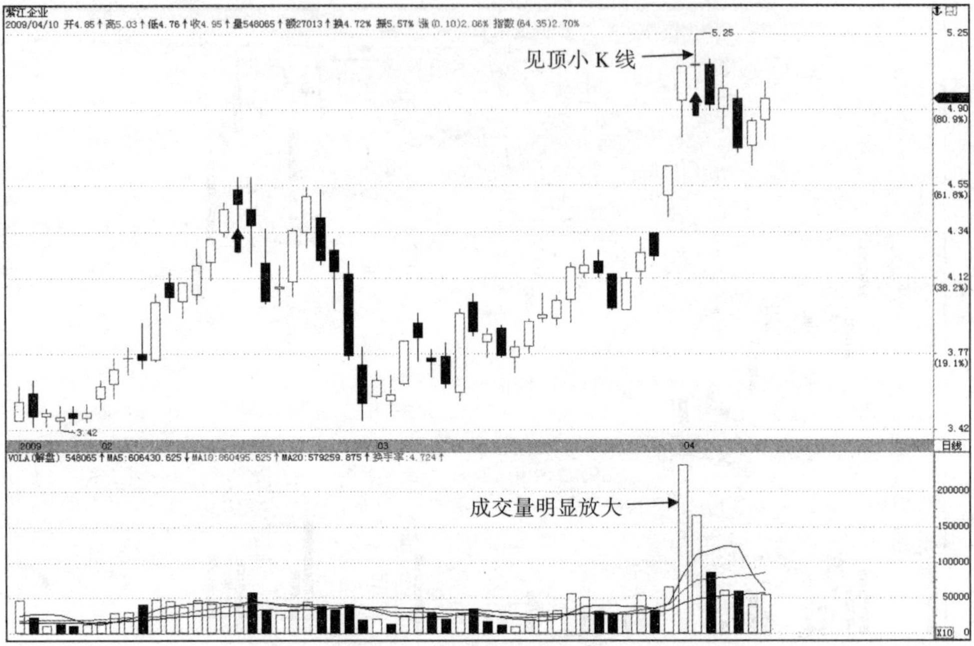

图 3-39 紫江企业 600210

看盘精要

小K线出现后的K线走势解读：

(1) 该股并没有就此转势。经过急速回调之后，股价企稳，随后展开又一波上涨。

(2) 2009年4月2日，又出现一根疑似见顶小K线（见图3-39中右侧箭头所指）。另外，连续两日爆出巨量，异常。

(3) 4月3日，股价全天活动在4月2日的小阳线的实体之下。由此确认见顶小K线，后市看跌。

(4) 在一波完整的上涨趋势中，会出现多个见顶小K线。

(5) 对于短线交易而言，见顶小K线具有很高的参考价值。合理利用见顶小K线，通过波段交易，可以最大化收益。

4. 见顶 K 线组合

【K 线实战图谱】

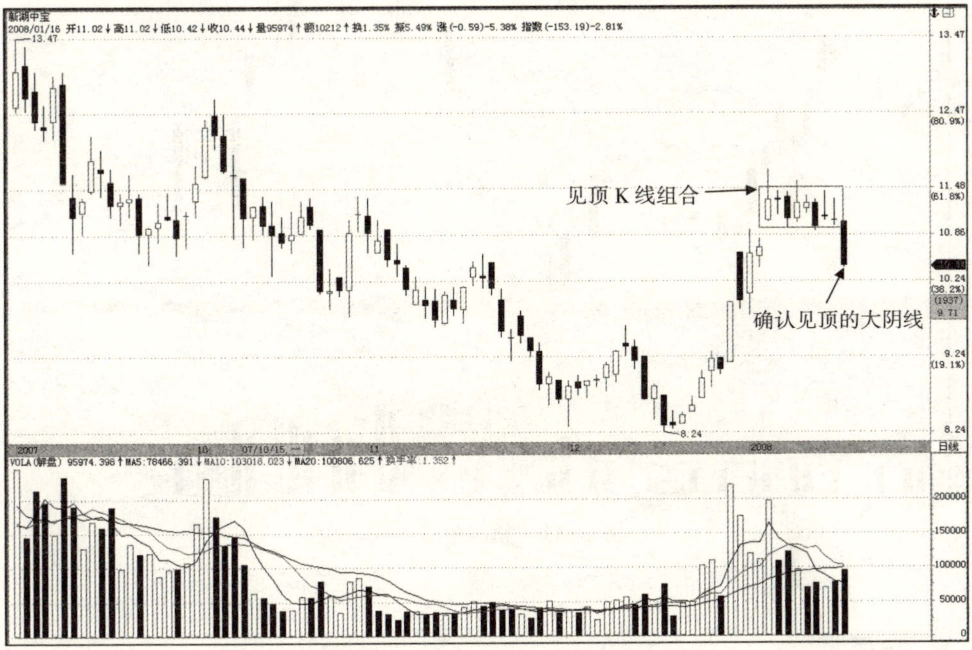

图 3-40　新湖中宝　600208

看盘精要

小 K 线组合出现时的 K 线走势分析：

（1）图 3-40 是新湖中宝从 2007 年 9 月 4 日至 2008 年 1 月 16 日的日线图。

（2）由当时的行情走势可以得知，该股的主要趋势是下跌趋势，但此时处于上升趋势中。

（3）2008 年 1 月 4 日至 2008 年 1 月 15 日，出现一组振幅为 5%的 K 线组合（见图中的方框部分）。其中，既有小阴线、小阳线，也有中阳线、中阴线。

（4）1 月 16 日，走出一根大阴线，确认之前的 K 线组合为见顶 K 线组合，后市看跌。

【K线实战图谱】

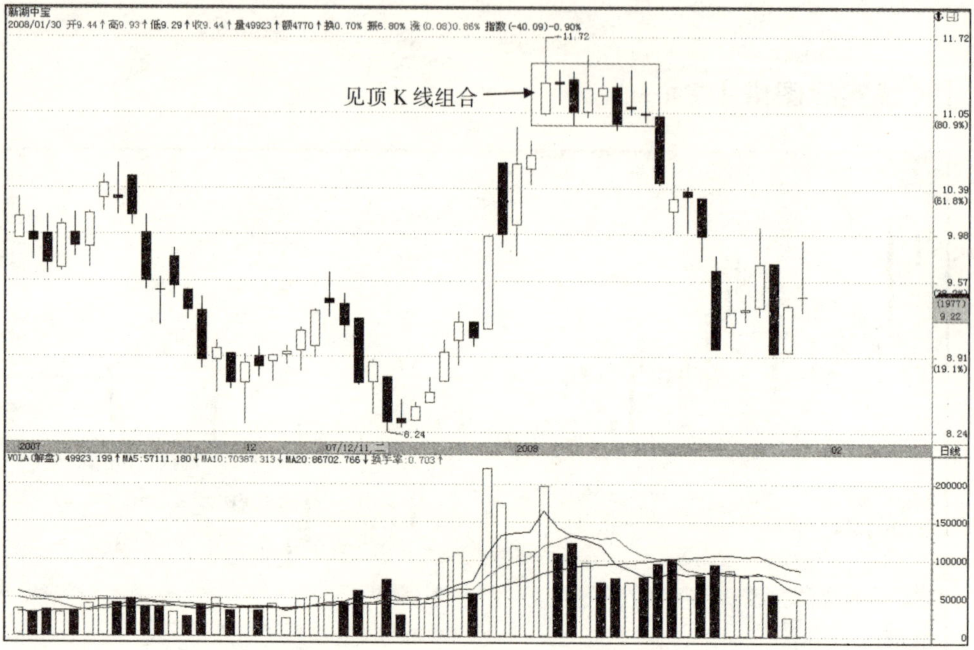

图 3-41 新湖中宝 600208

看盘精要

小K线组合出现后的K线走势解读：

（1）见顶K线组合出现之后，股价发生回调，幅度约为20%。

（2）由于此时的主要趋势是下跌趋势，不要轻易入场抢反弹，风险比较高。

（3）在上涨趋势中，面对见顶信号，可以多观察一个交易日，甚至可以干脆忽略短期回调的见顶信号。但是，在下跌趋势中，发现疑似见顶信号，最好立刻进行减仓；如果确认见顶信号，清仓比较安全。

【K 线实战图谱】

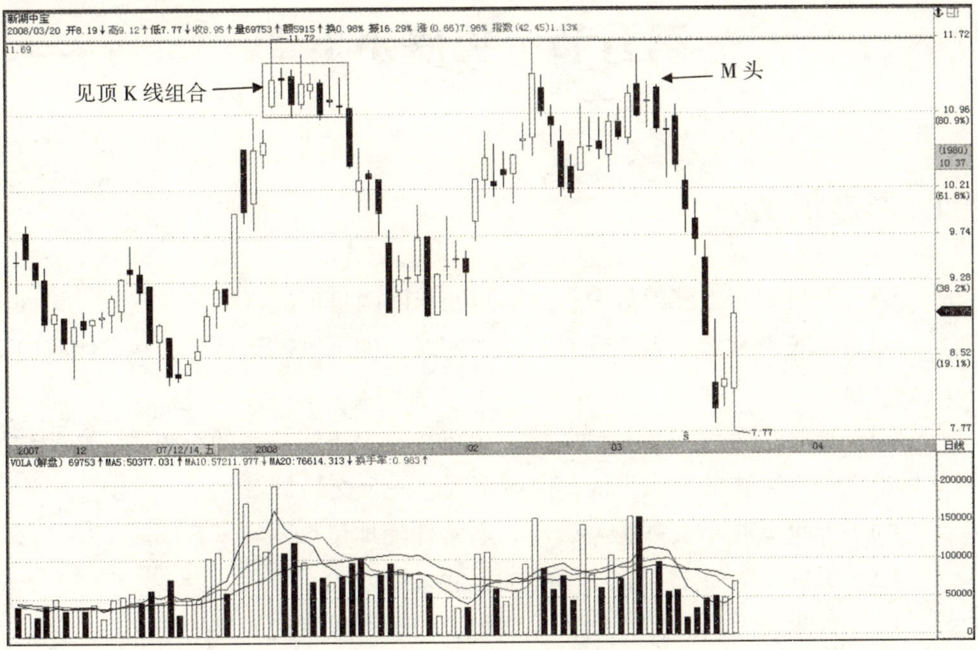

图 3-42　新湖中宝　600208

看盘精要

小 K 线组合出现后的 K 线走势解读：

（1）该股两次冲击见顶 K 线组合的高点压力（见图 3-42 中的横线），但均无功而返。

（2）上涨无力，结果自然就是下跌。该股在第二次冲击高点压力之后，迅速下跌，10 个交易日就下跌了 30%。

（3）见顶 K 线组合包含的交易日越多，其构筑的上涨压力线越牢固。

（4）相对见顶小 K 线而言，见顶 K 线组合形成的上涨压力更大，自然更值得信任。

第五节 见底小 K 线

1. 形态识别

（1）股价处于上涨趋势中，短期则处于回调整理的行情中。

（2）见底小 K 线一般出现在连续大阴线急速下跌的行情中，常常伴有向下跳空开盘。

（3）见底小 K 线主要是锤头线，也可以是上下影均衡的小阳线、小阴线。如果出现长下影线的倒锤头线，应该多观察一个交易日。

（4）如果见底小 K 线振幅较小，通常伴随地量。

（5）见底小 K 线有时也会演变成见底 K 线组合。

（6）如果是重要底部，见底 K 线组合前后可以发现明显的成交量差异。

2. 应对策略

（1）见底小 K 线属于看涨信号。

（2）见底小 K 线需要进行确认。如果下一个交易日股价继续下跌，而且收盘价处于小 K 线实体之下，此小 K 线可能只是中继 K 线；反之，则可以将其判断为见底小 K 线。

（3）发现见底小 K 线，不要着急进行建仓。确认见顶小 K 线，适度建仓。

（4）出现见底小 K 线后，股价果然进行反弹。那么，应该密切关注见顶小 K 线构筑的支撑。一旦股价再次下跌，并有效跌破见底小 K 线的支撑，后市将继续下跌。

（5）上升趋势中的见底小 K 线，属于回调见底信号，投资者应该重点把握。下跌中的见底小 K 线，可以适度参与，但一定要注意止损。如果发现重要底部迹象，可以大胆建仓。

3. 上涨趋势中的见底小 K 线

【K 线实战图谱】

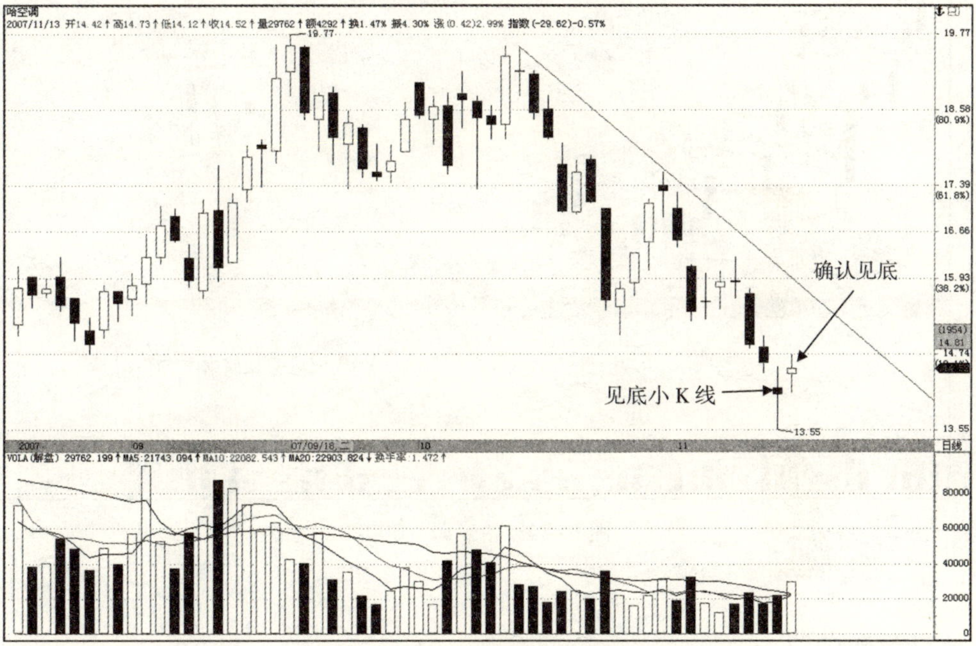

图 3-43　哈空调　600202

看盘精要

小 K 线出现时的 K 线走势分析：

（1）图 3-43 是哈空调从 2007 年 8 月 22 日至 2007 年 11 月 13 日的日线图。

（2）从图中可以看出，该股经过一段时间的高位盘整后进入快速下跌通道。

（3）2007 年 11 月 12 日，出现一根小阴线（开盘价 14.20 元，最高价 14.54 元，最低价 13.55 元，收盘价 14.09 元），振幅达到 6.78%。

（4）11 月 13 日，走出一根小阳线，不仅全日活动于前一交易日的开盘价之上，而且突破了前一交易日的最高价。由此确认前一交易日的小阴线为见底小 K 线，后市看涨。

【K线实战图谱】

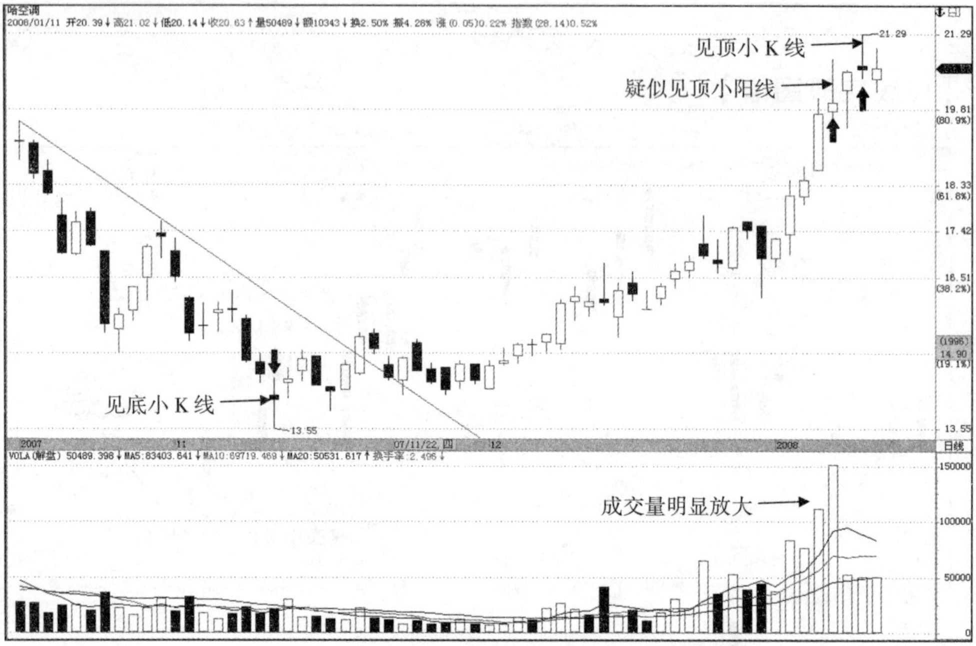

图 3-44 哈空调 600202

看盘精要

小K线出现后的K线走势解读：

（1）见底小阴线（见图 3-44 向下箭头所指）出现之后，股价经过一段时间的底部盘整，再次走入上升趋势，上涨幅度约为 55%。

（2）2008 年 1 月 8 日，出现疑似见顶小阳线（见图中右侧向上箭头所指），但随后交易日的小阳线打破这种顾虑。

（3）1 月 10 日，再次出现见顶小阴线（见图中右侧向上箭头所指），并得到下一交易日的确认，减仓。

（4）利用见底小K线和见顶小K线，可以把握这段上涨行情。

【K 线实战图谱】

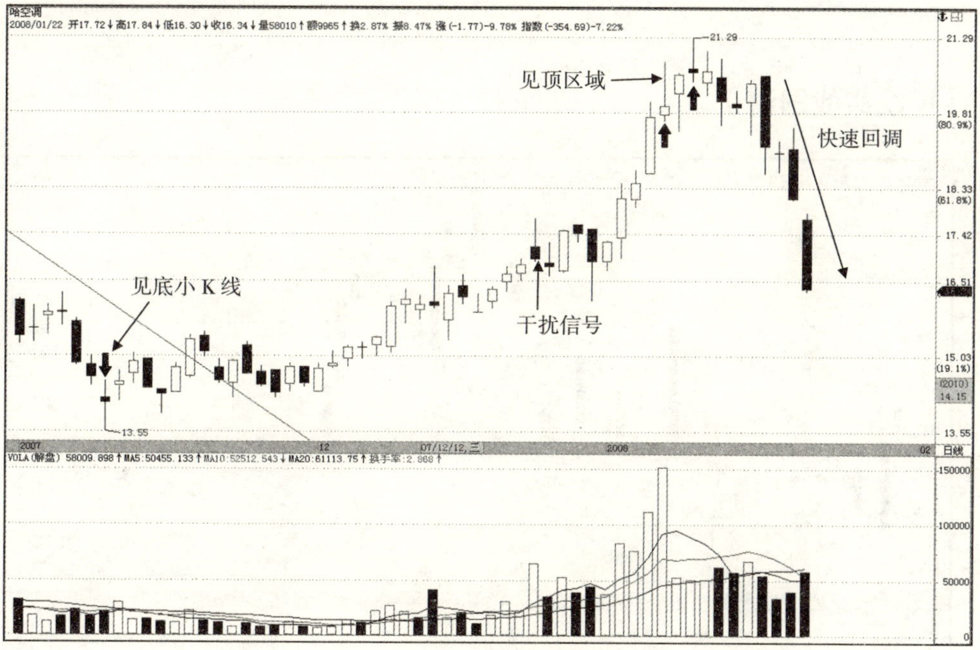

图 3–45　哈空调　600202

看盘精要

小 K 线出现后的 K 线走势解读：

（1）在 1 月 10 日出现见顶小阴线之后，股价发生快速回调，跌幅达到 24%。

（2）在见底小阴线和见顶小阴线之间，还有多根貌似见顶小 K 线，甚至有些还得到第二交易日的确认。这些干扰信号增加了交易的难度！

（3）虽然实战中不可能仅凭见底小 K 线或见顶小 K 线进行交易，但只要能够把握住这些关键 K 线发出的信号，并配合其他信号进行确认，完全可以做到安全盈利。

4. 见底K线组合

【K线实战图谱】

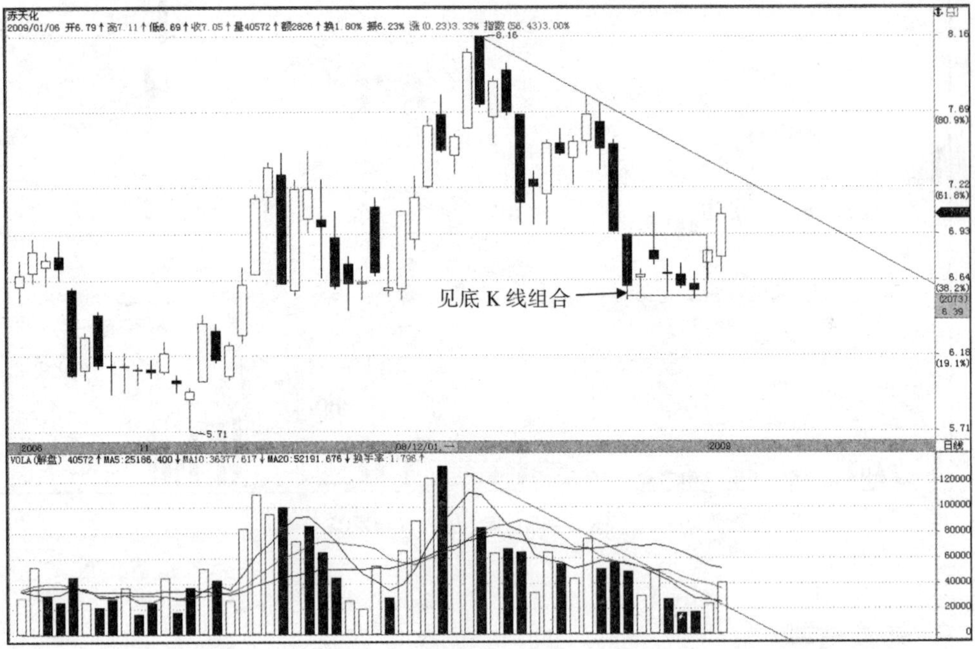

图 3-46 赤天化 600227

看盘精要

K线组合出现时的K线走势分析：

（1）图3-46是赤天化从2008年10月21日至2009年1月6日的日线图。

（2）从图中可以看出，该股经过一波上涨之后开始急速回调。在回调的过程中，成交量随之萎缩。

（3）2008年12月24日至2009年1月5日，出现一组振幅为5%的K线组合（见图中的方框部分）。其中，既有小阴线、小阳线，也有中阳线、中阴线。这些K线所对应的成交量明显很低，振幅小的K线伴随地量，杀跌无力。

（4）1 月 6 日，走出一根中阳线，确认之前的 K 线组合为见底 K 线组合，后市看涨。

【K 线实战图谱】

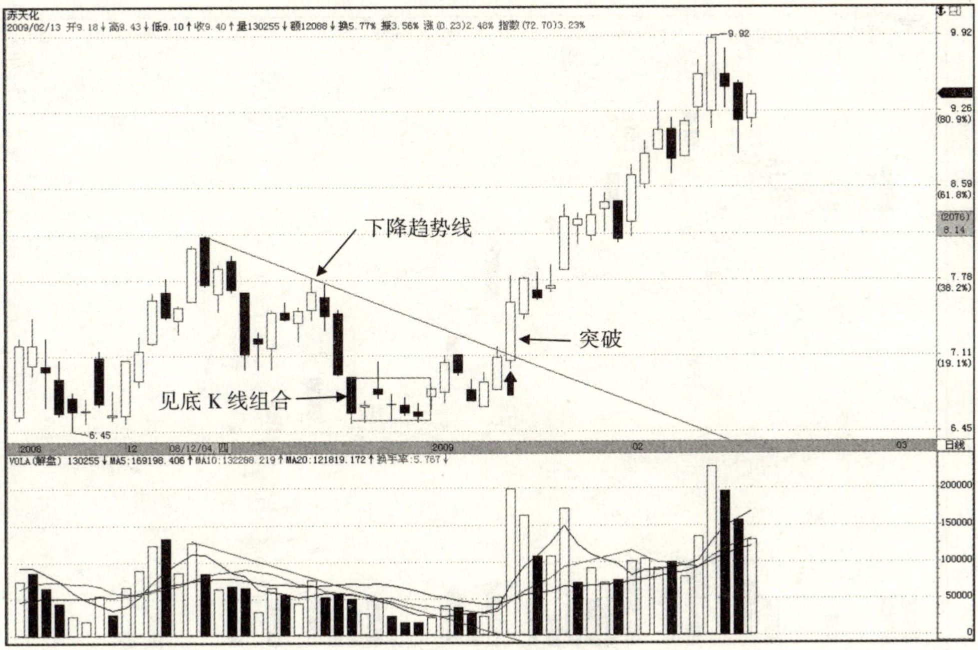

图 3–47　赤天化　600227

看盘精要

K 线组合出现后的 K 线走势解读：

（1）见底 K 线组合出现之后，股价快速上扬，上涨幅度约为 40%。

（2）如果选择 1 月 6 日建仓，将要经受 4 天的浮亏；如果选择 1 月 13 日突破下降趋势线的那天建仓，建仓价可能较高，但不会出现浮亏。

（3）如果主要趋势是上涨，那么应该重点关注回调趋势。在回调阶段，利用见底 K 线组合建仓，可以避免追高风险，有效控制资金安全。

5. 见底K线组合之重要底部

【K线实战图谱】

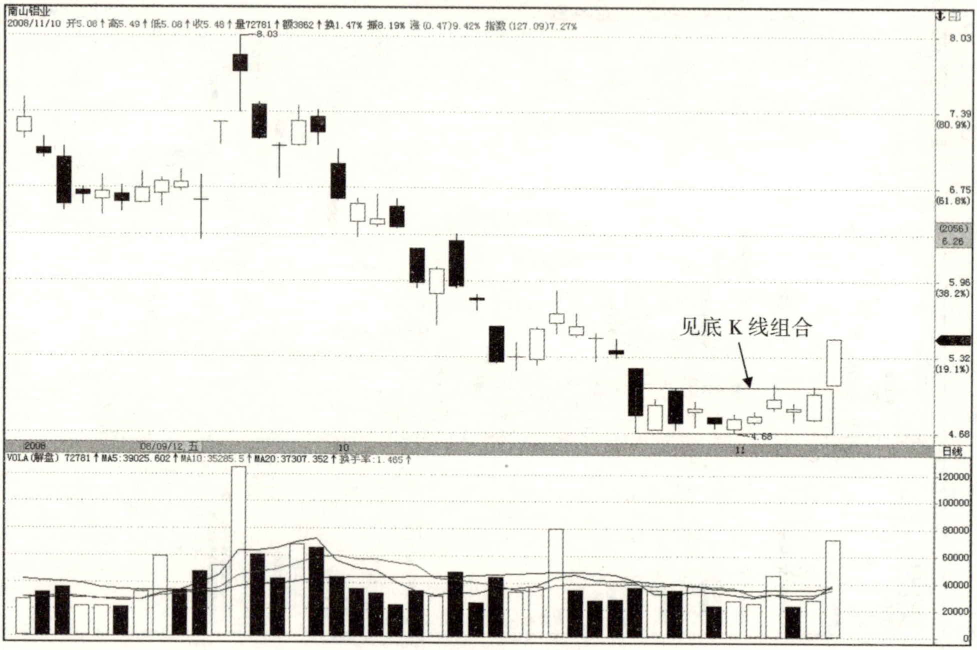

图 3-48 南山铝业 600219

看盘精要

K线组合出现时的K线走势分析：

（1）图3-48是南山铝业从2008年9月4日至2008年11月10日的日线图。

（2）从图中可以看出，该股处于下跌趋势中。

（3）2008年10月28日至2008年11月7日，出现一组振幅为8%的K线组合（见图中的方框部分）。其中，既有小阴线、小阳线，也有中阳线、中阴线。

（4）11月10日，走出一根大阳线，确认之前的K线组合为见底K线组合，后市看涨。

【K线实战图谱】

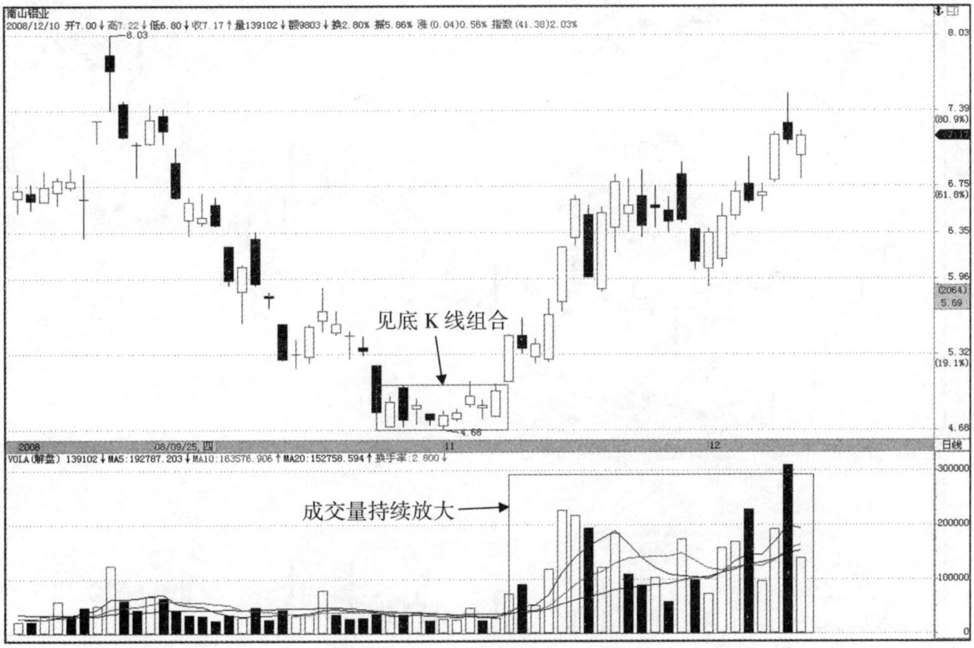

图 3-49 南山铝业 600219

看盘精要

K线组合出现后的K线走势解读：

（1）见底K线组合出现之后，股价快速上扬，上涨幅度约为30%。

（2）从图中可以清晰地看出，在见底K线组合出现之后，成交量明显放大（见图 3-49 成交量部分的方框），资金入场痕迹明显，此处应该是个重要的底部。

（3）重要底部是非常难得的良机，投资者应该重点把握。虽然重点底部不像主升浪那样，为投资者带来快速的资金成长，但能提供稳定安全的获利机会。

【K线实战图谱】

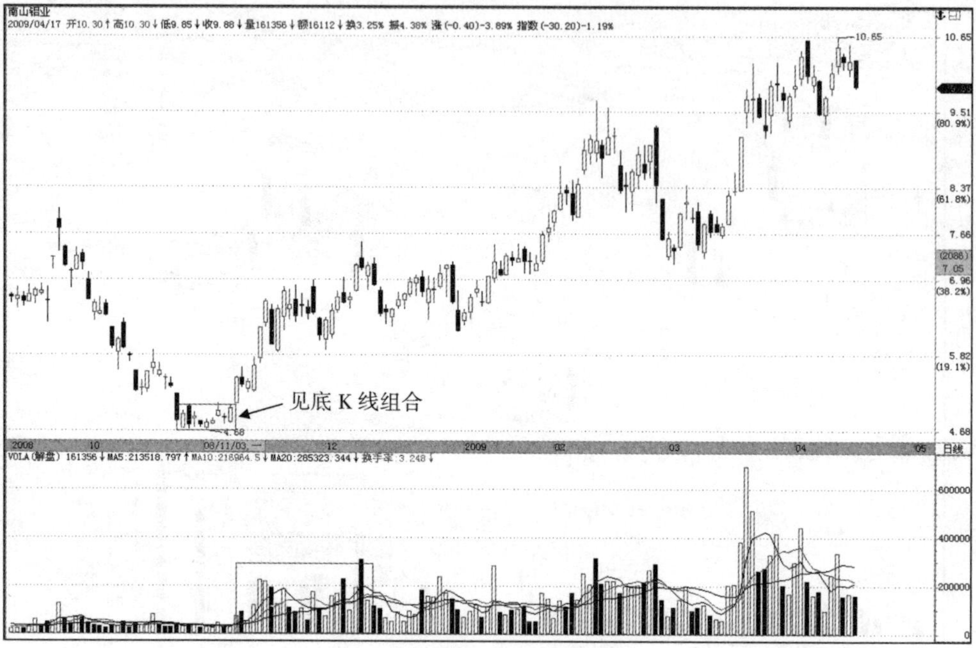

图 3-50 南山铝业 600219

看盘精要

K线组合出现后的K线走势解读：

（1）如果在见底K线组合确认之后建仓，以11月10日的收盘价5.49元计算，并耐心持股待涨，那么，在短短5个月的时间内就可以获得90%的收益。

（2）当然，在这段行情中，翻倍的股票比比皆是，翻几倍的股票也不罕见，这样的成绩好像不值一提。其实，5个月90%的收益已经非常值得庆贺了，有多少人在这波行情翻几倍呢？

（3）当然，还是要提醒一句，投资股票除了买卖时机的把握之外，选股也是非常重要的事情。

第六节　突破小K线

1. 形态识别

（1）股价处于调整之中。

（2）通常跳空开盘，缺口当日回补与否并不重要。

（3）调整的压力线或者支撑线经过越多的价格测试越重要。

（4）小阳线向上突破调整压力线，比较常见。如果发现小阴线突破压力线，要警惕其是见顶小阴线，需要跟踪日的确认。

（5）小阴线向下跌破调整支撑线，比较少见。至于小阳线向下跌破支撑线，更是凤毛麟角。

2. 应对策略

（1）一般来说，重要关卡的突破意味着趋势的开始。因此，具有突破性质的K线必须重点关注，不论其是大阳线、小阳线还是中阳线。

（2）相对大阳线或者大阴线突破，小阳线和小阴线突破信号的可信度较低。

（3）向上突破压力线，可以选择小K线突破当日建仓，以小K线的最低点作为止损。当然，最好选择关键大阳线的跟踪日建仓，止损根据跟踪日走势设定。

（4）如果出现小阴线向下突破支撑线，继续持币观望。

3. 突破压力看涨小K线

【K线实战图谱】

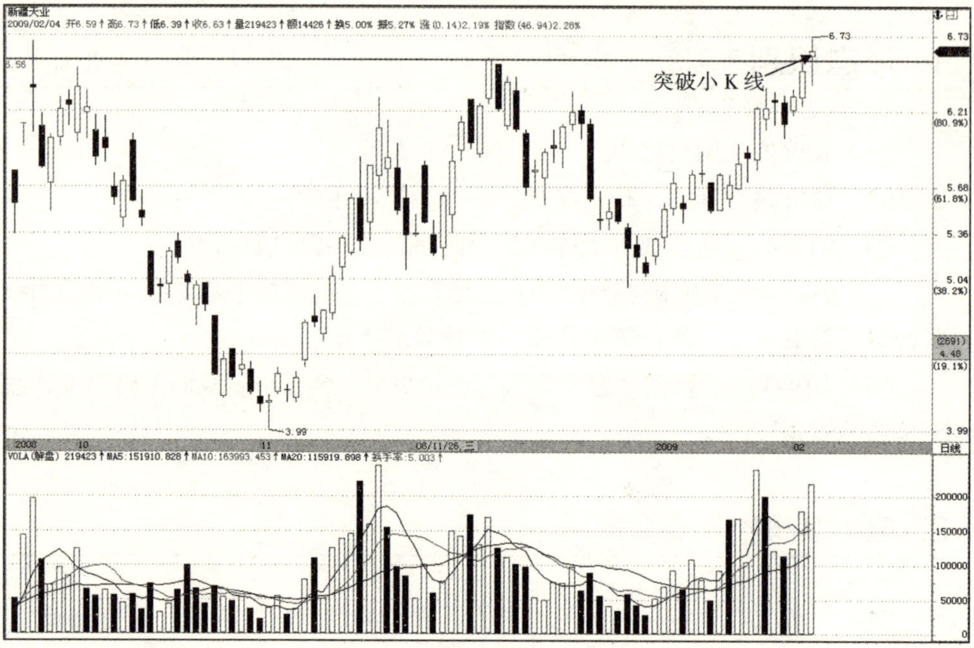

图 3–51 新疆天业 600075

看盘精要

小K线出现时的K线走势分析：

（1）图 3–51 是新疆天业从 2008 年 9 月 18 日至 2009 年 2 月 4 日的日线图。

（2）2009 年 2 月 4 日，一根小阳线突破前期高点形成的压力位，后市看涨。

（3）以收盘价 6.63 元建仓，以最低价 6.39 元为止损，风险为 3.6%。

（4）2 月 4 日小阳线出现之前，股价已经上涨了 30%，会不会要发生回调了呢？面对这种担心，可以选择在跟踪日进行建仓。

【K 线实战图谱】

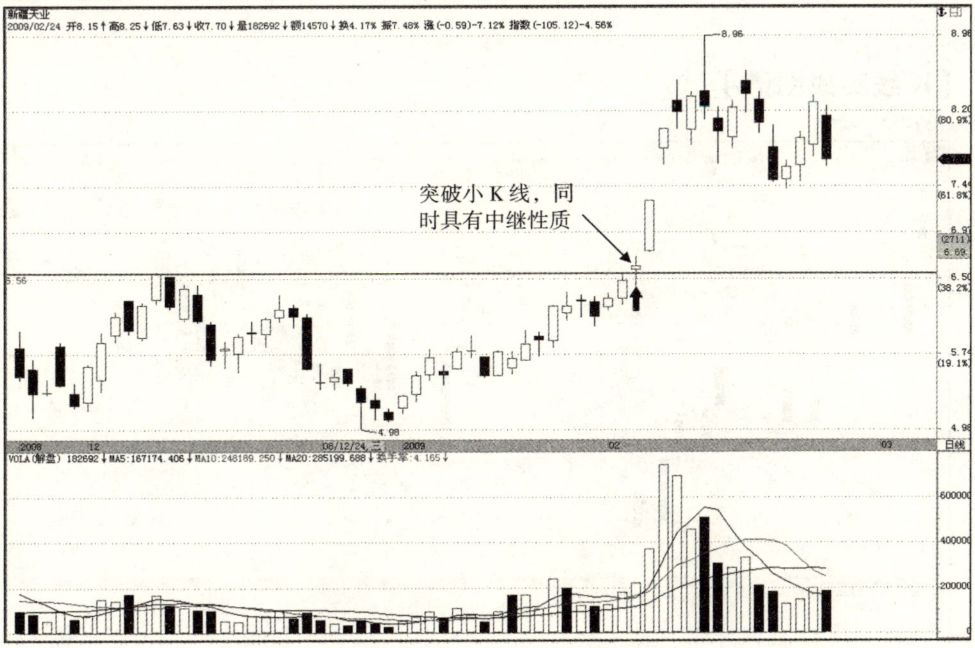

图 3–52　新疆天业　600075

看盘精要

小 K 线出现后的 K 线走势解读：

（1）2009 年 2 月 5 日，2 月 4 日突破小阳线的跟踪日，股价跳空高开，并在午盘后封住涨停。

（2）跟踪日建仓，可以确认上涨趋势，但建仓价明显较高。

（3）在突破压力线之后，股价加速上扬，3 个交易日就上涨了 30%左右。

（4）2 月 4 日的小阳线不仅具有突破性质，而且属于中继小 K 线。

4. 突破压力假看涨小K线

【K线实战图谱】

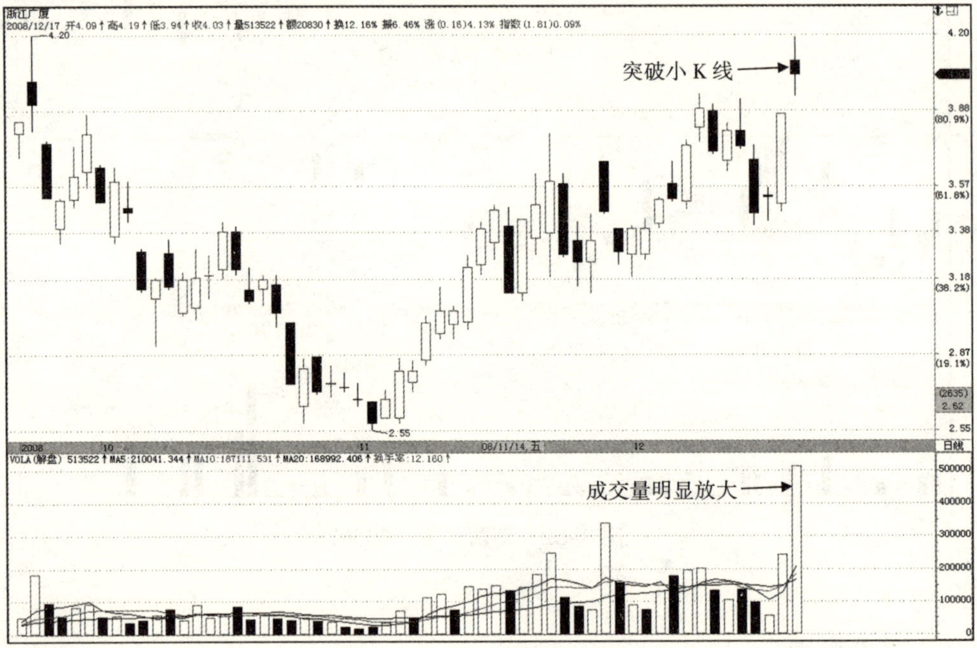

图 3-53 浙江广厦 600052

看盘精要

小K线出现时的K线走势分析：

（1）图 3-53 是浙江广厦从 2008 年 9 月 19 日至 2008 年 12 月 17 日的日线图。

（2）2008 年 12 月 17 日，一根小阴线突破前期高点形成的压力位，后市应该看涨。

（3）小阴线突破压力线需要警惕。另外，突破的小阴线伴随着巨量，回调是最常见的后续走势。

（4）因此，不要着急在突破日建仓，观察跟踪日的走势再做决定。

【K 线实战图谱】

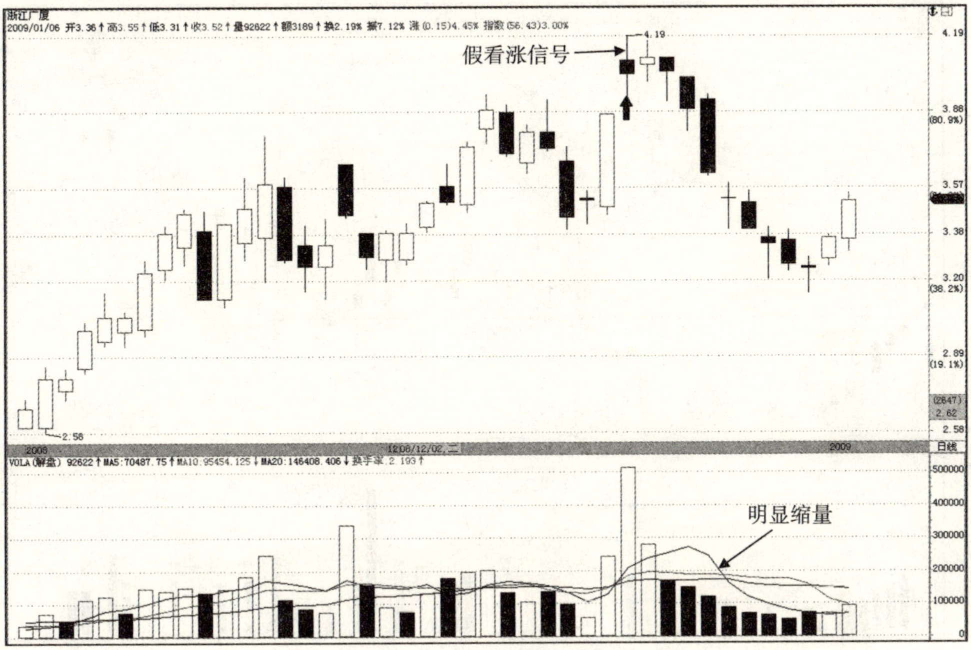

图 3-54　浙江广厦　600052

看盘精要

小 K 线出现后的 K 线走势解读：

（1）12 月 18 日，股价并没能继续走高，虽以小阳线报收，但全日活动于前一交易日的价格波动范围内。跟踪日没有确认突破信号，这是个假突破信号，持币观望。

（2）随后，股价果真发生回调，7 个交易日内就下跌了 23%。

（3）在下跌过程中，成交量快速萎缩。因此，这次下跌应该是上涨中的回调，后市继续看涨。

（4）在成交量萎缩到地量并重新开始温和放量的时候，可以择机建仓。图 3-54 中最右侧的两根阳线均可用于建仓。

（5）为了避免假突破带来的损失，跟踪日的走势必须特别重视，以判断突破的真假。

【K线实战图谱】

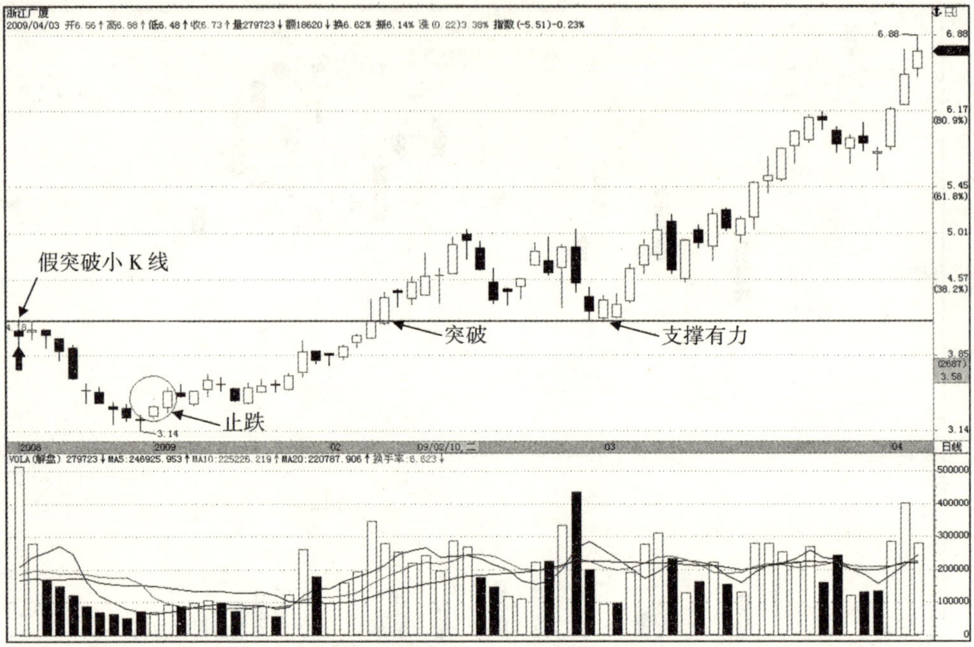

图 3-55 浙江广厦 600052

看盘精要

小K线出现后的K线走势解读：

（1）两根阳线（见图中圆圈部分）显示止跌后，股价经过一段时间的盘整，展开了一波快速上涨。

（2）经过回调洗盘后，股价再次来到假突破小阴线高点处，只是稍作停留就继续上扬。

（3）股价在下一波上涨前，通过横盘整理来释放压力。横盘整理的下边沿，恰好是假突破小阴线高点形成的支撑线（见图中横线）。

（4）这根假突破小阴线的高点并没有形成牢固的压力，但提供了坚固的支撑线。这就是关键K线！

5. 跌破支撑看跌小 K 线

【K 线实战图谱】

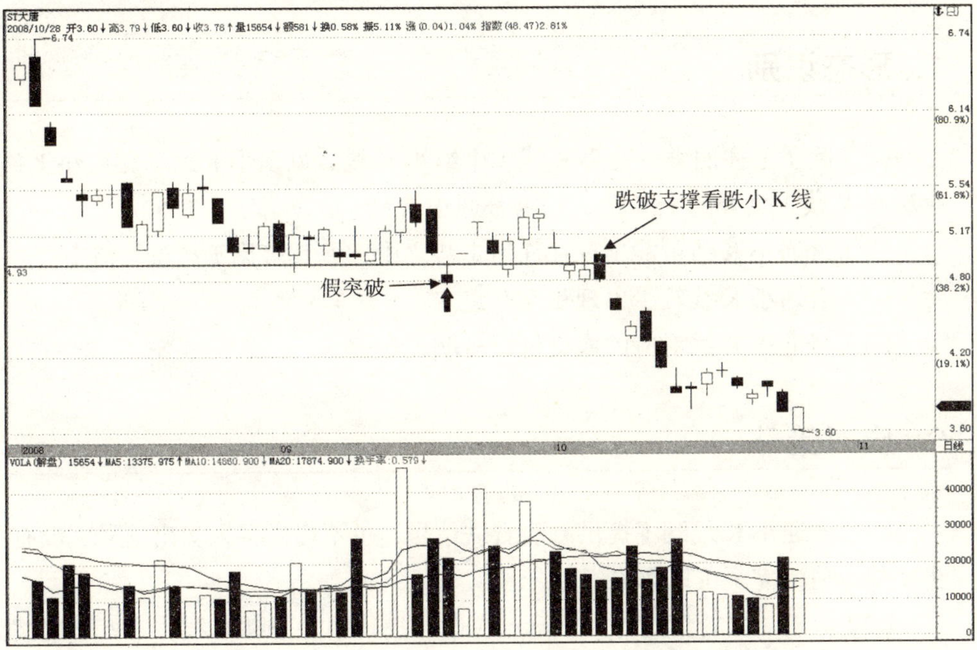

图 3–56　ST 大唐（大唐电信）　600198

看盘精要

小 K 线出现后的 K 线走势解读：

（1）图 3–56 是 ST 大唐（现名“大唐电信”）从 2008 年 8 月 7 日至 2008 年 10 月 28 日的日线图。

（2）2008 年 9 月 18 日，一根小阴线突破前期低点形成的支撑线（见图中箭头所指），后市看跌。

（3）然而，突破支撑看跌小阴线出现之后，股价并没有立刻开始下跌，反而再次拉回支撑线上进行整理。

（4）经过几个交易日的短暂整理，股价再次跌破支撑线，开始了又一波下跌。

第七节 普通小K线

1. 形态识别

（1）除了上述四类关键小K线（中继小K线、见顶小K线、见底小K线、突破小K线）之外的小K线，均为普通小K线。

（2）普通小K线可能出现在任何走势之中，尤其多见于盘整行情中。

（3）普通小K线较少出现跳空开盘。

（4）普通小K线对应的成交量没有明显规律。

2. 应对策略

（1）普通小K线既不提供看涨看跌信号，也不提供买入卖出信号，没有多少实战价值，完全可以忽略不计。

（2）分析一张行情走势图，重点在于寻找其中的关键K线，千万不要被数量最多的普通K线干扰你的视线。

（3）一根普通小K线，通过与前后的几根K线进行组合，可能会转化成重要的K线组合，如红三兵组合。或者，通过与前后的多根K线进行组合，转化为重要的K线形态，如M头形态。这是其最大的价值！

3. 上涨趋势中的普通小 K 线

【K 线实战图谱】

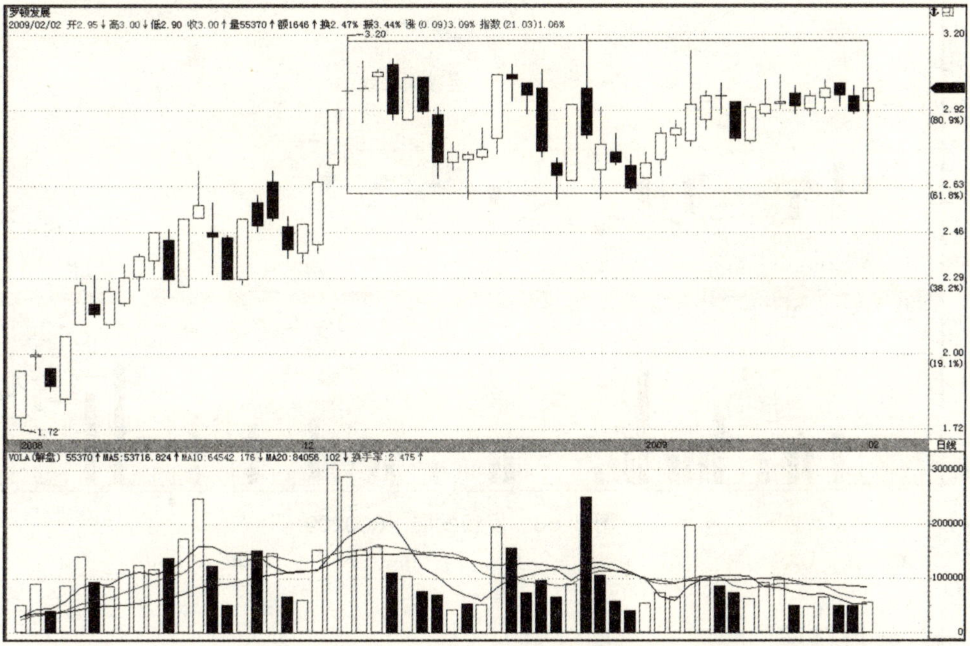

图 3-57　罗顿发展　600209

看盘精要

小 K 线出现时的 K 线走势分析：

（1）图 3-57 是罗顿发展从 2008 年 11 月 4 日至 2009 年 2 月 2 日的日线图。

（2）图中方框展示了该股上涨途中的横盘整理行情，其中有多根普通小 K 线。

（3）单独分析其中任何一根 K 线，都无法得出明确而有价值的结论。

（4）如果将矩形内的所有 K 线作为整体观察，可以发现：股价的振幅逐渐在变小，成交量也在逐渐萎缩。该股站在十字路口上，必须要选择方向了。

【K线实战图谱】

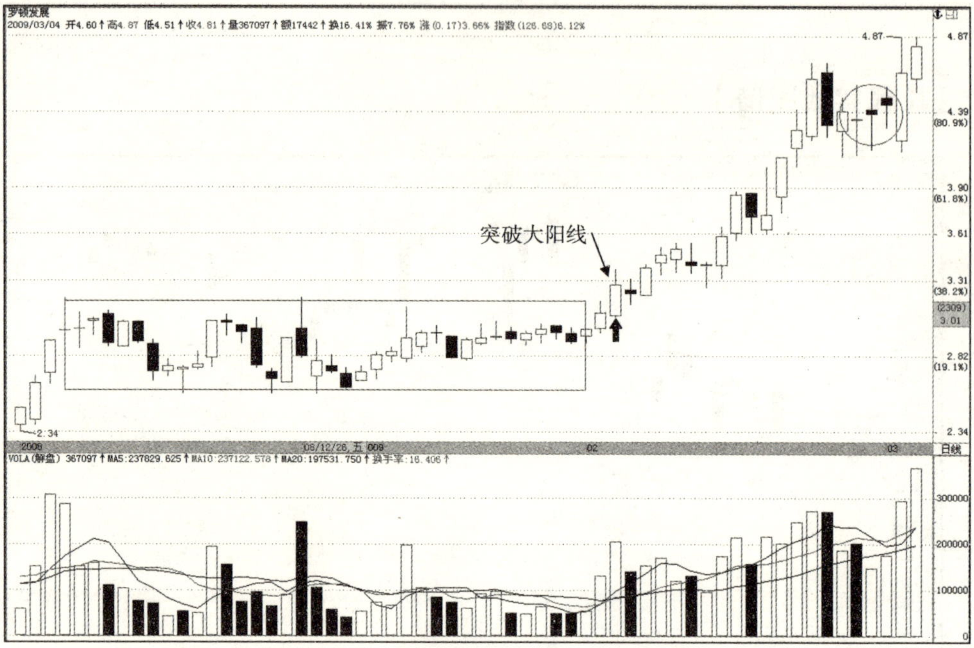

图 3-58 罗顿发展 600209

看盘精要

小K线出现时的K线走势分析：

（1）2009年2月4日，出现一根大阳线（见图3-58中箭头所指），正式突破矩形整理，后市看涨。

（2）随后的上涨趋势中，出现了多根小K线。其中，右侧圆圈内的三根小K线也属于普通小K线。

（3）将圆圈内的小K线与前后的K线组合，形成又一个小矩形整理。随后的中阳线突破，属于看涨信号。

4. 下跌趋势中的普通小 K 线

【K 线实战图谱】

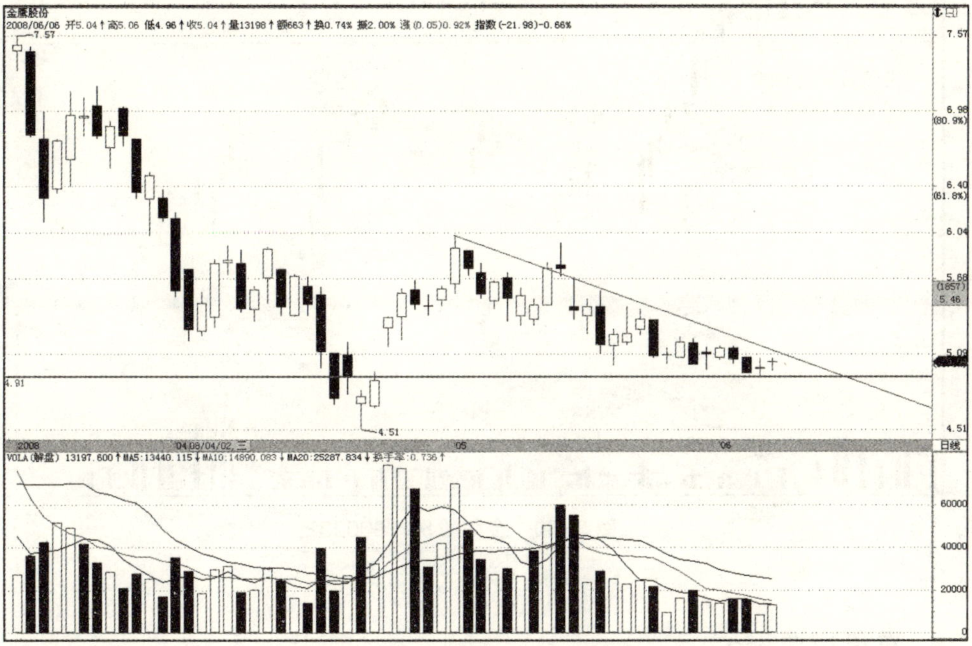

图 3–59　金鹰股份　600232

看盘精要

小 K 线出现时的 K 线走势分析：

（1）图 3–59 是金鹰股份从 2008 年 3 月 14 日至 2008 年 6 月 6 日的日线图。

（2）图中三角框展示了该股下跌途中的三角形整理行情，其中有多根普通小 K 线。

（3）单独分析其中任何一根 K 线，都无法得出明确而有价值的结论。

（4）如果将三角形内的所有 K 线作为整体观察，可以发现：股价的振幅逐渐在变小，成交量也在逐渐萎缩。该股站在十字路口上，必须要选择方向了。

【K 线实战图谱】

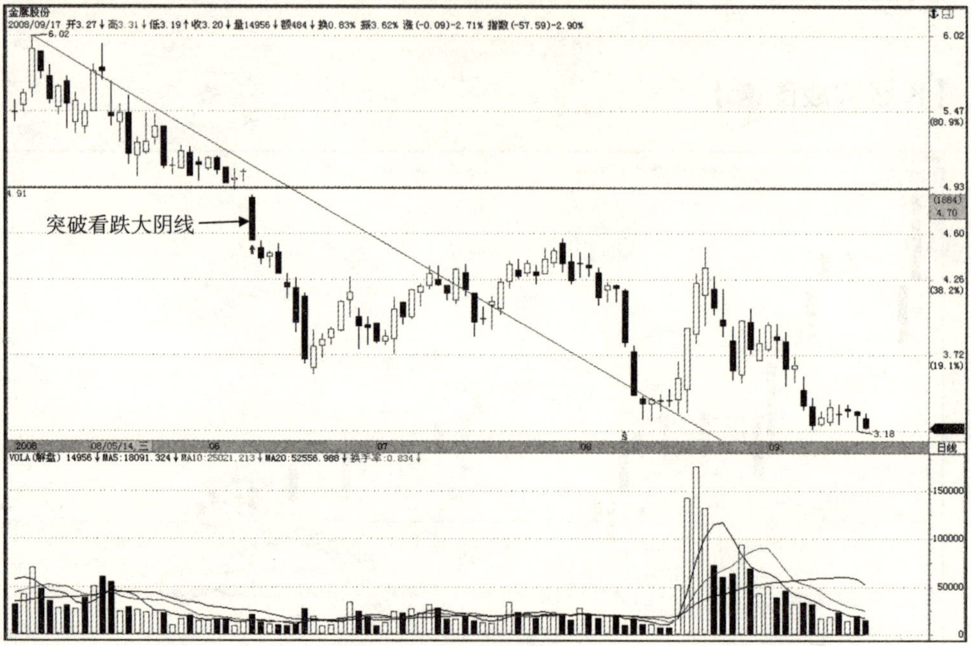

图 3-60　金鹰股份　600232

看盘精要

小 K 线出现时的 K 线走势分析：

（1）2008 年 6 月 10 日，出现一根大阴线（见图 3-60 中箭头所指），正式突破三角形整理，后市看跌。

（2）随后的走势中，出现了很多小 K 线。其中，有多根属于普通小 K 线。如有兴趣，可自行标记。

（3）分析行情走势，重点在于寻找关键 K 线、关键 K 线组合和重要 K 线形态。对于为数众多的普通 K 线，遵循“抓大放小”的原则，对其忽略不计。

第4章

其他K线操练

第一节　认识其他 K 线

1. 中阳线

↗ 形态识别

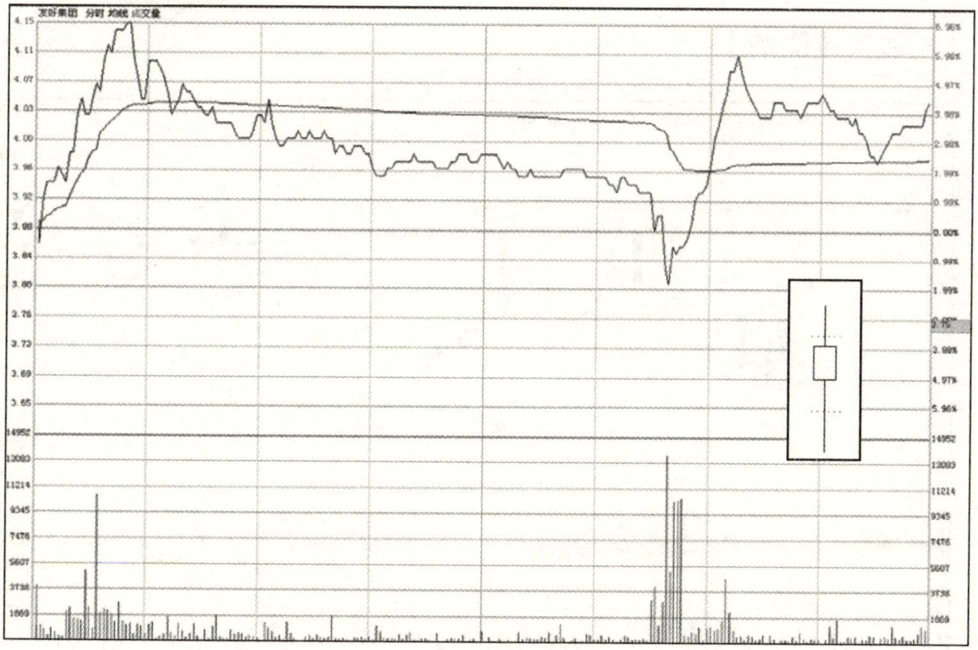

图 4-1　友好集团　600778

（1）中阳线的开盘价低于收盘价，二者之间的长方柱用红色或空心绘出，下影线的最低点为最低价，上影线的最高点为最高价。对于日线图而言，中阳线实体部分代表的价格波动一般在 1.5%～5%之间。

（2）中阳线包括光头中阳线、光脚中阳线、穿头破脚中阳线和光头光脚中阳线。

（3）图 4-1 是友好集团 2009 年 2 月 3 日的分时走势图。当日，该股开盘价为 3.94 元，收盘价为 4.04 元，最高价为 4.16 元，最低价为 3.73 元，当日振幅达到了 11.08%，实体部分代表的价格波动为 2.5%，属于典型的穿头破脚中阳线。

↗ 应对策略

中阳线介于小阳线与大阳线之间。当中阳线倾向于小阳线时，可参照小阳线的实战应对策略；当中阳线倾向于大阳线时，可参照大阳线的相关内容进行应对。

【K 线实战图谱】

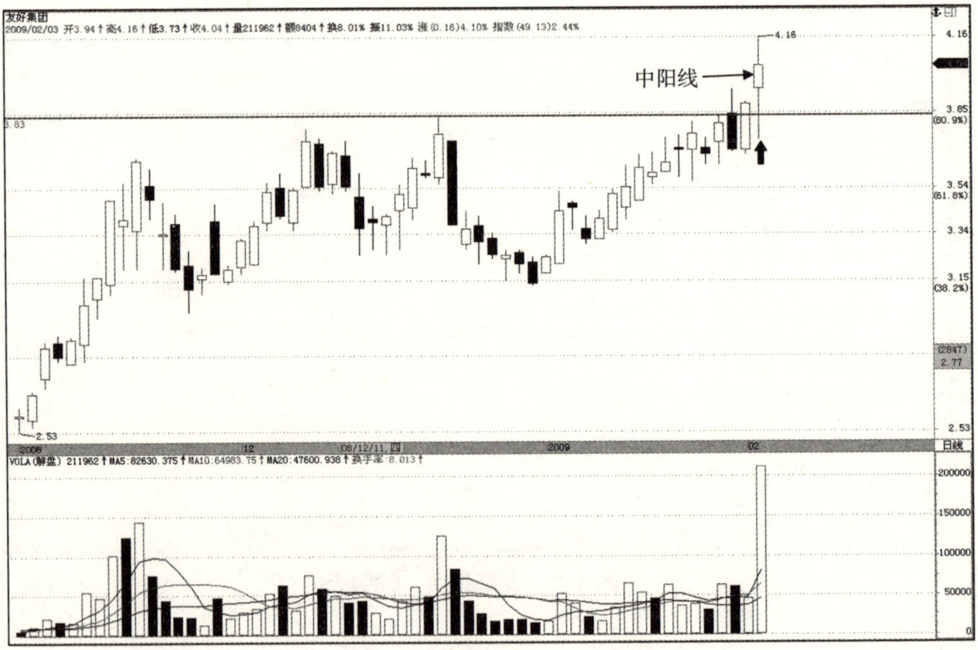

图 4-2 友好集团 600778

看盘精要

中阳线出现时的 K 线走势分析：

（1）图 4-2 是友好集团从 2008 年 11 月 6 日至 2009 年 2 月 3 日的日线图。

（2）从图中可以看出，在此时间段内，该股一直处于横盘整理中。

（3）2009 年 2 月 3 日，出现一根穿头破脚中阳线（其分时走势见图 4–1），同时伴有巨量。

（4）这是一根带有突破性质的中阳线，后市应该看涨。

（5）穿头破脚，并且伴随巨量，应该会进行洗盘，否则上涨后获利盘太多。

（6）综上，后市看涨，但当日不一定着急建仓，看回调力度再决定何时入场。

2. 中阴线

↗ 形态识别

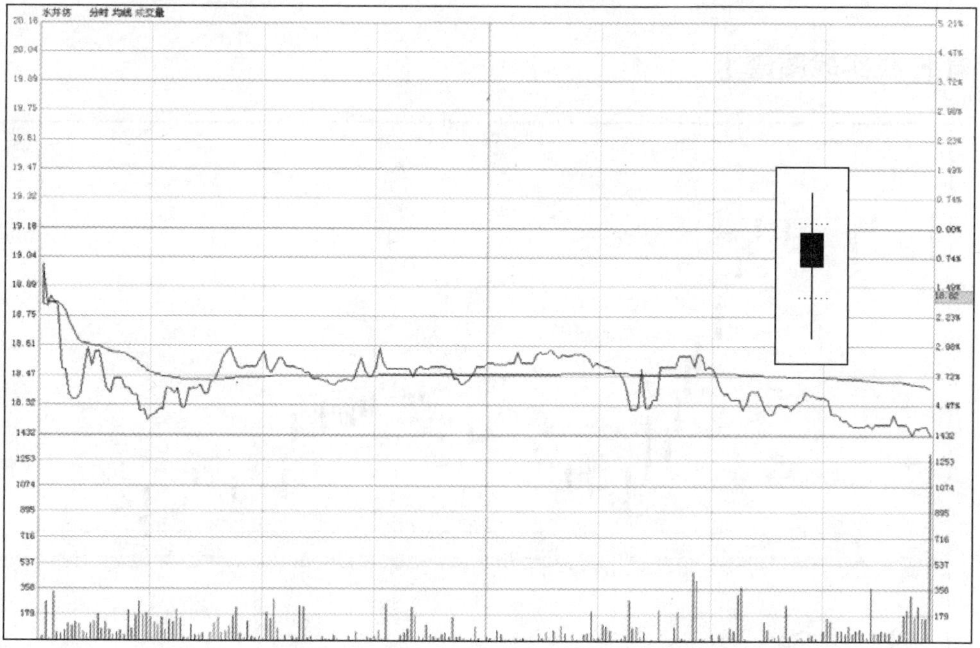

图 4–3　水井坊（*ST 水井）　600779

（1）中阴线的开盘价高于收盘价，二者之间的长方柱用蓝色或黑色绘出，下影线的最低点为最低价，上影线的最高点为最高价。对于日线图而言，中阴线实体部分代表的价格波动一般在 1.5% ~ 5%之间。

（2）中阴线包括光头中阴线、光脚中阴线、穿头破脚中阴线和光头光脚中阴线。

（3）图 4-3 是水井坊（现名“*ST 水井”）2008 年 9 月 1 日的分时走势图。当日，该股开盘价为 19.10 元，收盘价为 18.20 元，最高价为 19.10 元，最低价为 18.01 元，当日振幅达到了 5.68%，实体部分代表的价格波动为 4.7%，属于典型的光头中阴线。

↗ 应对策略

中阴线介于小阴线与大阴线之间。当中阴线倾向于小阴线时，可参照小阴线的实战应对策略；当中阴线倾向于大阴线时，可参照大阴线的相关内容进行应对。

【K 线实战图谱】

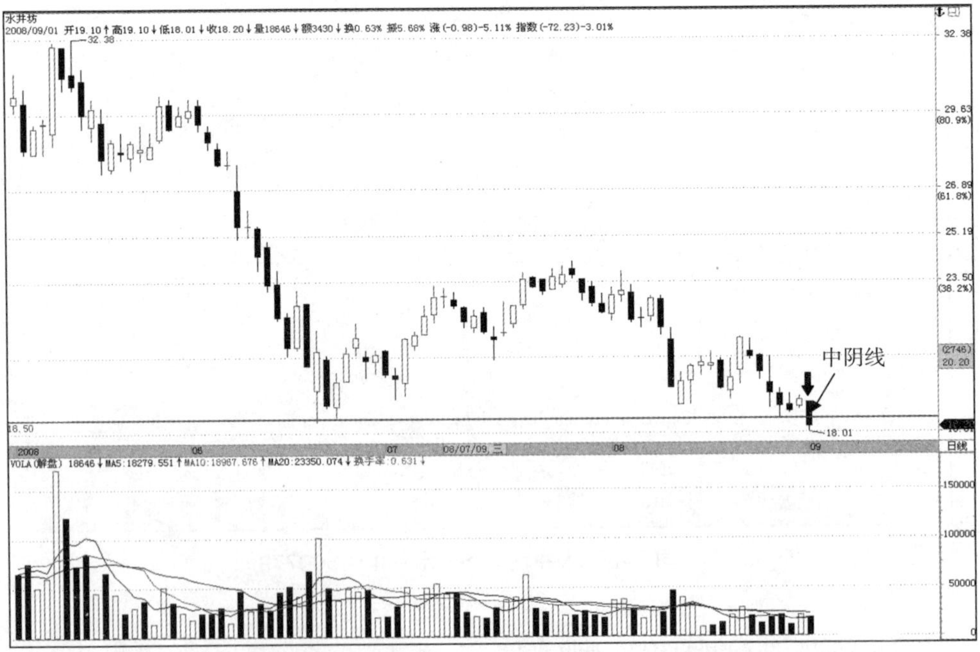

图 4-4 水井坊（*ST 水井） 600779

看盘精要

中阴线出现时的 K 线走势分析：

（1）图 4-4 是水井坊（现名“*ST 水井”）从 2008 年 5 月 6 日至 2008 年 9 月 1 日的日线图。

（2）从图中可以看出，在此时间段内，该股经过一段下跌后进入了横盘整理之中。

（3）2008 年 9 月 1 日，出现一根光头中阴线（其分时走势见图 4-3）。

（4）这是一根带有突破性质的中阴线，后市应该看跌。

（5）下跌过程中，旁观是唯一能做的事情。

3. 假中阳线和假中阴线

形态识别

假中阳线

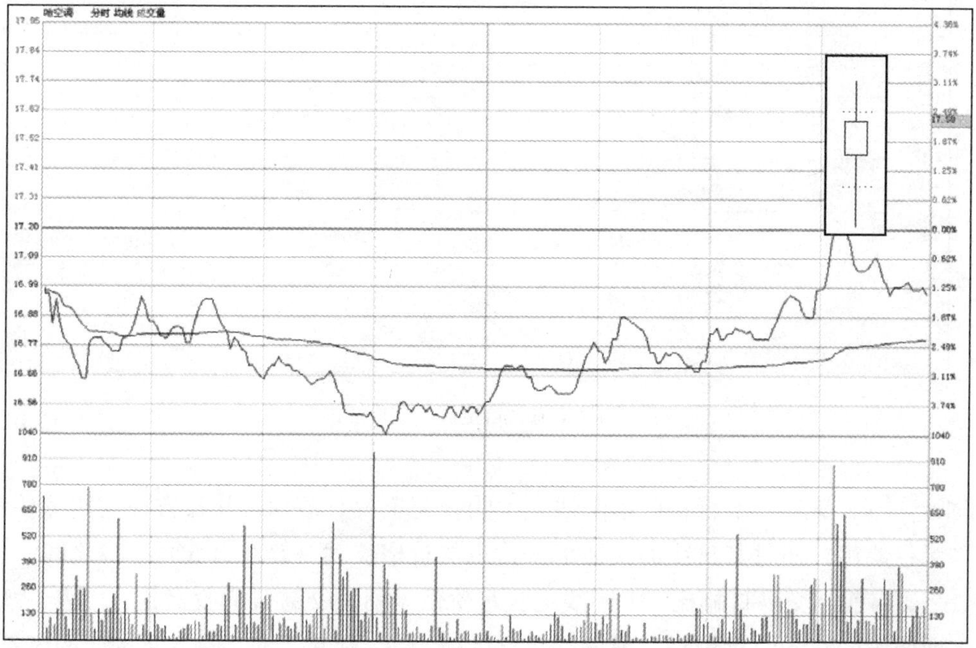

图 4-5 哈空调 600202

（1）从外形上看，假中阳线和中阳线完全没有差别，其长方柱均用红色或空心绘出，而且其日线的实体部分代表的价格波动一般在 1.5%～5%之间。但是，与前一交易日相比，中阳线的收盘价高于前一交易日的收盘价，代表上涨；而假中阳线的收盘价低于前一交易日的收盘价，代表下跌。两者有本质的区别。

（2）图 4-5 是哈空调 2009 年 4 月 23 日的分时走势图。当日，该股开盘价为 13.81 元，收盘价为 14.07 元，最高价为 14.32 元，最低价为 13.64 元，当日振幅达到了 4.72%，跌幅达到 1.52%，属于典型的假中阳线。

假中阴线

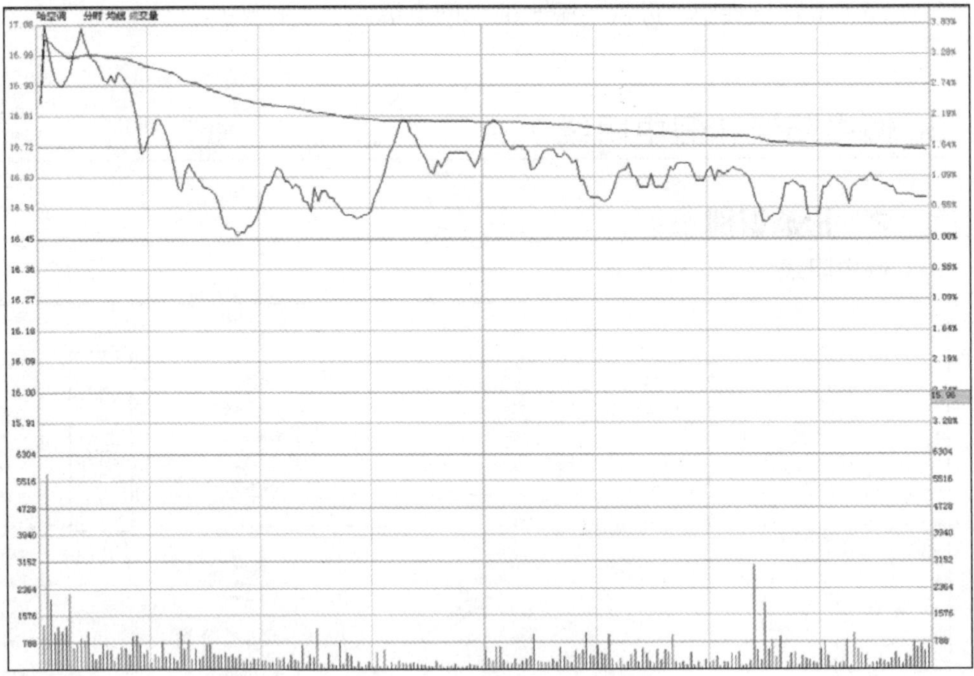

图 4-6　哈空调　600202

（1）从外形上看，假中阴线和中阴线完全没有差别，其长方柱均用蓝色或黑色绘出，而且其日线的实体部分代表的价格波动一般在 1.5%～5%之间。但是，与前一交易日相比，中阴线的收盘价低于前一交易日的收盘价，代表下跌；而假中阴线的收盘价高于前一交易日的收盘价，代表上涨。两者有本质的区别。

（2）图 4-6 是哈空调 2009 年 3 月 23 日的分时走势图。当日，该股开盘价为 16.85 元，收盘价为 16.57 元，最高价为 17.10 元，最低价为 16.45 元，当日振幅达到了 3.96%，涨幅达到 0.73%，属于典型的假中阴线。

【K 线实战图谱】

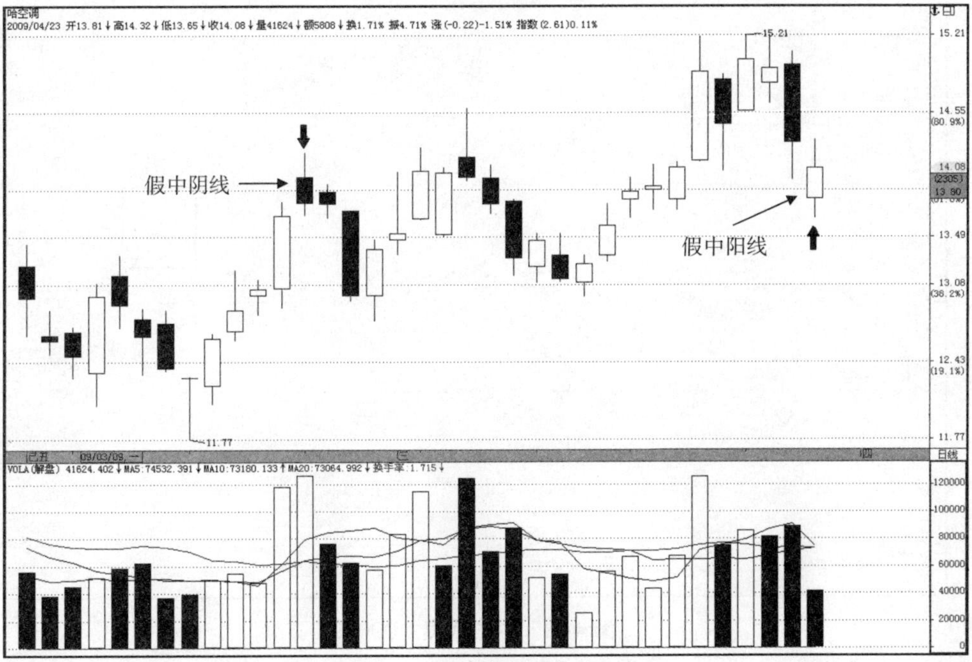

图 4-7　哈空调　600202

看盘精要

假中阴线、假中阳线出现时的 K 线走势分析：

（1）图 4-7 是哈空调从 2009 年 3 月 5 日至 2009 年 4 月 23 日的日线图。

（2）2009 年 3 月 23 日，该股跳空高开，走出一根假中阴线（其分时走势见图 4-6），短线见顶。

（3）2009 年 4 月 23 日，该股跳空低开，走出一根假中阳线（其分时走势见图 4-5），短线见底。

（4）实战中，假中阳线和假中阴线经常出现，需要投资者仔细甄别，以正确判断其性质。

4. 一字线

形态识别

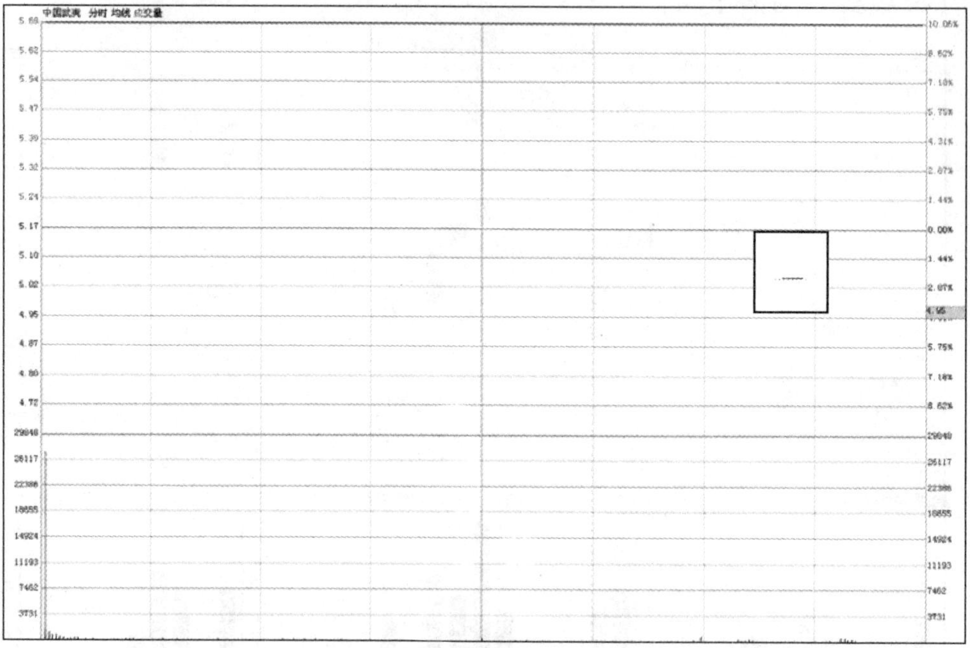

图 4–8 中国武夷 000797

（1）一字线的开盘价等于收盘价。

（2）一字线包括涨停一字线和跌停一字线。

（3）图 4–8 是中国武夷 2009 年 2 月 11 日的分时走势图。当日，该股开盘即涨停，开盘价、收盘价、最高价、最低价均为 5.69 元，当日振幅为 0，实体部分代表的价格波动为 0，属于涨停一字线。

应对策略

（1）一字线属于非常特殊的 K 线形态，特别容易辨认。

（2）实战中，一字线的参考价值非常有限：涨停一字线，持仓者静待下一交易日，空仓者则没有买入的机会；跌停一字线，没有卖出的机会，抄底则要远离这种 K 线。因此，对这种 K 线，简单了解即可。

【K 线实战图谱】

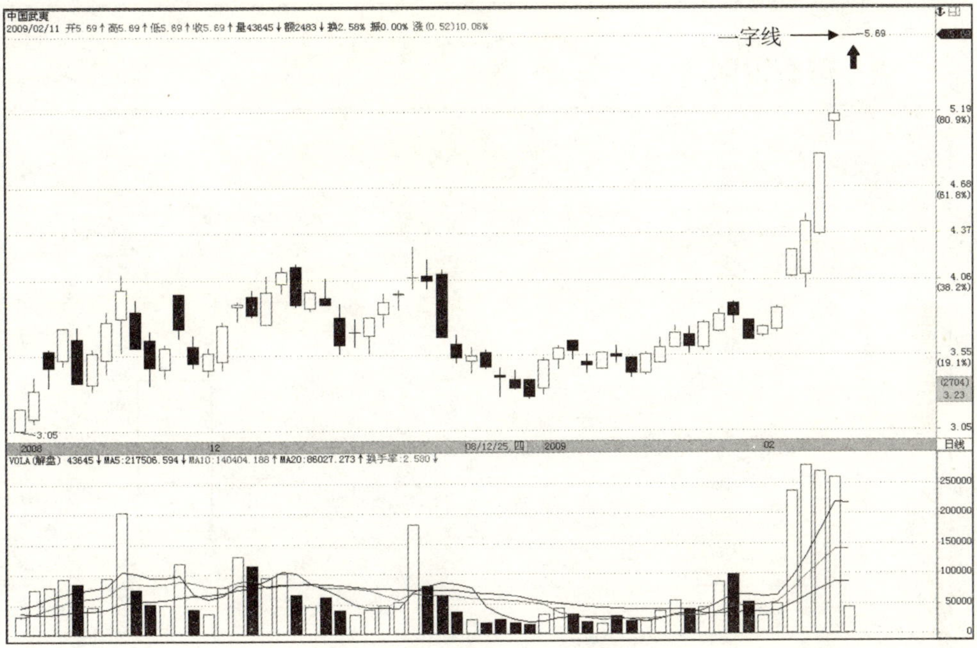

图 4-9　中国武夷　000797

看盘精要

一字线出现时的 K 线走势分析：

（1）图 4-9 是中国武夷从 2008 年 11 月 12 日至 2009 年 2 月 11 日的日线图。

（2）从图中可以看出，该股经过一段时间的盘整后，进入了加速上扬的主升浪阶段。

（3）2009 年 2 月 11 日，出现一根涨停一字线（其分时走势见图 4-8），后市看涨。

5. T 字线

↗ 形态识别

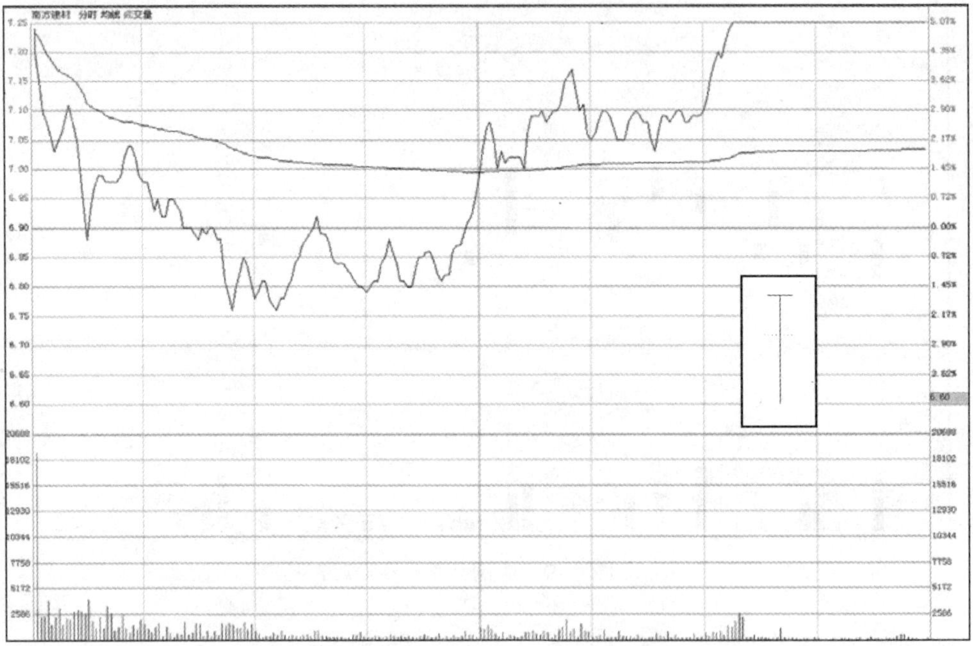

图 4–10　南方建材（物产中拓）　000906

（1）T 字线的开盘价等于收盘价，下影线的最低点为最低价。

（2）图 4–10 是南方建材（现名“物产中拓”）2009 年 3 月 26 日的分时走势图。当日，该股的开盘价、收盘价、最高价均为 7.25 元，最低价为 6.74 元，当日振幅为 7.39%，实体部分代表的价格波动为 0，属于 T 字线。

↗ 应对策略

（1）T 字线其实就是光头小阳线的特殊形式，倒 T 字线则是光脚小阴线的特殊形式。然而，其实战应对策略，与光头小阳线、光脚小阴线并不相似。

（2）T 字线多为涨停 T 字线，倒 T 字线多为跌停倒 T 字线。因此，它们有些独特的地方需要注意。

（3）追击 T 字线涨停，风险较高；至于阻击倒 T 字线跌停，风险更大。涨停 T 字线，可以适度参与；跌停倒 T 字线，坚决远离。

（4）如果有兴趣追击 T 字线涨停，一定要严格控制风险。对于伴随巨量的 T 字线涨停，还是旁观为妙。

【K 线实战图谱】

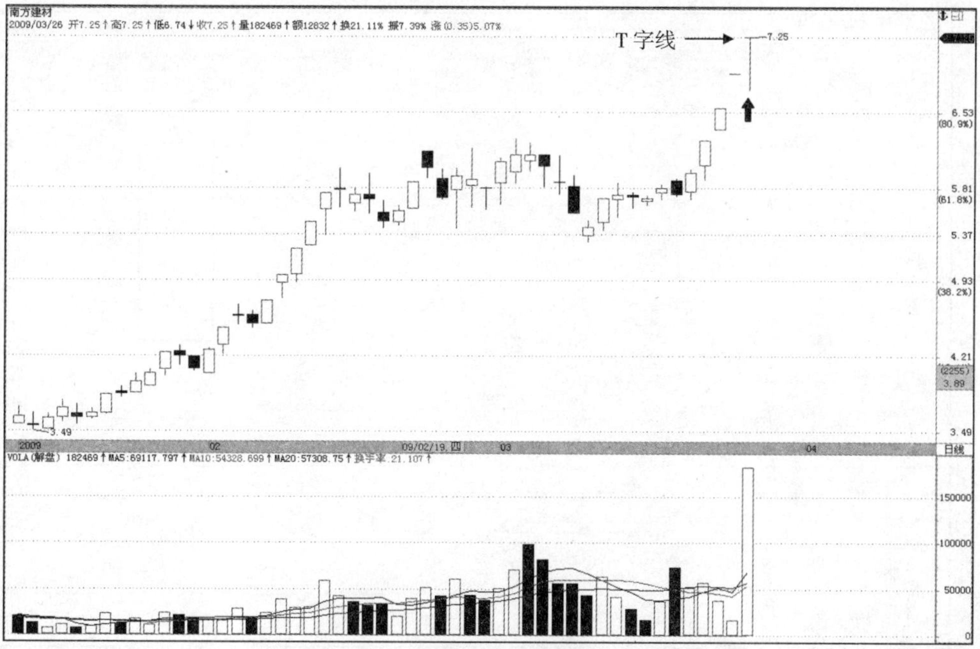

图 4–11　南方建材（物产中拓）　000906

看盘精要

T 字线出现时的 K 线走势分析：

（1）图 4–11 是南方建材（现名“物产中拓”）从 2009 年 1 月 7 日至 2009 年 3 月 26 日的日线图。

（2）从图中可以看出，该股处于上涨趋势中，在经过一段时间的盘整后，再次开始加速上扬。

（3）2009 年 3 月 26 日，出现一根 T 字线（其分时走势见图 4–10），后市看涨。

（4）但是，突然放出的巨量让人产生一丝隐忧：顶部可能近在眼前。因此，减仓为妙，不宜追高。

6. 倒T字线

↗ 形态识别

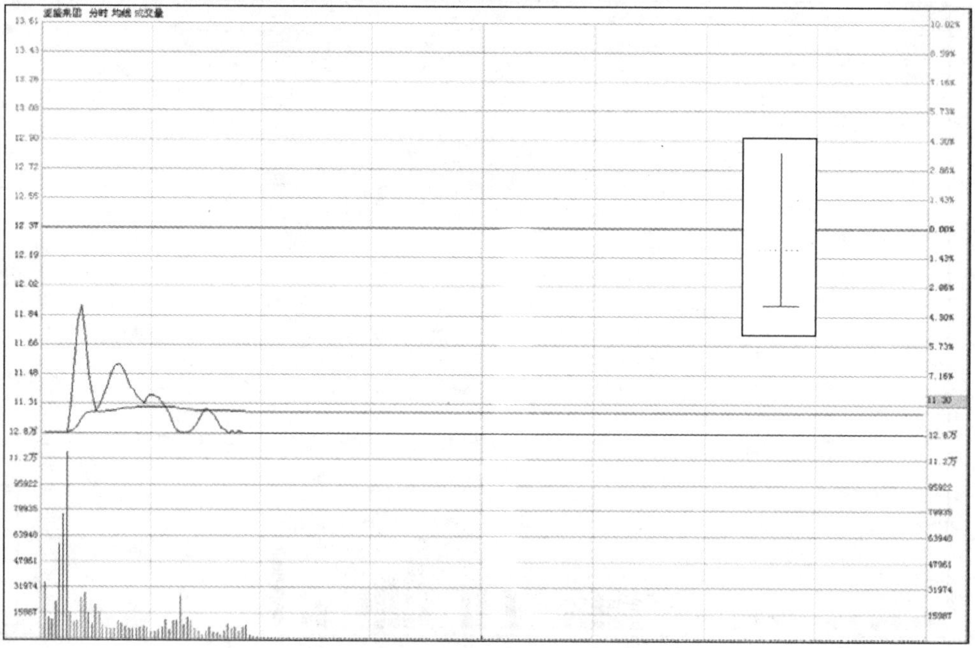

图 4-12　亚盛集团　600108

（1）倒T字线的开盘价等于收盘价，上影线的最高点为最高价。

（2）图 4-12 是亚盛集团 2007 年 6 月 1 日的分时走势图。当日，该股的开盘价、收盘价、最低价均为 11.13 元，最高价为 11.95 元，当日振幅为 6.63%，实体部分代表的价格波动为 0，属于倒T字线。

【K 线实战图谱】

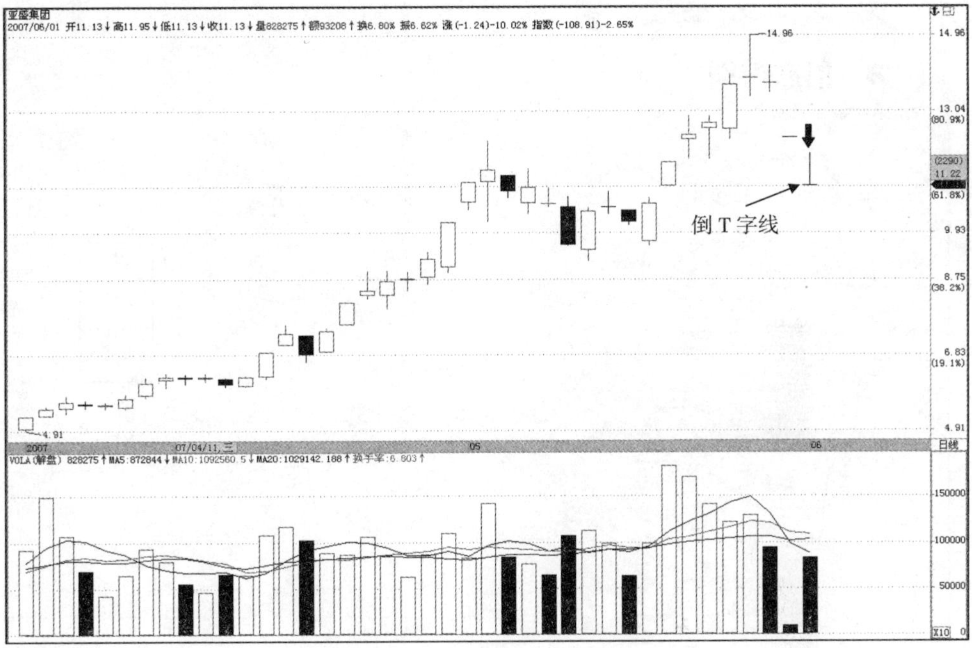

图 4–13 亚盛集团 600108

看盘精要

倒 T 字线出现时的 K 线走势分析：

（1）图 4–13 是亚盛集团从 2007 年 3 月 30 日至 2007 年 6 月 1 日的日线图。

（2）该股处于上涨趋势中，在加速上扬过程中，突然调头下跌。

（3）2007 年 6 月 1 日，出现一根倒 T 字线（其分时走势见图 4–12），后市看跌。

7. 十字线

形态识别

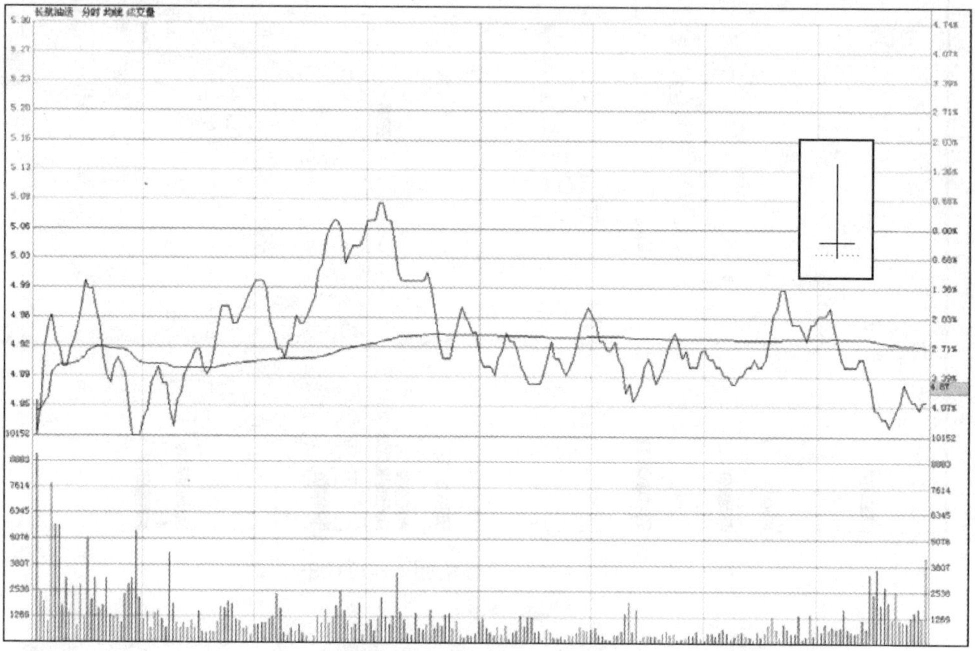

图 4–14　长航油运　600087

（1）十字线的开盘价等于收盘价，上影线的最高点为最高价，下影线的最低点为最低价。

（2）十字线分为上长下短十字线、上短下长十字线和上下均衡十字线。

（3）图 4–14 是长航油运 2008 年 11 月 20 日的分时走势图。当日，该股的开盘价、收盘价均为 4.86 元，最高价为 5.10 元，最低价为 4.81 元，当日振幅为 5.73%，实体部分代表的价格波动为 0，属于十字线。

应对策略

（1）十字线是上长下短小阳（阴）线、上短下长小阳（阴）线和上下影均衡小阳（阴）线的特殊形式，其实战应对策略基本相似，可参见相关内容。

（2）十字线属于偶然的产物，本身并没有特别的含义。但是，由于十字线

（包括类似十字线的小阳线、小阴线）非常容易发现，还是有不错的实战价值。

（3）十字线的上下影线是关注的重点。

【K 线实战图谱】

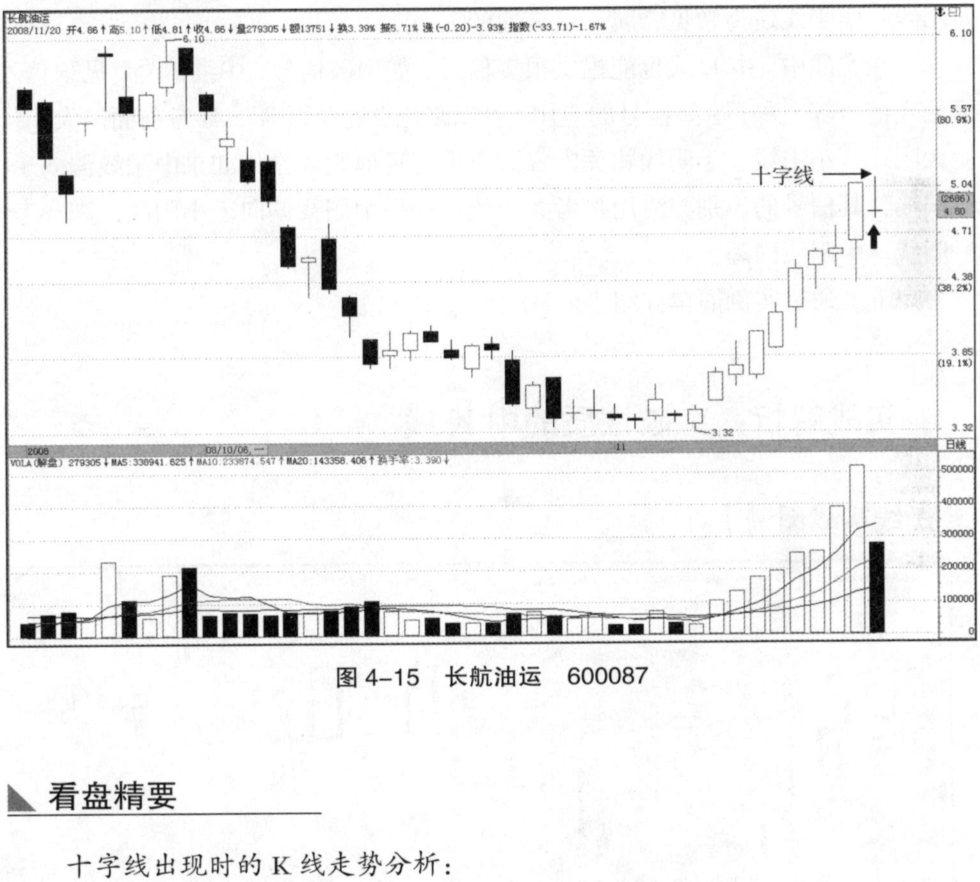

图 4–15　长航油运　600087

看盘精要

十字线出现时的 K 线走势分析：

（1）图 4–15 是长航油运从 2007 年 9 月 16 日至 2007 年 11 月 20 日的日线图。

（2）该股经过漫长的下跌之后，出现见底迹象，并展开了一波快速上扬。

（3）2007 年 11 月 20 日，出现一根十字线（其分时走势见图 4–14），基本处于前一交易日的实体之内，成交量也明显萎缩，后市看跌。

第二节 中K线实战解析

中K线包括中阳线与中阴线，相对大阳线、大阴线、小阳线和小阴线，中阳线与中阴线最为常见，属于最普通的K线。

在实战中，中K线也能提供很多信号，如突破信号、中继信号、见顶信号、见底信号等。关于这些信号的应用，可以采用“就近原则”，参考前面的大阳线、大阴线、小阳线、小阴线相关内容。所谓就近原则，是指如果中阳线偏向于大阳线，其信号的识别与应用参考大阳线；如果中阳线偏向于小阳线，则参考小阳线。中阴线同理。

下文通过实例简单介绍。

1. 实战解析：突破性质的中K线

【K线实战图谱】

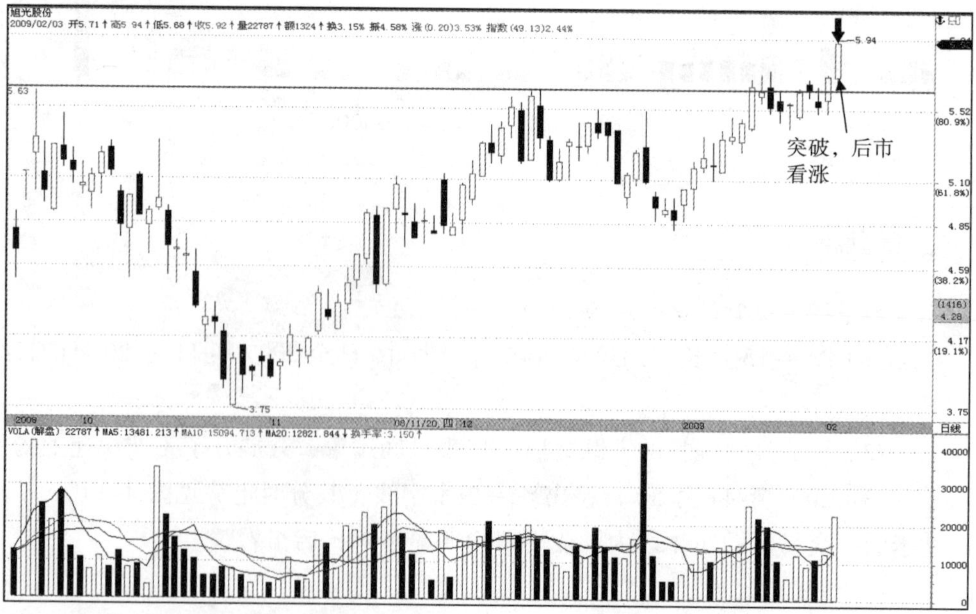

图4-16 旭光股份 600353

看盘精要

中 K 线出现时的 K 线走势分析：

（1）图 4–16 是旭光股份从 2008 年 9 月 18 日至 2009 年 2 月 3 日的日线图。

（2）2009 年 2 月 3 日，出现一根中阳线（见图 4–16 中的箭头所指），结束在压力线上的平台调整，成功站上压力线，后市看涨。

（3）在此之前，已有多根 K 线测试压力线。选择其中突破压力线的 K 线进行建仓，建仓价要低一些，但既要承担后市行情不清的风险，又可能要经受整理行情的折磨，不是最佳选择。

【K 线实战图谱】

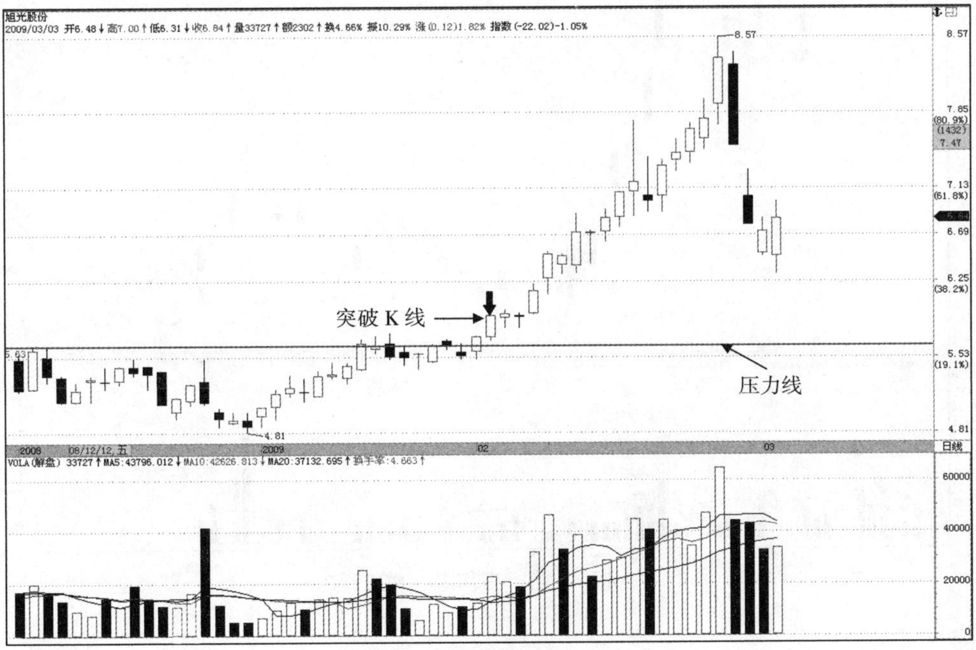

图 4–17　旭光股份　600353

看盘精要

中K线出现后的K线走势解读：

（1）2月3日中阳线出现之后，该股进入一波主升浪。16个交易日内，股价上涨了45%。

（2）选择买入点很重要，选择卖出点同样重要，甚至更重要。对于该股而言，如果不能把握好卖点，3个交易日内股价就下跌了25%。

【K线实战图谱】

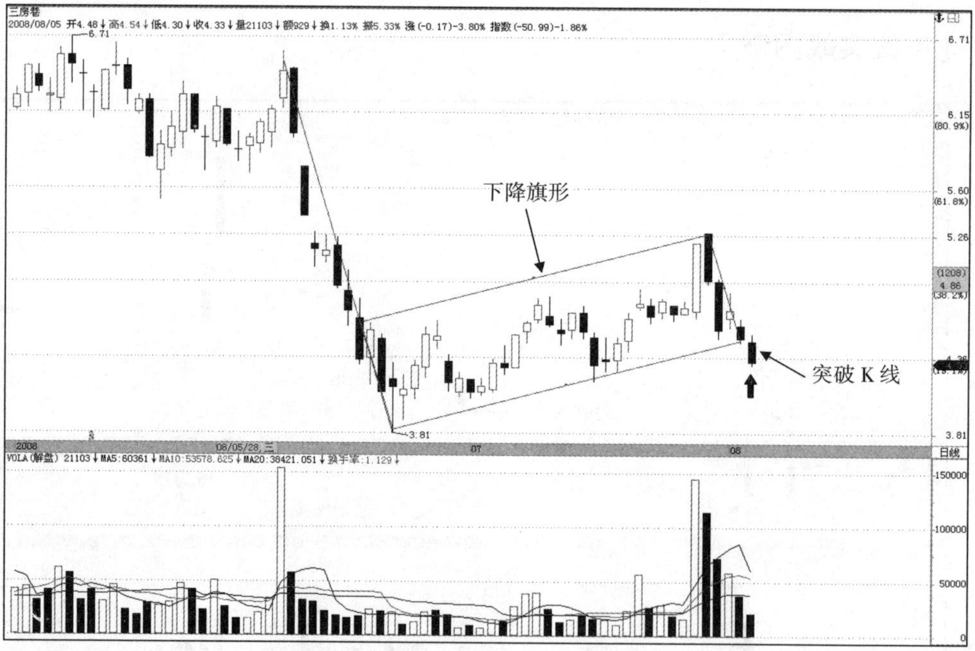

图4-18　三房巷　600370

看盘精要

中K线出现时的K线走势分析：

（1）图4-18是三房巷从2008年4月30日至2008年8月5日的日线图。

（2）2008 年 8 月 5 日，出现一根中阴线，突破旗形整理，调整结束，后市看跌。

【K 线实战图谱】

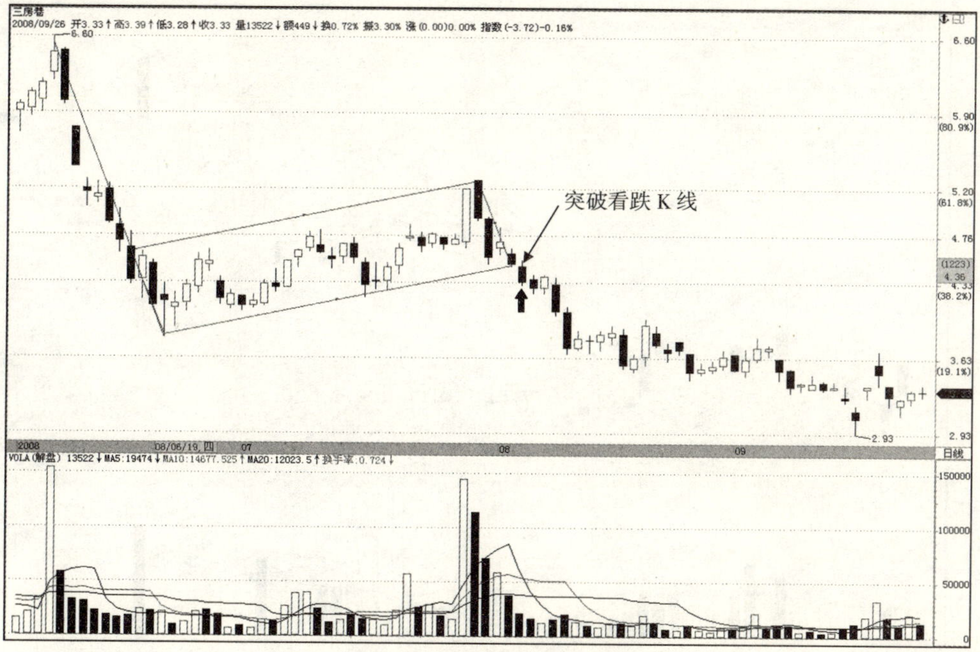

图 4–19　三房巷　600370

看盘精要

中 K 线出现后的 K 线走势解读：

（1）出现突破中阴线（见图 4–19 中箭头所指）后，该股进入又一波下跌。

（2）单边下跌过程中，抄底或者抢反弹都是风险很高的操作，不如趁这段清闲时段好好休整一下。

（3）对于没有做空机制的中国股市而言，单边下跌的过程中主要研究见底信号其实就可以了。

2. 实战解析：中继性质的中K线

【K线实战图谱】

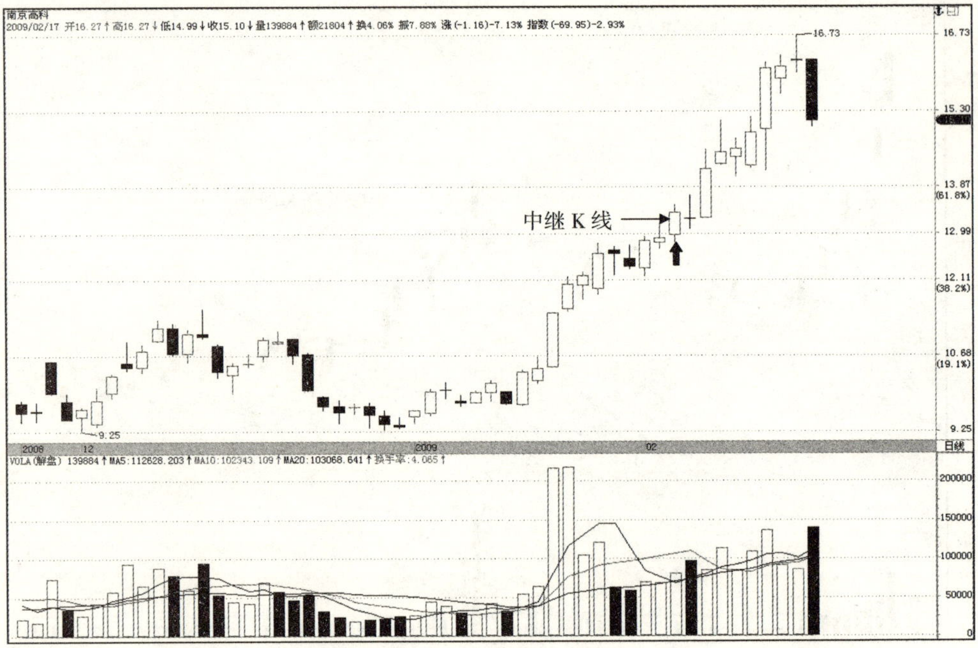

图 4-20　南京高科　600064

看盘精要

中K线出现后的K线走势解读：

（1）图4–20是南京高科从2008年11月25日至2009年2月17日的日线图。

（2）2009年2月4日，出现一根中阳线（见图4–20中的箭头所指），呈现中继K线的迹象，后市看涨。

（3）随后，该股继续上涨。经过测量，可以发现这根中阳线恰好处于这波上涨行情的中间位置上。

（4）发现中继看涨K线，耐心持股待涨。中继看涨K线的最低点值得重视，如果接下来的几个交易日跌破其最低点，应警惕转势。

【K 线实战图谱】

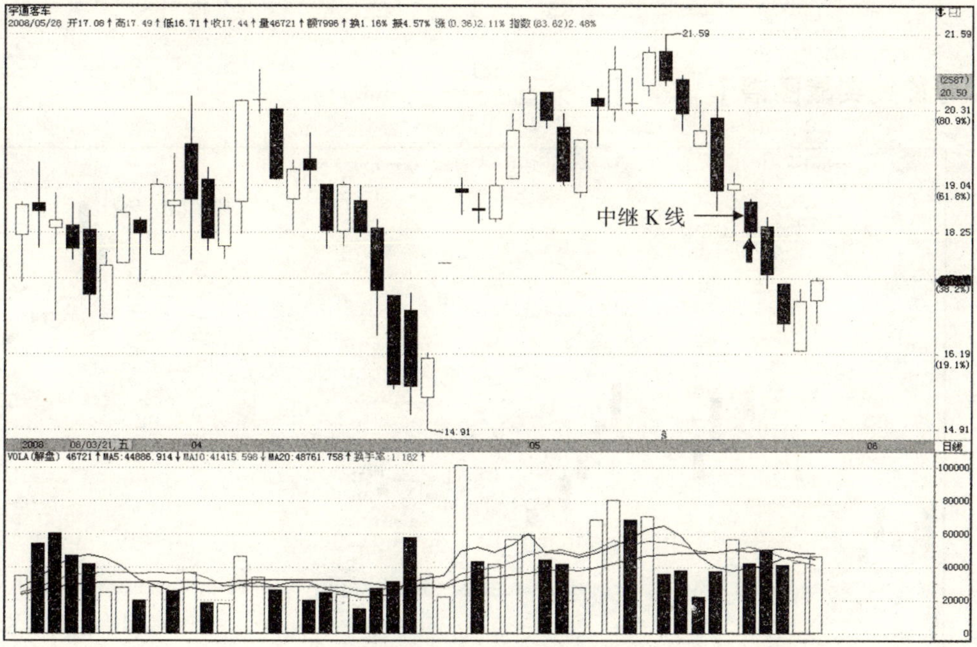

图 4–21　宇通客车　600066

看盘精要

中 K 线出现后的 K 线走势解读：

（1）图 4–21 是宇通客车从 2008 年 3 月 18 日至 2008 年 5 月 28 日的日线图。

（2）2009 年 5 月 22 日，出现一根中阳线（见图 4–21 中的箭头所指），呈现中继 K 线的迹象，后市看跌。

（3）随后，该股继续下跌。经过测量，可以发现这根中阳线处于这波下跌行情的中间位置之下，前一交易日的小阳线恰好处于中间位置上。

（4）对于中继 K 线而言，小阴线和小阳线发出的信号更值得信赖。中阴线、中阳线出现在一波趋势中，更多是代表加速，类似于大阴线、大阳线。

3. 实战解析：见顶性质的中 K 线

【K 线实战图谱】

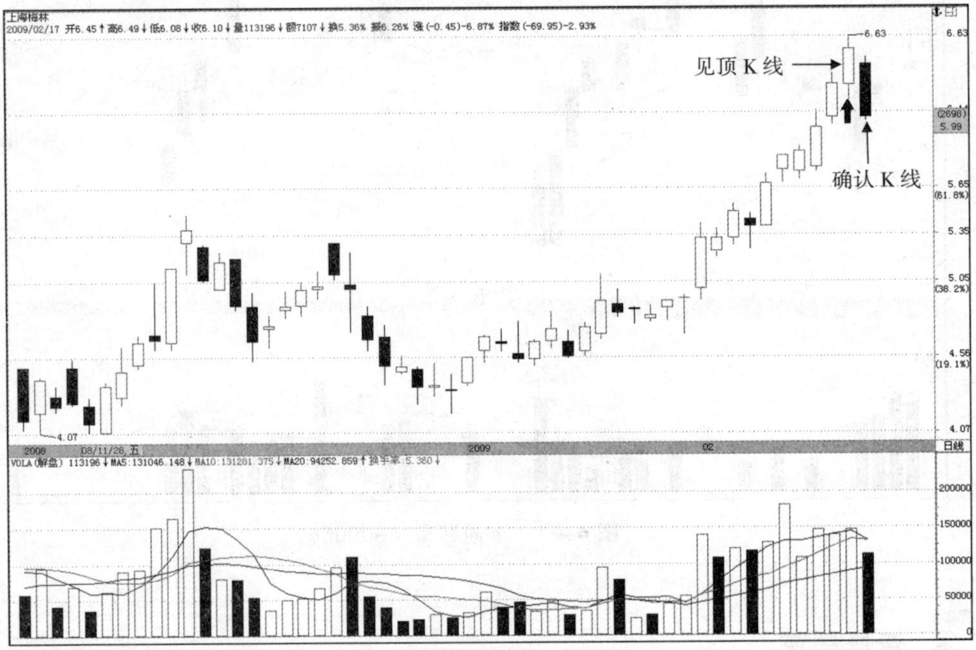

图 4-22　上海梅林　600073

看盘精要

中 K 线出现时的 K 线走势分析：

（1）图 4-22 是上海梅林从 2008 年 11 月 24 日至 2009 年 2 月 17 日的日线图。

（2）2009 年 2 月 16 日，出现一根中阳线（见图 4-22 中的箭头所指），后市看涨。

（3）2 月 17 日，涨势没能继续，反而走出了一根大阴线。后市看涨的判断可能有误，之前的中阳线可能是短期见顶 K 线。

（4）一般来说，在上涨趋势中只要遇到中阳线，后市就看涨。如果跟踪日出现不符合预期的走势，警惕阳线见顶。

【K 线实战图谱】

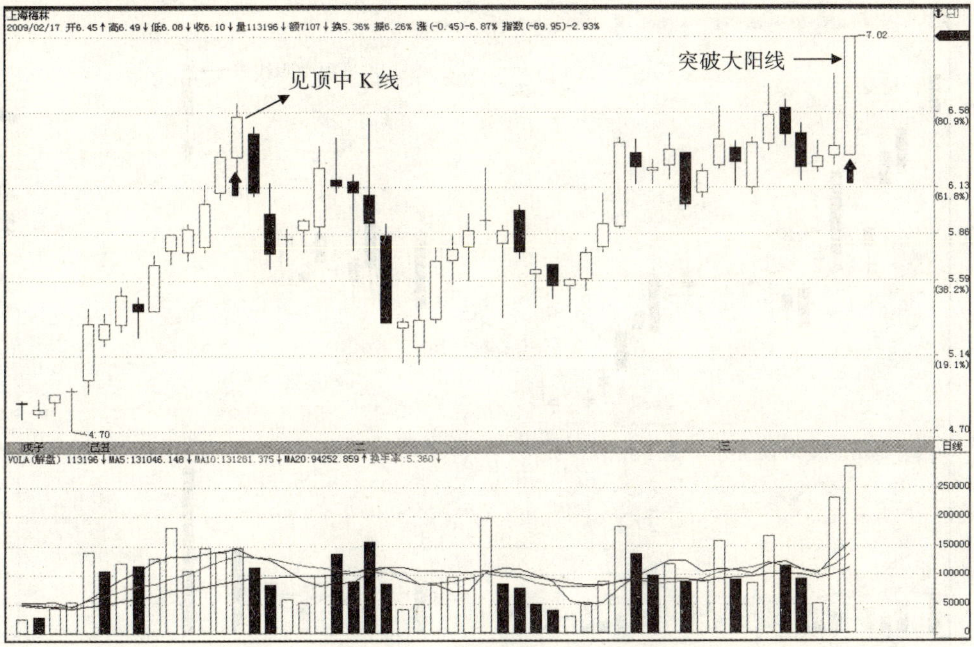

图 4-23　上海梅林　600073

看盘精要

中 K 线出现后的 K 线走势解读：

（1）见顶中阳线（见图 4-23 中左侧箭头所指）之后，该股进入整理行情之中。

（2）2009 年 4 月 9 日，出现一根大阳线（见图中右侧箭头所指），突破见顶中阳线形成的压力线。

（3）在接近 2 个月的时间内，该股始终受制于这根见顶中阳线。

【K线实战图谱】

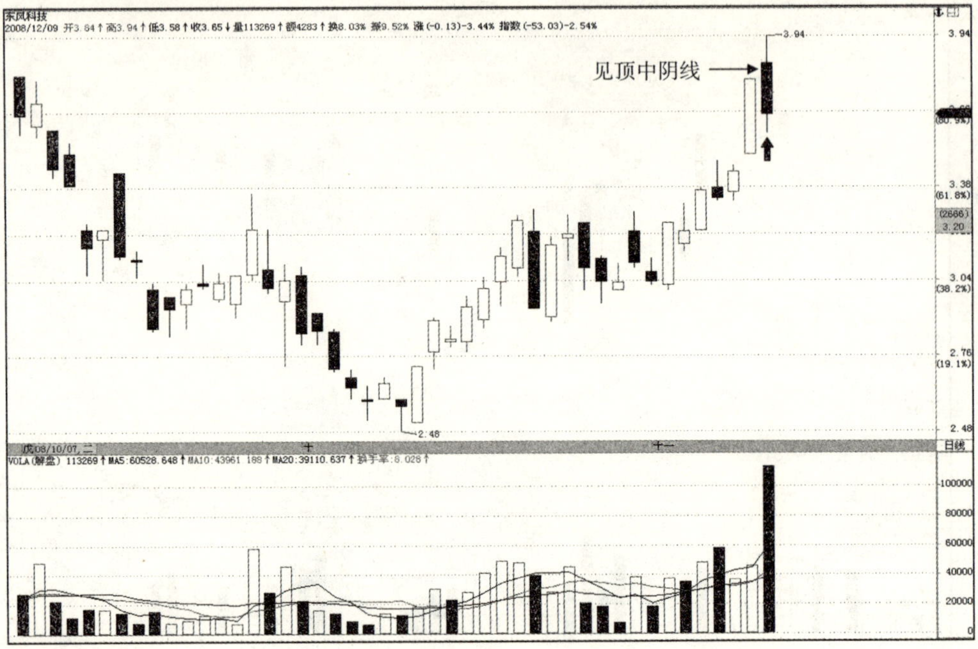

图 4-24　东风科技　600081

看盘精要

中 K 线出现时的 K 线走势分析：

（1）图 4-24 是东风科技从 2008 年 11 月 5 日至 2008 年 12 月 9 日的日线图。

（2）2008 年 12 月 9 日，出现一根中阴线，伴随巨量，后市看跌。

（3）在加速上涨过程中，发现振幅巨大（振幅 8%以上）的大阴线或者中阴线，一定要警惕。如果再伴随巨量，短期见顶的可能性非常高。

【K 线实战图谱】

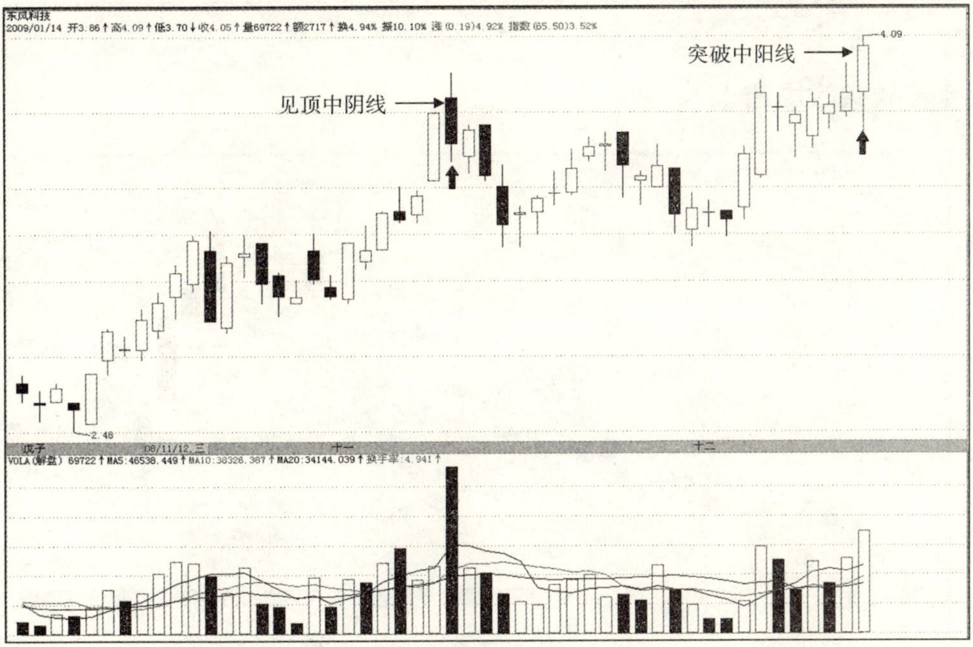

图 4-25　东风科技　600081

看盘精要

中 K 线出现后的 K 线走势解读：

（1）见顶中阴线（见图 4-25 中左侧箭头所指）之后，该股进入整理行情之中。

（2）2009 年 1 月 14 日，出现一根中阳线（见图中右侧箭头所指），突破见顶中阴线形成的压力线。

（3）这根见顶中阴线影响力较小。只用了 1 个月的时间，中阴线高点组成的防线就被多头攻破，后市看涨。

4. 实战解析：见底性质的中K线

【K线实战图谱】

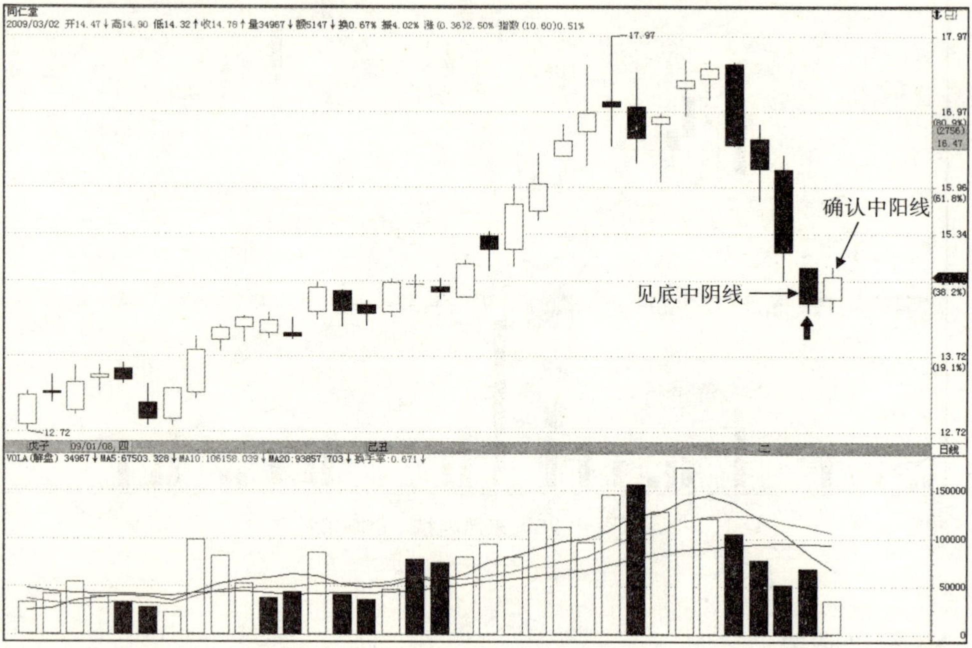

图 4-26　同仁堂　600085

看盘精要

中K线出现时的K线走势分析：

（1）图 4-26 是同仁堂从 2009 年 1 月 6 日至 2009 年 3 月 2 日的日线图。

（2）2009 年 2 月 27 日，出现一根中阴线（见图中的箭头所指），后市应该看跌。

（3）主要趋势是上涨，这波急速下跌属于回调行情。在下跌过程中伴随着成交量的快速萎缩，是健康的。2 月 27 日的中阴线伴随的却是成交量放大，是资金入场痕迹。

（4）3 月 2 日，跌势没能继续，反而走出了一根中阳线，成交量再次萎缩。后市看跌的判断可能有误，之前的中阴线可能是见底 K 线。

【K 线实战图谱】

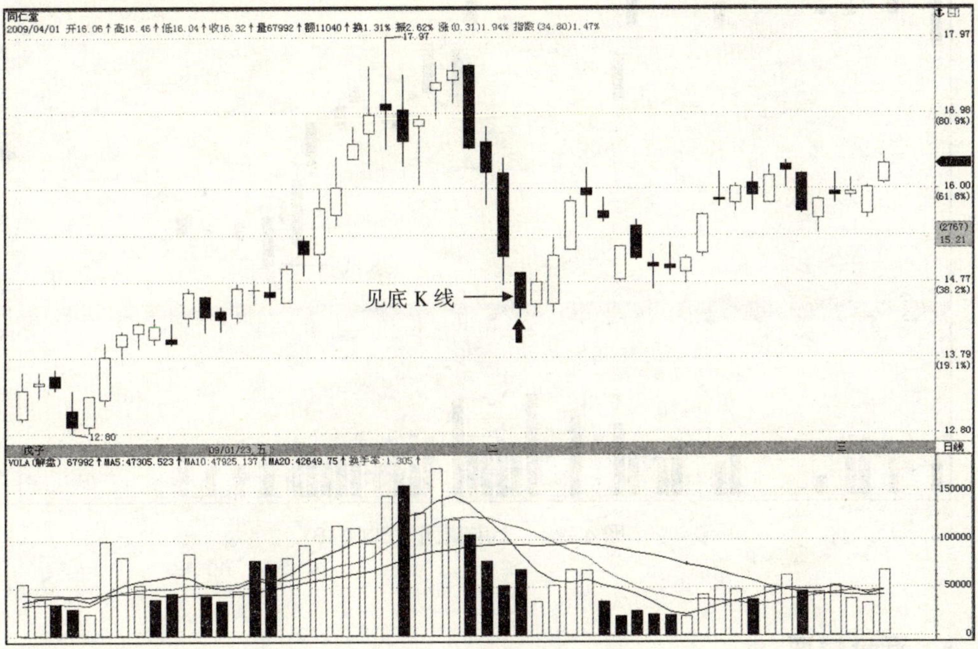

图 4–27　同仁堂　600085

看盘精要

中 K 线出现后的 K 线走势解读：

（1）见底中阴线（见图 4–27 中箭头所指）之后，该股进入整理行情之中。

（2）从图中可以看出，这波回调带来了沉重的上涨压力。该股还没有准备好继续上攻，暂时可以搁置到一边，等它再次显示突破迹象再关注也不迟。

（3）一般来说，在下跌趋势中只要遇到中阴线，后市就看跌。如果跟踪日出现不符合预期的走势，警惕阴线见底。

【K 线实战图谱】

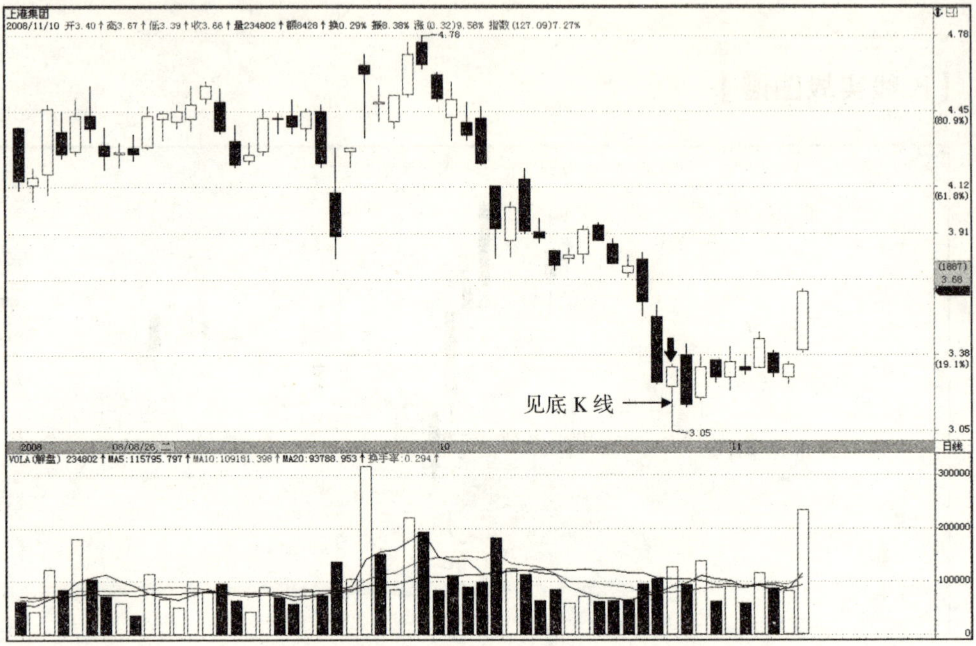

图 4–28 上港集团 600018

看盘精要

中 K 线出现后的 K 线走势解读：

（1）图 4–28 是上港集团从 2008 年 8 月 18 日至 2008 年 11 月 10 日的日线图。

（2）2008 年 10 月 28 日，出现一根带有长长下影线的中阳线（见图中箭头所指），下跌之势得到遏制。

（3）随后出现小平台整理。11 月 10 日，一根大阳线拔地而起，伴随着明显的放量。至此，底部区域已经浮现在眼前，10 月 28 日的中阳线就是见底 K 线。

（4）发现见底 K 线后，其最低价就成为重要的标尺。股价运行于最低价之上，此处就是底部区域；股价跌破最低价，此处就是腰部区域（当然，也可能是做双底）。

【K 线实战图谱】

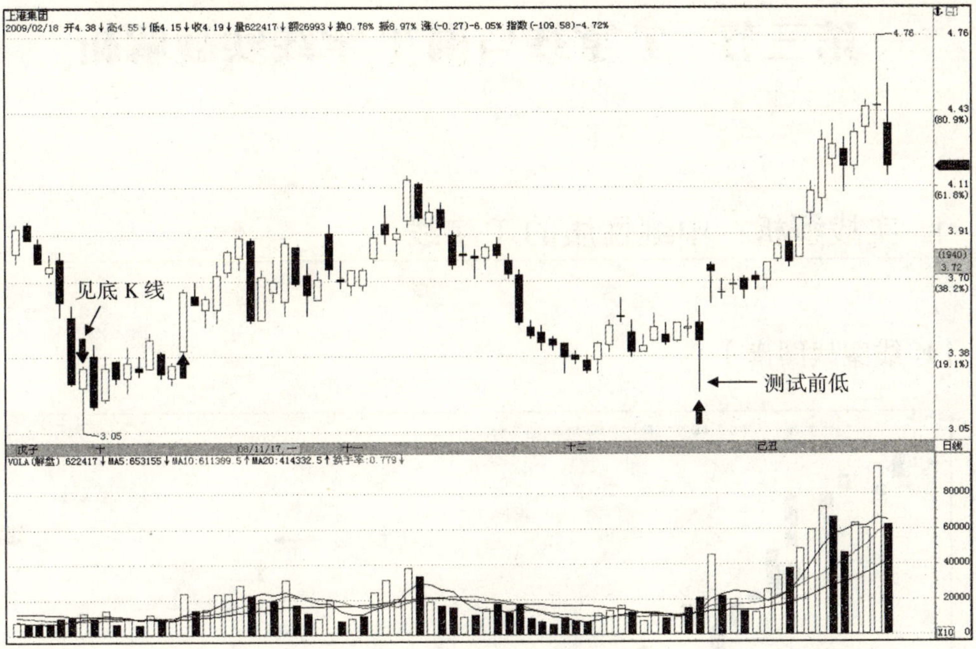

图 4–29　上港集团　600018

看盘精要

中 K 线出现后的 K 线走势解读：

（1）大阳线突破（见图 4–29 中左侧向上箭头所指）之后，该股并没有迅速进入上升通道，反而展开了振荡整理。

（2）翻看当时的行情走势可以发现，见底中阳线出现之后的成交量明显高于之前的成交量。由此可以判断，此处就是底部区域。

（3）2009 年 1 月 16 日，出现一根带特长下影线的中阴线（见图中右侧向上箭头所指），伴随着巨量，清理浮筹，并测试前低附近的支撑。

（4）随后，该股走出一波不错的涨势，15 个交易日涨幅达到 35%。

第三节 T字线与倒T字线实战解析

1. 实战解析：中继性质的T字线

【K线实战图谱】

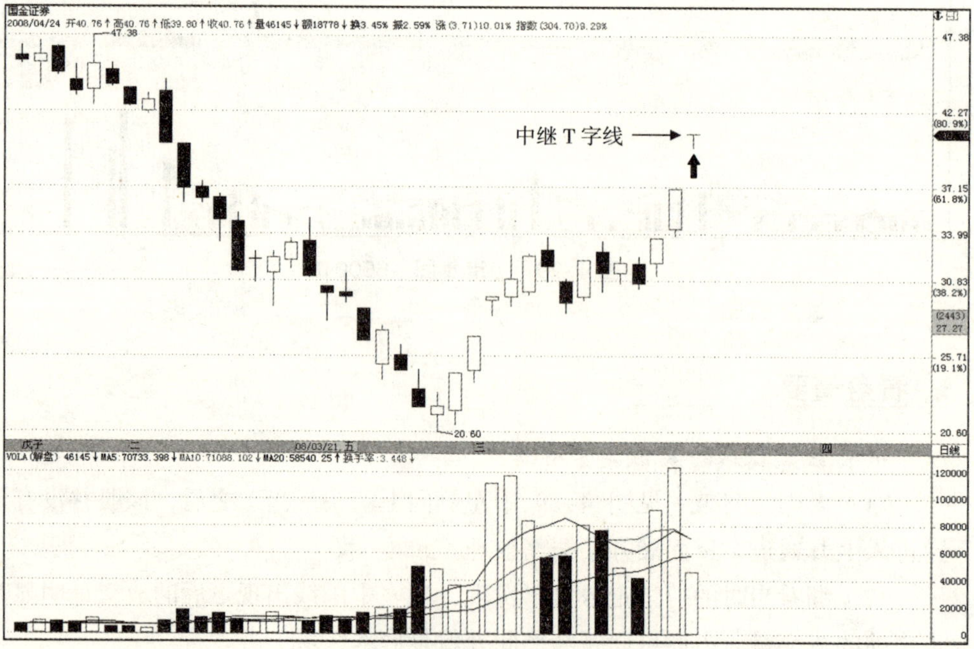

图4-30 国金证券 600109

看盘精要

T字线出现时的K线走势分析：

（1）图4-30是国金证券从2008年2月29日至2008年4月24日的日线图。

（2）2008 年 4 月 24 日，出现一根 T 字线（见图 4–27 中箭头所指），后市继续看涨。

（3）T 字线多为中继 K 线。但是，如果 T 字线伴随巨量或者其下影线特别长，需要特别注意，防止见顶 T 字线。

（4）实战中，T 字线出现的几率较低。当然，ST 股票的涨跌有所限制，出现 T 字线的机会很多。

【K 线实战图谱】

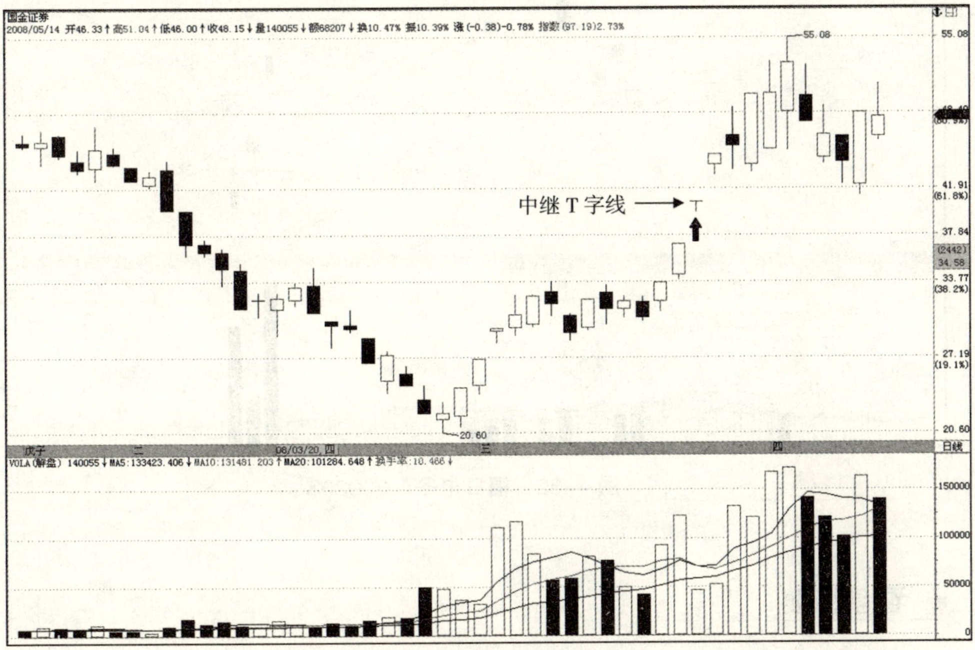

图 4–31　国金证券　600109

看盘精要

T 字线出现后的 K 线走势解读：

（1）T 字线（见图 4–31 中箭头所指）出现后，股价继续上扬，证明其为中继 K 线的看法是正确的。

（2）一般来说，不会选择 T 字线当日进行减仓或者清仓。

（3）顺便介绍一下一字线。不论是上涨趋势中还是下跌趋势中，涨停一字线都属于看涨信号，而且多为中继K线。

【K线实战图谱】

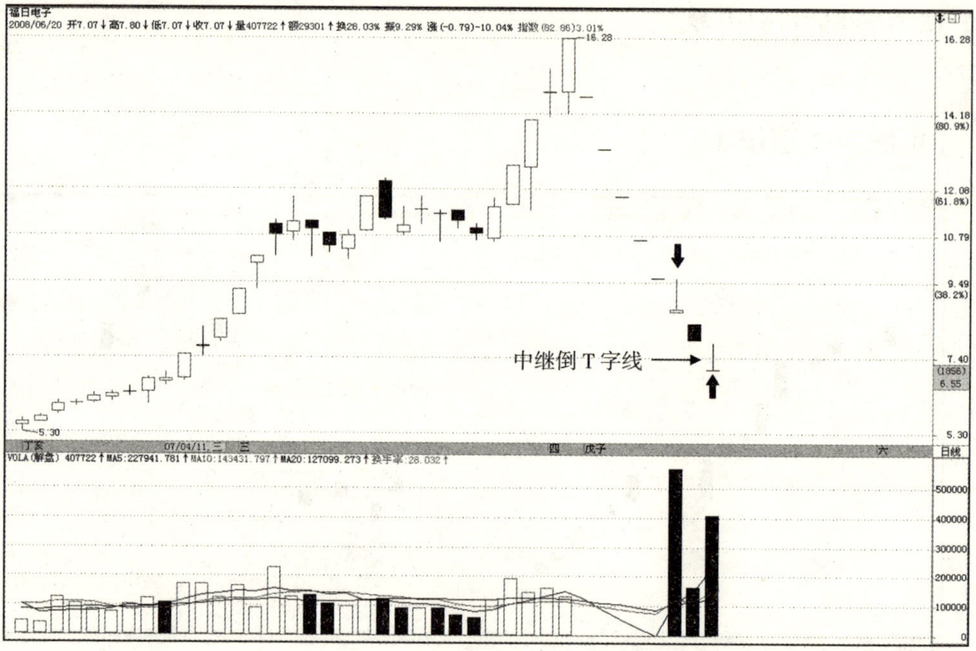

图 4-32 福日电子 600203

看盘精要

倒T字线出现时的K线走势分析：

（1）图4-32是福日电子从2007年3月30日至2008年6月20日的日线图。

（2）该股在复牌后连续5个跌停。6月18日，终于摆脱跌停困境，以小阳线收盘（见图4-32中向下箭头所指），伴随巨量。

（3）然而，跌势只是趋缓，下跌仍在继续。2008年6月20日，出现一根倒T字线（见图中向上箭头所指），后市继续看跌。

（4）面对连续跌停的股票，最好不要着急抢跌停板的筹码。便宜的筹码不是投资股票的目标，有升值潜力的筹码才是。

【K 线实战图谱】

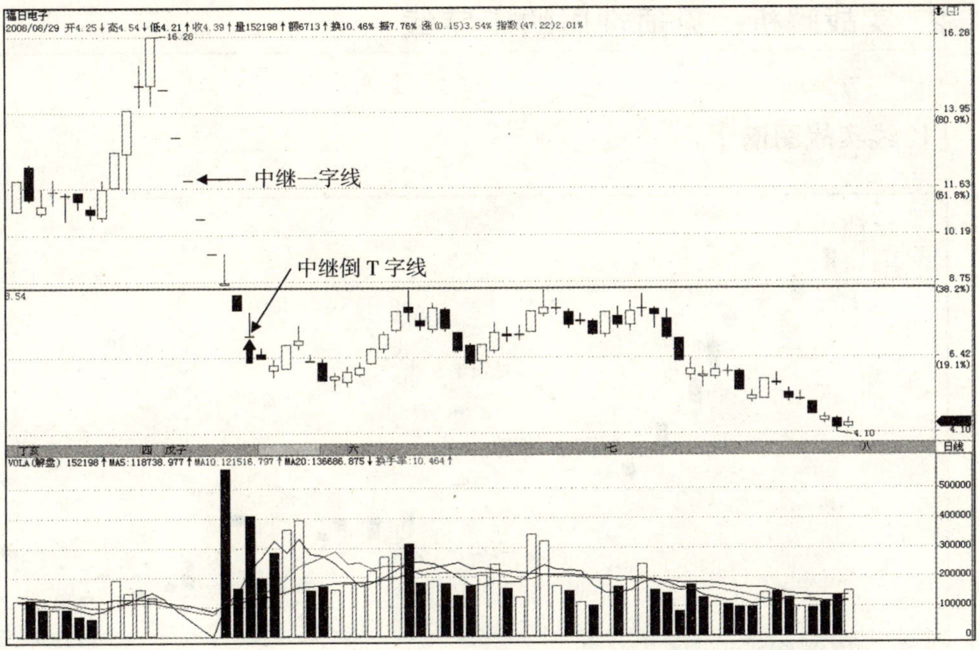

图 4–33　福日电子　600203

看盘精要

倒 T 字线出现后的 K 线走势解读：

（1）倒 T 字线（见图中箭头所指）出现之后，股价又下滑了 20%多才止跌。

（2）实战中，倒 T 字线比 T 字线出现的机会更少。当然，ST 股票例外。

（3）简单介绍一下跌停一字线。不论是在上涨趋势中还是下跌趋势中，跌停一字线都属于看跌信号，而且多为中继 K 线。图 4–33 中，有多根中继看跌一字线。

2. 实战解析：见顶性质的 T 字线

【K 线实战图谱】

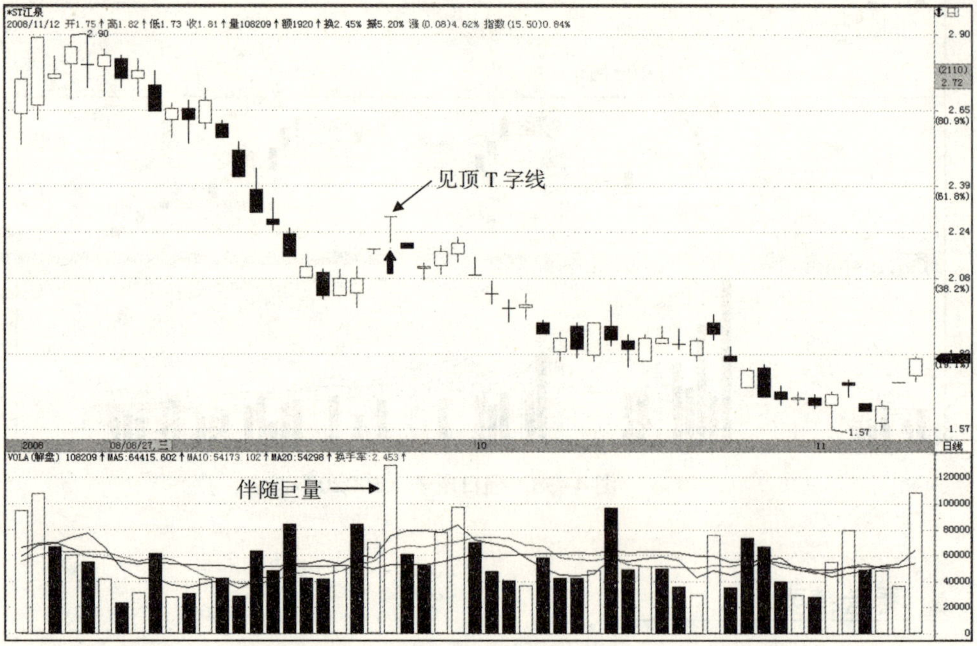

图 4-34 *ST 江泉（江泉实业） 600212

看盘精要

T 字线出现后的 K 线走势解读：

（1）图 4-34 是*ST 江泉（现名“江泉实业”）从 2008 年 8 月 19 日至 2008 年 11 月 12 日的日线图。

（2）该股在一波快速下跌后止跌反弹。2008 年 9 月 22 日，出现一根 T 字线（见图 4-34 中箭头所指）。下跌趋势中，反弹伴随巨量放出，显示一丝风险。

（3）9 月 23 日，跳空低开，最终小阴线收盘。由此确认，9 月 22 日的 T 字线是见顶 K 线。

（4）T 字线见顶的情况比较罕见，而且基本都出现在 ST 股票中，故稍加了解即可。

【K 线实战图谱】

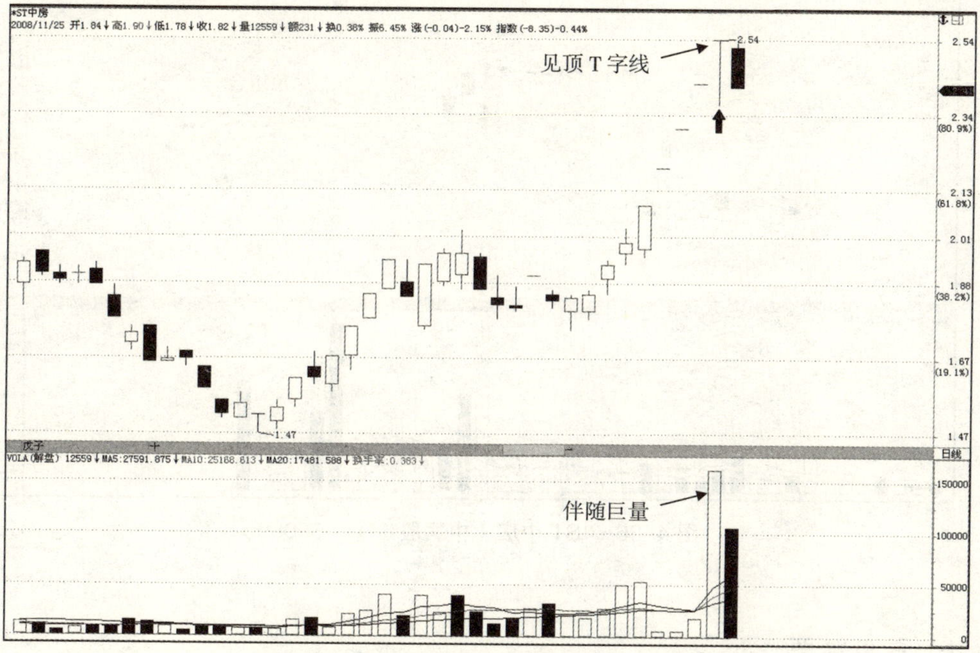

图 4–35　*ST 中房（中房股份）　600890

看盘精要

T 字线出现时的 K 线走势分析：

（1）图 4–35 是*ST 中房（现名“中房股份”）从 2008 年 10 月 20 日至 2008 年 12 月 12 日的日线图。

（2）2008 年 12 月 11 日，出现一根 T 字线（见图中箭头所指），后市应该看涨。

（3）不过，过度放大的成交量以及高达 7.44%的振幅（对 ST 股票而言，这已经是很大的振幅了），显示出上涨的压力很大。

（4）12 月 12 日，出现一根大阴线（对 ST 股票而言），显示见顶迹象。

【K线实战图谱】

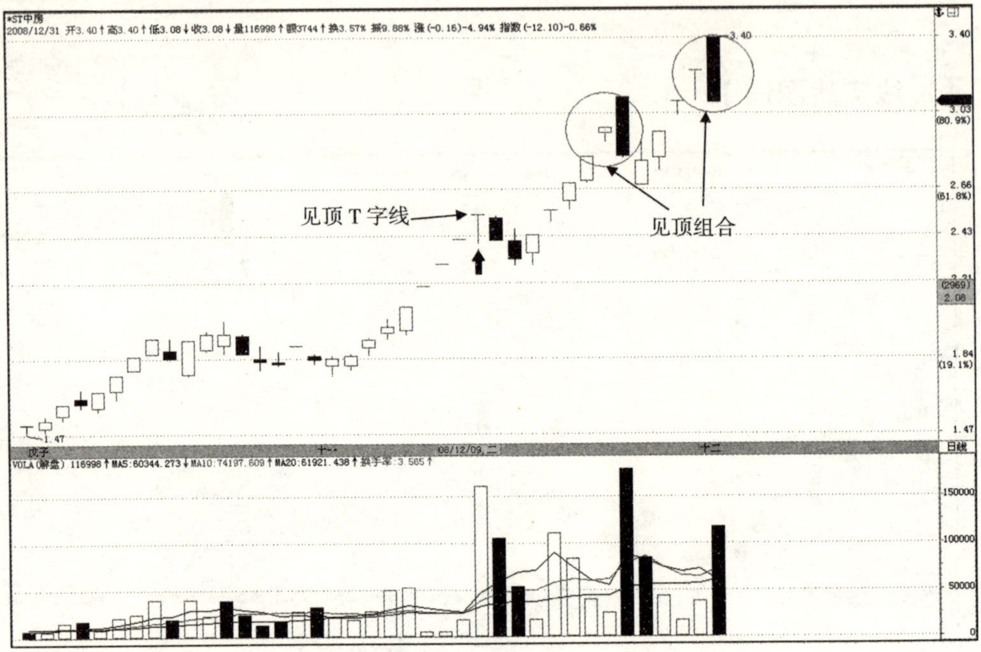

图 4-36　*ST 中房（中房股份）　600890

看盘精要

T 字线出现后的 K 线走势解读：

（1）出现疑似见顶 T 字线后，股价并没有大幅回调，只是稍做整理就继续上扬。

（2）2008 年 12 月 30 日，出现了“T 字线+大阴线”的 K 线组合，见图中右侧圆圈。这是比较常见的 ST 股票见顶信号，值得关注。

（3）至于左侧圆圈，属于“T 字线+大阴线”组合的变形——“涨停小阳线+大阴线”，同样为见顶信号。当然，这个见顶信号发出的仍然是假信号。

【K 线实战图谱】

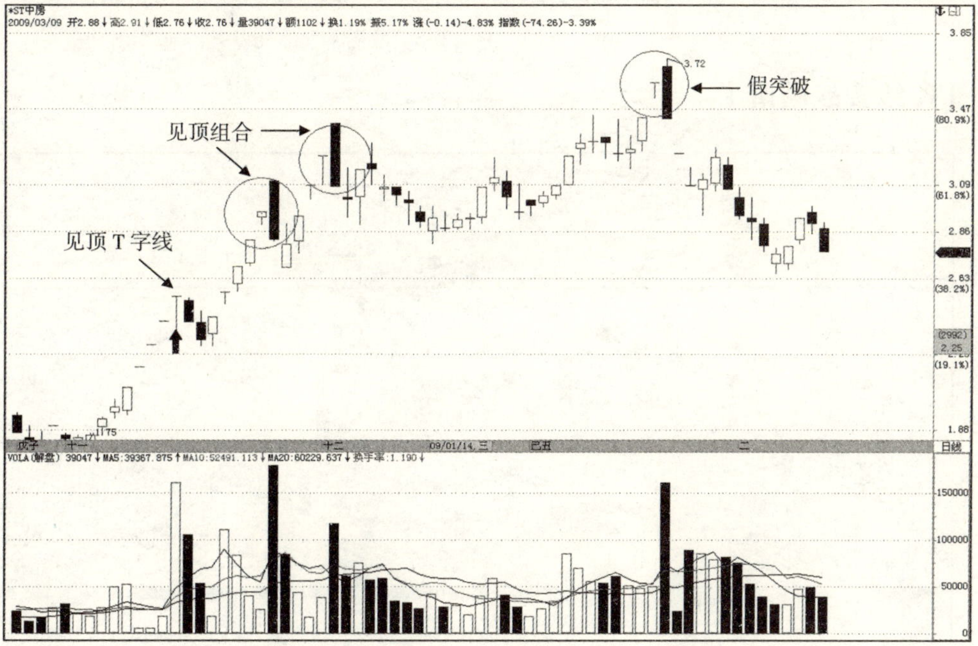

图 4-37　*ST 中房（中房股份）　600890

看盘精要

T 字线出现后的 K 线走势解读：

（1）“T 字线+大阴线”见顶信号（见图中中间的圆圈部分）出现之后，该股进入整理行情中。在 1 个月的时间内，始终受制于大阴线的高点。

（2）2009 年 2 月 16 日，出现一根 T 字线，突破压力线，后市看涨。

（3）2 月 17 日，一根大阴线破坏了走势，再次出现“T 字线+大阴线”组合，见顶信号。

（4）此次见顶的回调要猛烈许多，9 个交易日内跌幅就超过了 20%。

（5）另外，“T 字线+大阴线”组合的变形“一字线+大阴线”，也属于见顶信号。

3. 实战解析：突破性质的 T 字线

【K 线实战图谱】

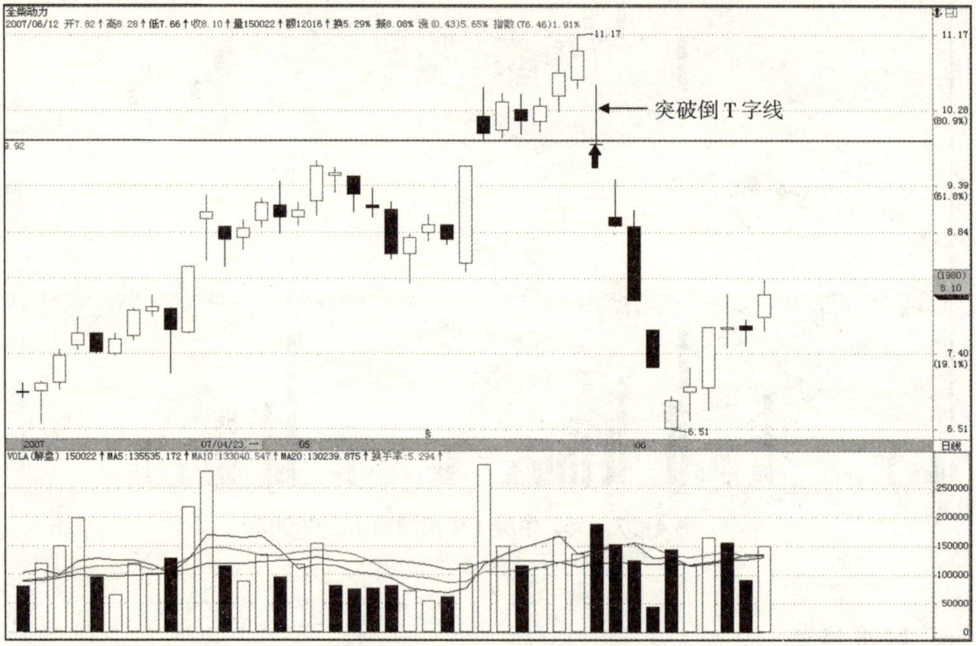

图 4–38　全柴动力　600218

看盘精要

倒 T 字线出现后的 K 线走势解读：

（1）图 4–38 是全柴动力从 2007 年 4 月 9 日至 2007 年 6 月 12 日的日线图。

（2）2007 年 5 月 30 日，在上涨过程中突然出现一根倒 T 字线（见图中箭头所指），跌破支撑线，进入缺口之中，后市看跌。

（3）5 月 31 日，再次跳空低开，最终小阴线收盘，形成孤岛。进一步加强看跌信号！

（4）接下来的 3 个交易日，股价再次下跌 26%。如果发现突破看跌 K 线时没有及时清仓出场，仅仅 4 个交易日，浮亏就达到了 30%。

（5）很少出现倒 T 字线突破看跌信号。一旦出现，属于强烈看跌信号。

【K 线实战图谱】

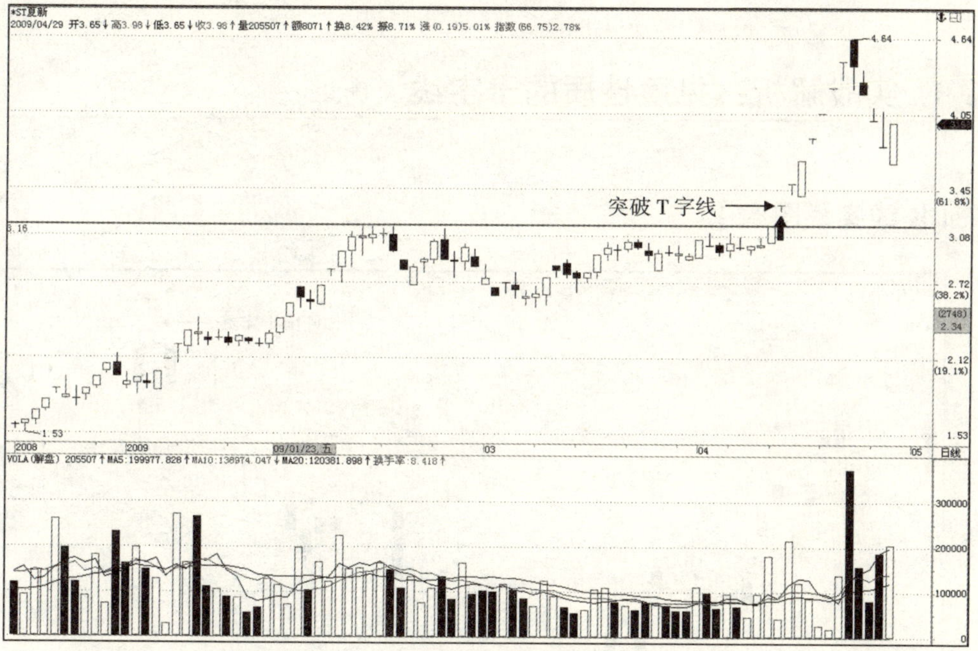

图 4–39　*ST 夏新（象屿股份）　600057

看盘精要

T 字线出现后的 K 线走势解读：

（1）图 4–39 是*ST 夏新（现名“象屿股份”）从 2008 年 12 月 17 日至 2009 年 4 月 29 日的日线图。

（2）2009 年 4 月 14 日，出现一根 T 字线（见图中箭头所指），突破压力线，后市强烈看涨。

（3）随后，在 7 个交易日内，股价上涨了 40%。抓住这样的波段，20%的收益完全可以达到。

（4）有些股票直接采用一字线突破，后市自然看涨，可惜没有入场的机会。

第四节　十字线实战解析

1. 实战解析：见顶性质的十字线

【K线实战图谱】

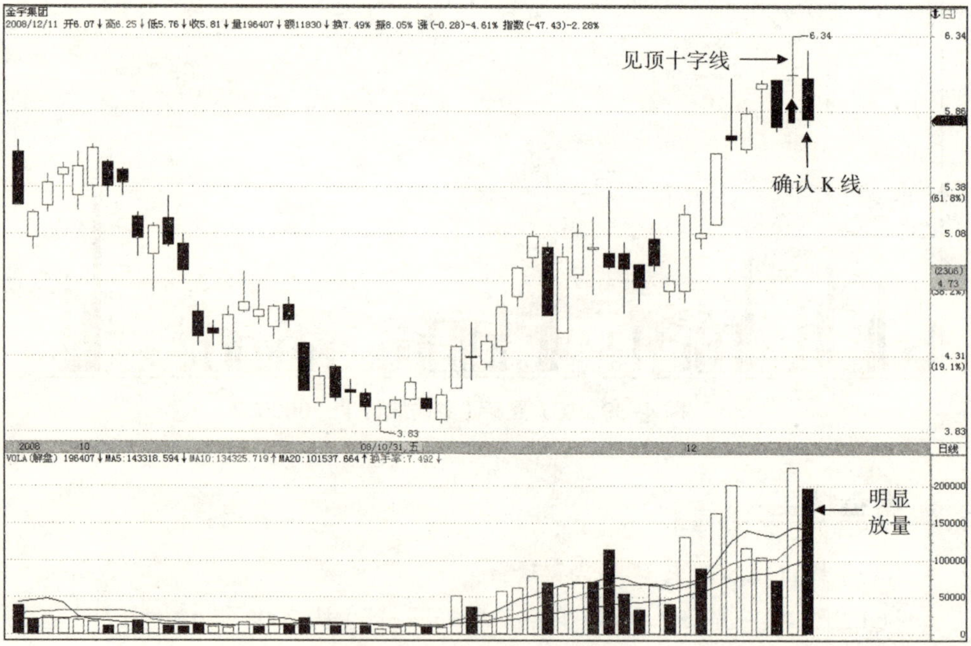

图 4-40　金宇集团　600201

看盘精要

十字线出现时的K线走势分析：

（1）图4-40是金宇集团从2008年9月23日至2008年12月11日的日线图。

（2）从当时的行情走势可以判断，该股已有筑底迹象，可能进入中级反弹行情。

（3）2008 年 12 月 10 日，出现一根十字线（见图中箭头所指），伴随巨量，上涨压力大。

（4）12 月 11 日，该股没能继续上涨，以中阴线报收，跌幅 4.61%。

（5）见顶十字线需要跟踪日的确认，关键在于其上影线的最高点。如果下一交易日突破上影线的最高点，该十字线为中继十字线；否则，就是见顶十字线。因此，结合 12 月 11 日的 K 线可以判断，12 月 10 日的十字线属于见顶十字线。

【K 线实战图谱】

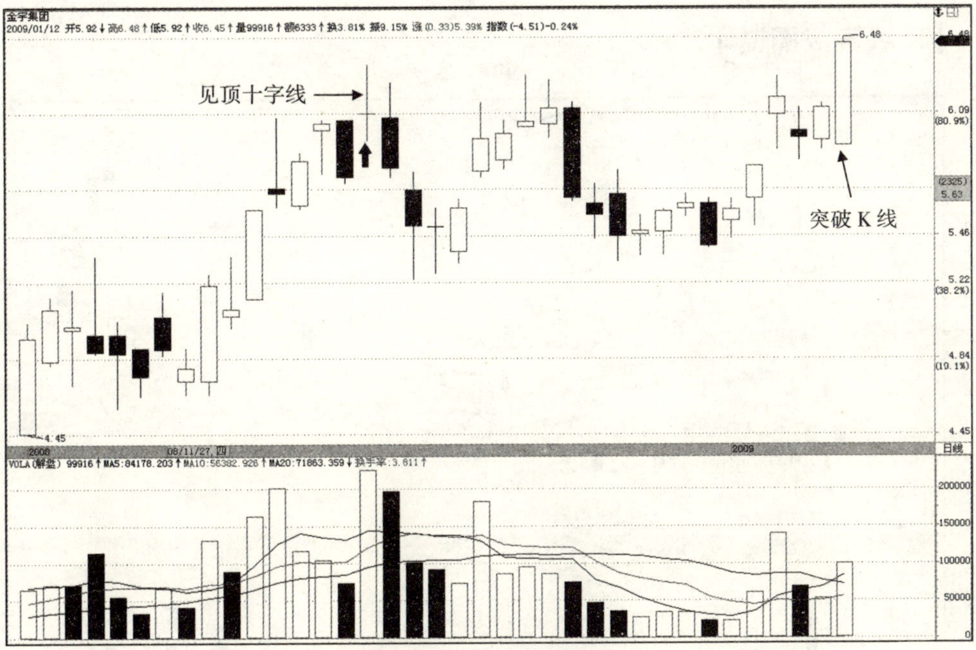

图 4-41　金宇集团　600201

看盘精要

十字线出现后的K线走势解读：

（1）12月10日十字线出现之后，该股进入了矩形整理行情中，并没有深幅调整。

（2）上涨趋势中，见顶信号需要谨慎对待，因为有些股票回调并不深。

（3）2009年1月12日，出现一根大阳线（图中最右侧阳线），突破2008年12月10日十字线的最高点，后市看涨。

（4）十字线上影线的最高点应该重点关注。一般来说，十字线上影线越长，其代表的上涨压力越大。那么，十字线的最高点被突破，后市的涨幅值得期待。

【K线实战图谱】

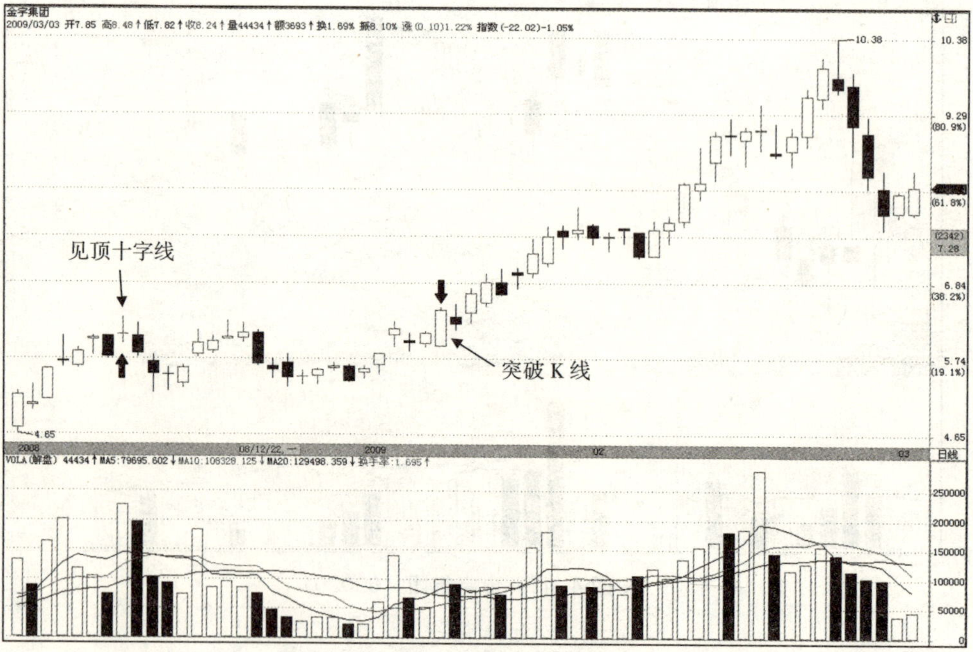

图4-42 金宇集团 600201

看盘精要

十字线出现后的 K 线走势解读：

（1）大阳线（见图 4–42 中向下箭头所指）突破之后，该股开始了又一波上涨。

（2）这波上涨没有令人心潮澎湃的涨停大阳线，貌似不值得关注，其实不然。在 2009 年 1 月 12 日大阳线之后的 27 个交易日内，股价上涨了 60%，收益非常可观。

（3）该股非常稳健，不求夺人耳目，但求稳步上扬。而且，该股没有深幅的回调，只是利用旗形或者小平台进行整理。这样的股票最适合持有。

（4）如果拥有良好的短线操作技术，期间的整理都可以不参与，充分保证资金的安全。

【K 线实战图谱】

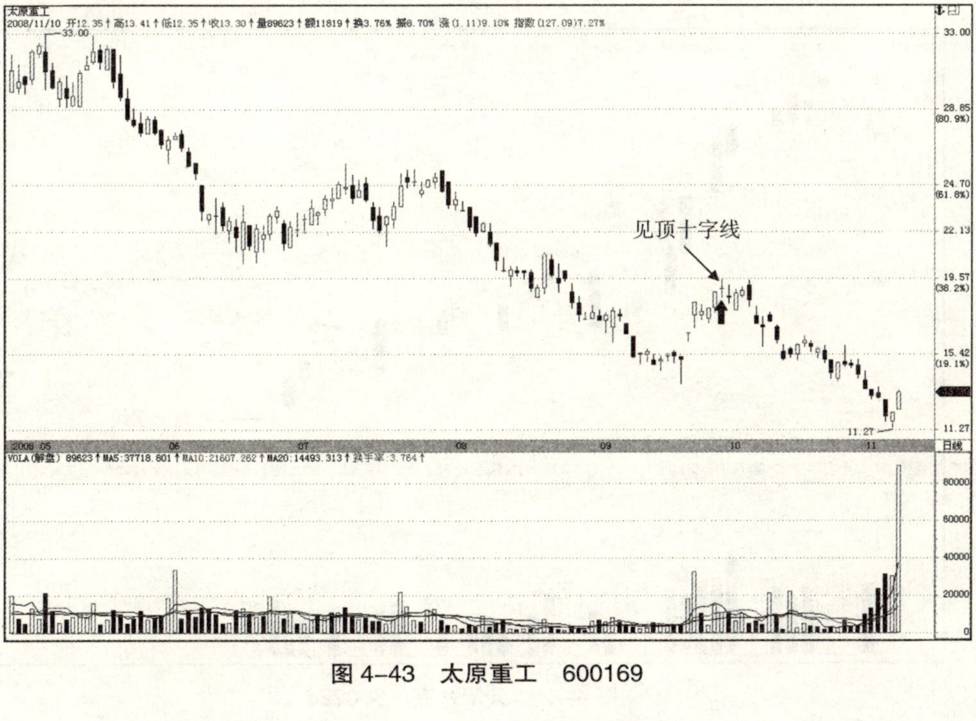

图 4–43　太原重工　600169

看盘精要

十字线出现后的K线走势解读：

（1）再看个例子，图4-43是太原重工从2008年4月25日至2008年11月10日的日线图。

（2）从图中可以看出，该股处于明显的下跌趋势中。

（3）2008年9月26日，出现一根十字线（见图中箭头所指）。

（4）10月6日，经过一个长假后，该股跳空低开，整日活动于上一交易日十字线的下影线范围，后市看跌。

（5）随后，该股经过短暂整理就进入了下一波下跌之中，跌幅约为38%。

2. 实战解析：见底性质的十字线

【K线实战图谱】

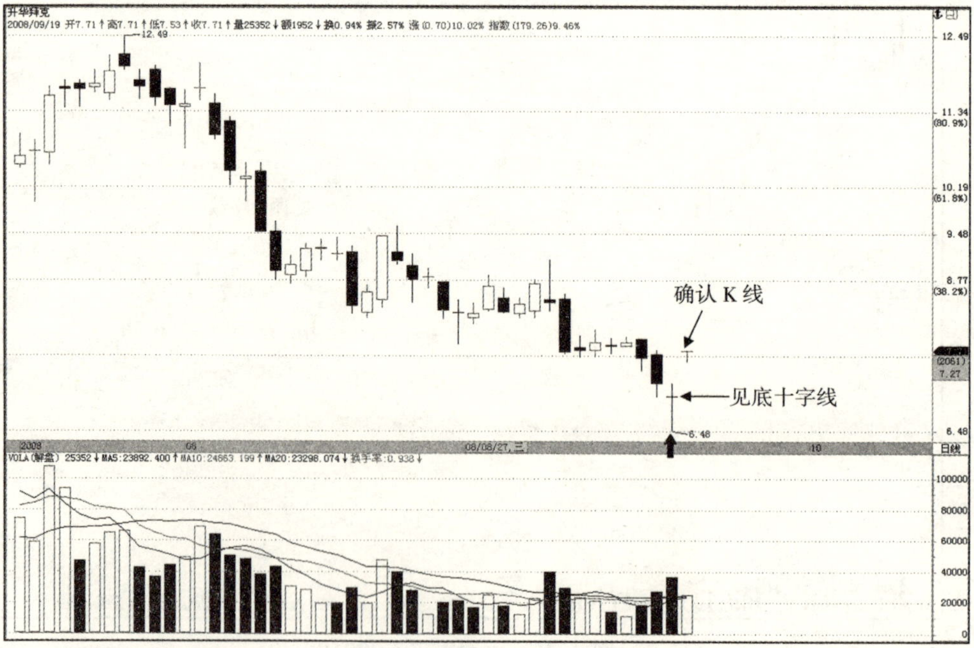

图4-44　升华拜克　600226

看盘精要

十字线出现时的 K 线走势分析：

（1）图 4–44 是升华拜克从 2008 年 7 月 17 日至 2008 年 9 月 19 日的日线图。

（2）从图中可以看出，该股处于下降趋势之中。

（3）2008 年 9 月 18 日，出现一根十字线（见图中箭头所指），成交量有所放大，支撑有力。

（4）9 月 19 日，该股涨停收盘，收出 T 字线，确认之前的十字线为见底 K 线。

（5）下跌过程中的见底信号需要谨慎对待，防止做底不成反成腰。

【K 线实战图谱】

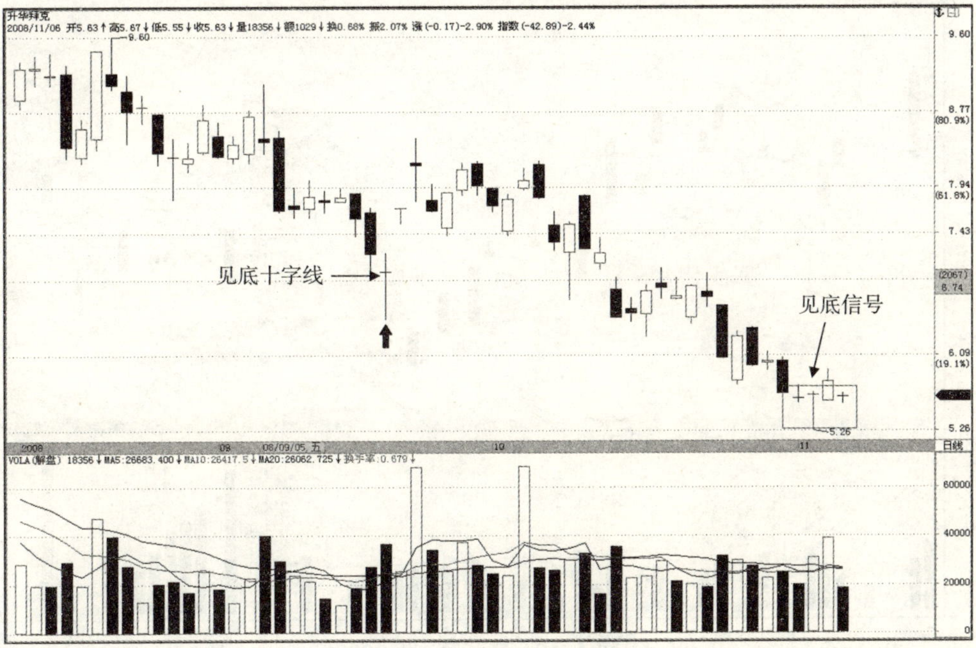

图 4–45 升华拜克 600226

看盘精要

十字线组合出现时的K线走势分析：

（1）9月18日的见底十字线（见图中的箭头所指）并没能真正构筑底部。虽然在该十字线的最低点显示了强劲的支撑，但最终还是没能抵挡空头的进攻。

（2）空头在攻破支撑线后，并没能迅速扩大战果。

（3）2008年11月3日至2008年11月6日，4个交易日内出现3个十字线（见图中方框部分），再次显示见底信号。

（4）通过这两组见底十字线，可以判断底部可能不远了，应该开始密切关注后期走势。

【K线实战图谱】

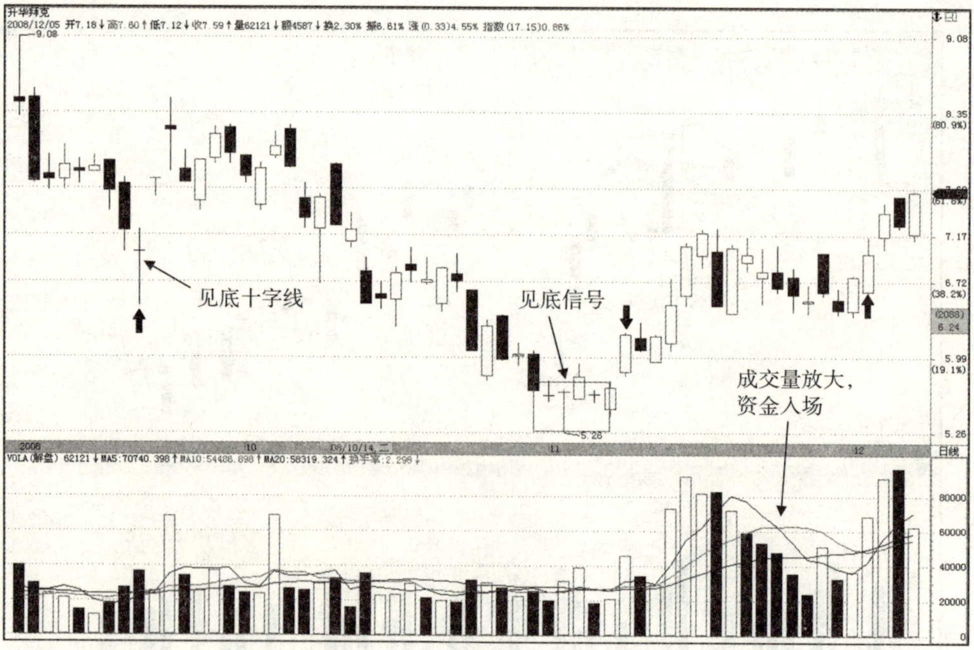

图4-46 升华拜克 600226

看盘精要

十字线组合出现后的 K 线走势解读：

（1）2008 年 11 月 10 日，出现一根大阳线（见图 4–46 中向下箭头所指），前期的十字线组合为见底信号。

（2）随后，股价继续上扬，伴随着不断放大的成交量，底部就在眼前。

（3）一波急速上涨后，该股利用三角旗形整理，成交量也随之明显萎缩，是健康的。

（4）2008 年 12 月 2 日，股价再次翘头向上（见图中右侧向上箭头所指），成交量也随之放大，建仓的机会来了。

【K 线实战图谱】

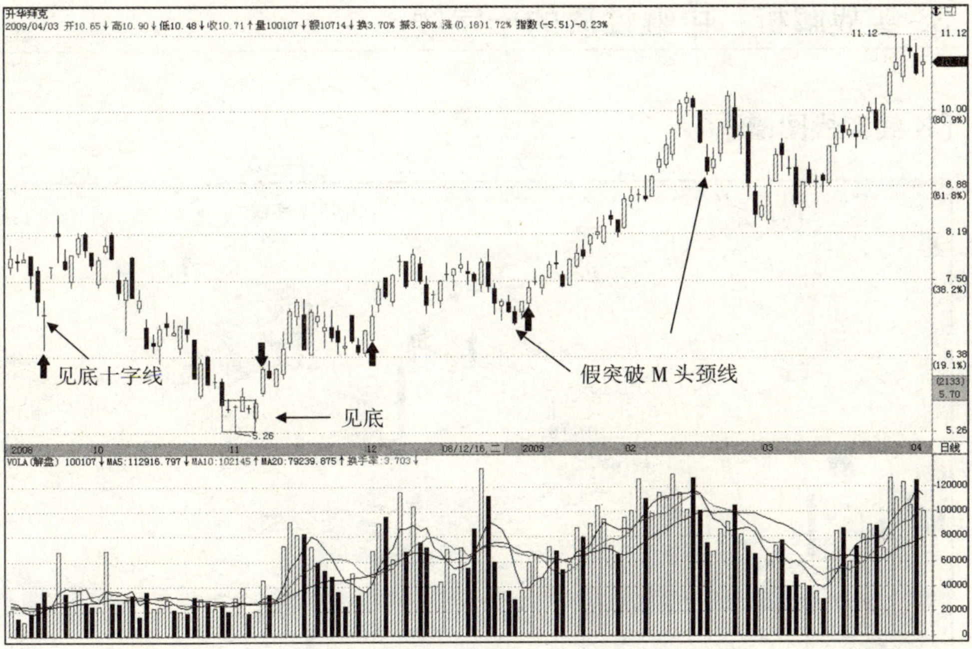

图 4–47　升华拜克　600226

看盘精要

十字线出现后的K线走势解读：

（1）建仓后，该股并没有立刻展开上攻行动，反而做出了M头形态，以清理浮筹。

（2）在M头形态构筑期间，可以逢高选择减仓或者清仓，坚定的持仓者需要有超人的勇气和信心。

（3）2009年1月6日，收出一根中阳线（见图4-47中右侧箭头）。该股在向下假突破M头颈线后重新站上颈线，显示了加仓或者重新建仓的机会。

（4）终于等到了主升浪，23个交易日上涨了40%。

（5）当然，这段时间内，此股的涨幅与很多股票相比不值一提。从这里可以看出选股的重要性！

3. 实战解析：中继性质的十字线

【K线实战图谱】

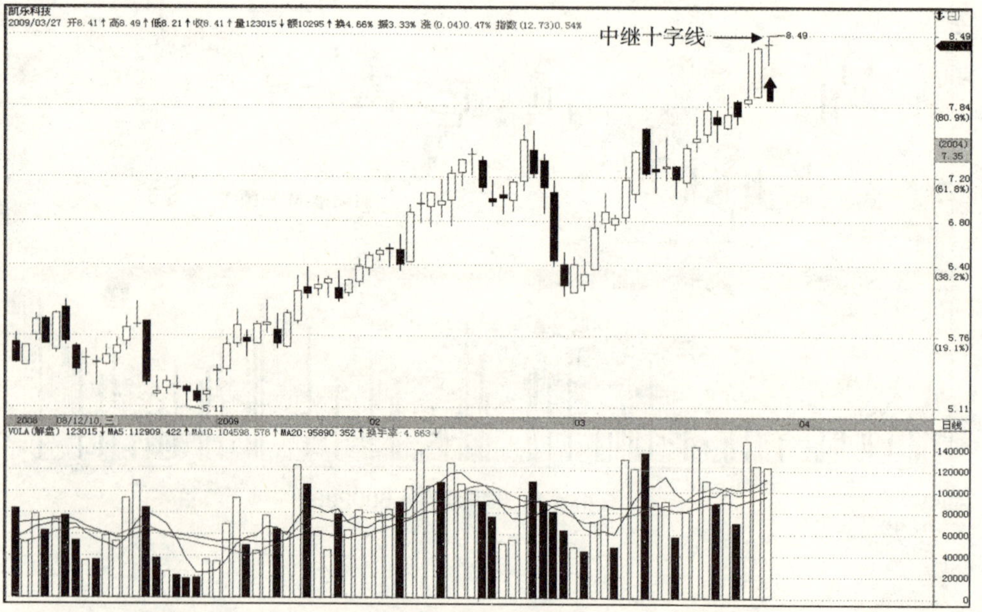

图4-48 凯乐科技 600260

看盘精要

十字线出现时的 K 线走势分析：

（1）图 4–48 是凯乐科技（600260）从 2008 年 12 月 4 日至 2009 年 3 月 27 日的日线图。

（2）从图中可以看出，该股处于上涨趋势之中。

（3）2009 年 3 月 27 日，出现一根十字线。

（4）如果下一交易日股价站在十字线高点之上，中继 K 线，后市看涨；如果下一个交易日股价收在十字线下影线范围内且没有创新高，见顶 K 线，警惕短期顶部。

【K 线实战图谱】

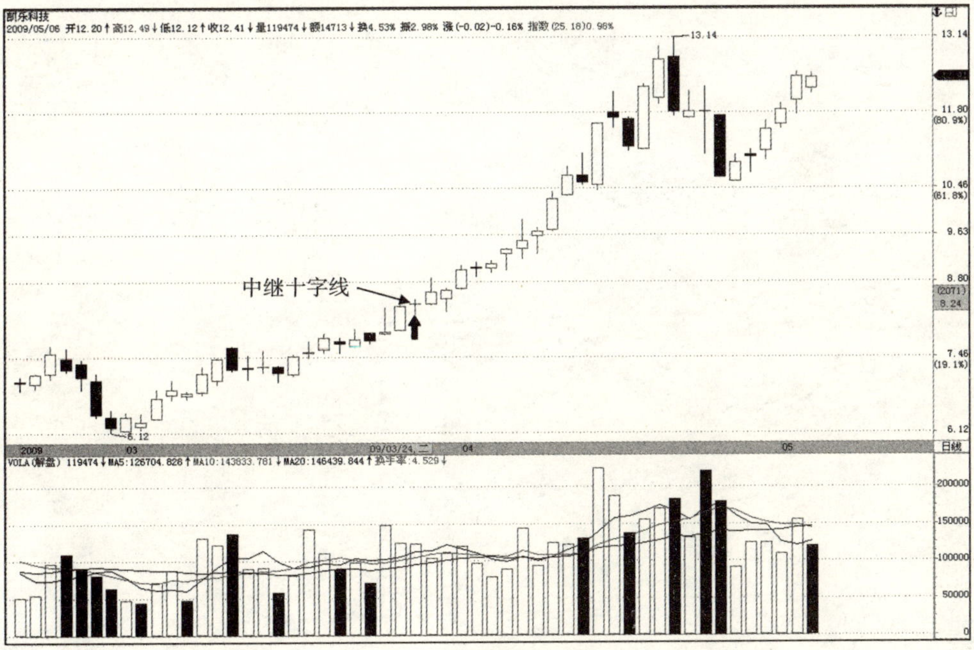

图 4–49　凯乐科技　600260

◣看盘精要

十字线出现后的K线走势解读：

（1）2009年3月30日，该股以中阳线站上了十字线之上，后市看涨。

（2）中继十字线出现后，仅仅16个交易日股价就上涨了50%。

（3）至于建仓的时机，有3个机会可供选择。第一个选择是十字线之前的突破中阳线，第二个机会是中继十字线，第三个机会是中继十字线的跟踪日，即确认十字线为中继K线的3月30日的中阳线。

（4）在股价呈现加速上扬时，可以择机进行清仓。即使时机把握不是太好，获利35%以上还是完全可以做到的。